普通高等教育“十一五”国家级规划教材

中国人民大学会计系列教材· 第五版

初级会计学模拟实验教程

朱小平 马元驹 编著

中国人民大学出版社
· 北京 ·

第五版总序

中国人民大学会计系列教材（以下简称系列教材）自 1993 年推出第一版至今，已经有 16 个年头了。这期间我国经济实现了高速发展，会计制度与会计准则也发生了巨大变化，大学会计教育无论从规模还是质量来看都有了很大的进步。回顾十几年的发展历史，从系列教材的第一版到现在呈现在读者面前的第五版，我们都在努力适应环境的变化，尽可能满足老师和同学的需要。

系列教材第一版是由我国当时的重大会计改革催生的。那次会计改革的“一个显著特点是国家会计管理部门改变了新中国成立以来一直沿用的通过制定和审定分部门、分所有者的统一会计制度来规范各基层单位会计工作的模式，而代之以制定所有企业均适用的会计准则来指导会计核算工作的模式”（阎达五，系列教材第一版总序）。在编写系列教材第一版时我们关注两个重点：一是适应我国会计制度从苏联模式向以美国为代表的西方模式的转变，教材的编写遵循 1992 年颁布的“两则两制”（“两则”是指《企业会计准则》与《企业财务通则》，“两制”是指行业会计制度与行业财务制度）的要求；二是教材之间尽可能避免重复。1993 年 7 月起开始陆续出版的系列教材第一版，共有 9 本，即《初级会计学》、《财务会计学》、《成本会计学》、《经营决策会计学》、《责任会计学》、《高级会计学》、《财务管理学》、《审计学》、《计算机会计学》。

系列教材第二版从 1997 年 10 月起陆续出版。第二版的主要变化是根据各兄弟院校的课程设置情况，将《经营决策会计学》与《责任会计学》合并为《管理会计学》。

系列教材第三版从 2001 年 11 月起陆续出版。“第三版修订工作除了因国家修订《会计法》、国务院颁布《企业财务会计报告条例》、财政部修订和颁布《企业具体会计准则》以及颁布新的《企业会计制度》等法律、法规需要进一步协调原教材与现行规章制度不够衔接之处外，还尽可能吸收了一些国内外财会理论界近年来所取得的新的理论研究成果”（阎达五，系列教材第三版总序）。

2006 年 7 月开始出版的系列教材第四版，修改了原教材与 2007 年 1 月 1 日开始实施的新《企业会计准则》和《注册会计师审计准则》之间的不协调之处，并将《计算机会计学》更名为《会计信息系统》。

为了进一步满足读者的需求，我们对系列教材第五版做了较大的调整和修订，主要变化包括：

1. 增加了《会计学》（非专业用）、《财务报表分析》、《政府与非营利组织会计》三本教材。

第一版至第四版的系列教材中有关财务分析的内容分散在《财务会计学》和《财务管理学》中，考虑到许多院校专门开设“财务分析”这门课程，第五版将《财务会计学》和《财务管理学》中与财务分析相关的内容单列出来，并加以扩充，形成独立的《财务报表分析》一书。

第一版至第四版的系列教材只涉及企业组织的相关会计领域，考虑到各院校普遍开设“政府与非营利组织会计”这门课程，故第五版增加了《政府与非营利组织会计》一书。

第一版至第四版的系列教材主要针对会计学专业的本科学生，为了更好地满足非会计专业的本科学生学习会计课程的需要，第五版增加了《会计学》（非专业用）一书。

2. 调整了部分教材的框架结构。

系列教材第五版对《高级会计学》、《财务管理学》、《财务会计学》等书的框架结构做了较大的调整，以更好地反映实际情况的变化，尽可能避免教材之间的重复，更好地满足广大读者的需要。

3. 陆续推出与系列教材配套的专业学习网站（www.rdjg.com.cn/kj)，为教师教学和学生学习提供全方位服务，着力打造立体化教材。

专业学习网站主要包括各章的教学大纲与指导、教学 PPT、教学案例、延伸阅读、相关链接、教材习题详细答案、题库等。

从第一版到第五版，我们一直倡导紧密结合中国经济与会计发展的现实，建设有中国特色的会计教材体系，着力培养现代化建设所需的会计专业人才。然而我们深知，仍然有许多问题值得我们研究，需要我们在今后的修订过程中加以改进与完善。例如，大学会计教育的目标应当如何更加准确地定位，课程体系、教材与教学应当如何更好地与目标相适应，等等。

当今社会，大学生的就业压力很大，就业市场对大学教育的影响日益增大。具体到会计学专业，一个显著的表现是，注册会计师考试对大学会计教育的影响在迅速增大。如何处理好大学会计教育与注册会计师考试的关系，成为我们必须面对的一个比较突出的问题。我们认为，不能无视学生参加注册会计师考试的需要，更不能削弱对学生实际能力的培养。

一方面，在教材内容和知识点的安排上可以尽可能满足注册会计师考试的需要，特别是《财务会计学》、《高级会计学》、《审计学》等教材的安排。如前所述，第五版已经在这方面做了较大的改进，例如，第五版《高级会计学》的各章基本上对应于相关的会计准则，在内容上尽可能与注册会计师考试用书的相关部分保持一致。

另一方面，我们在关注学生参加注册会计师考试的客观需要的同时，更加重视学生的长远发展，更加重视学生基本素质和能力的培养。注册会计师考试注重现行法律、法规等规定是理所当然的，但我们的大学会计教育不能局限于现行法律、法规的介绍与解释，而应当更加重视培养学生发现问题、分析问题和解决问题的能力。究其原因，一是社会经济环境日趋复杂，对会计专业人才的要求日益提高。随着信息技术的快速发展，很多技能性的会计核算工作逐渐由计算机替代，会计工作的重点由核算转向管理是一种必然的趋势。这就要求我们将人才培养的重点由核算型人才的培养转向管理型人才的培养。二是会计规范形式已经由会计制度转向会计准则，也要求会计专业人士具有更强的专业判断能力。为了培养学生适应环境变化的能力，在教材的编写和使用中重视“以问题为导向”，可能是一种有效的方法。它要求我们在教材和教学中更多地以提出问题、分析问题和解决问题的方式，引导学生思考，更好地将会计准则等规定的介绍和解释融入基本理论的阐释和解决问题的探索过程中。

以《高级会计学》中的“企业合并”为例。我们可以在描述和界定现实生活中客观存在的企业合并现象之后，引导学生思考企业合并给会计带来了什么特殊的问题；然后，与学生一起思考、寻找解决问题的可能方法；在讨论各种可能方法的基本原理的基础上，深入分析各种方法的优点和缺点，特别是各种可能方法的运用对财务报表的影响，进而对利益相关者的行为的可能影响；最后，指出我国现行会计准则的规定。如果时间允许，还可穿插介绍其他主要会计准则制定机构关于企业合并的会计规定，如国际会计准则（国际财务报告准则）的规定、美国财务会计准则委员会的规定。这样安排的可能好处包括：一是有助于培养学生的能力；二是有助于增强学生的学习兴趣。同时从长远看，打下坚实的专业基础也有利于学生参加注册会计师考试。总之，如何在教材的编写和使用中更好地体现对学生能力的培养，是我们的一项长期任务，需要教材编写者和广大使用教材的老师们共同努力。当然，由于各个院校的定位不同，在侧重点的具体把握上也可以有所不同。

此外，我们在教材的编写和使用过程中，更加重视同一门课程内容的前后联系以及各门课程之间的内在关联，以更好地帮助同学们把握相关专业知识的系统性和整体性，努力避免局部知识之间相互隔离、割裂的状况。

中国人民大学会计系列教材是在我国著名会计学家阎达五教授等老一辈会计学者的精心呵护下诞生的，是在广大兄弟院校的老师和同学们的大力支持下逐渐成长的。我们衷心希望第五版能够继续得到老师和同学们的认可，也希望老师和同学们继续提出批评意见和改进建议，以便使系列教材进一步完善。

戴德明

前　言

《会计业务基本技能训练教程》作为本书的第一版自2003年出版以来已经有6年的时间了。为了适应会计学教学特别是会计学实验教学的需要，我们在《会计业务基本技能训练教程》的基础上，结合主教材《初级会计学（第五版）》（朱小平、徐泓编著）进行了修订，并更名为《初级会计学模拟实验教程》。

本次修订以会计以人为本的“价值取向”为理论基础，以“任务驱动”教学理念为指导，通过设计会计任务，将基础会计知识点融入完成各项会计任务的过程之中，让学生从完成各项会计任务的实践过程中，理解和掌握基础会计的知识点，增强学习知识的目的性。具体表现在：第一，介绍会计的价值取向，创设企业会计业务的任务情景：使学生处于与会计教学内容一致的会计业务的情境之中。第二，提出要完成的会计核算任务：导入事先设计好的会计事项作为学习内容。第三，自主学习：向学生提供解决该问题的有关线索（例如编制记账凭证的依据——原始凭证），注重培养学生自主学习的能力。第四，协作学习：通过交流、补充、修正（包括人机对话），加深每个学生对该经济业务会计核算的理解和处理。第五，解决问题：由学生自己通过完成各项会计核算任务，掌握会计业务核算的方法和技能，以及会计信息对收益分配的影响。

修订后的《初级会计学模拟实验教程》保留了原教程的基本内容和架构。本次修订工作的主要内容有：

第一，在第1章增加了“会计的价值取向”的内容。会计需要确立以人为本的价值取向，那么我们看重的不是为了解决问题而计算手段与目的之间的关系，即会计的效率问题，而是更看重建立在某些会计价值信念之上的终极价值的实现与否。我们认为“会计”之所以能够“长在”，就是以“友谊长存”这一价值取向为导向的，正是这种以人为本的价值取向引导着会计的发展和进步。增加第8节“财务票据、印章管理”的内容，财务票据和印章的管理是货币资金内部控制的重要内容。货币资金内部控制的各个环节几乎都涉及票据和财务印章，若平时不注意对票据和印章管理，极易导致差错和舞弊行为的发生。本节内容不仅强调了财务票据和印章管理的重要性，而且介绍了财务票据和印章管理的具体方法。

第二，在体例上，每章开始都增加了“本章导引”，简要介绍实验的目的、要求和任务，体现“任务驱动”教学理念。对该章的实验名称、实验方式、实验内容、实验性质、实验目的与要求以及所需的实验条件等做了概括的介绍，以方便读者了解实验的概况。

第三，全面更新所配光盘《会计技能训练系统》，对全部会计业务进行了更新，重新录制了示范录像，使技能训练平台更方便，界面更友好，互动更直接。

第四，增加了第7章“会计业务综合实验（手工版）”。本实验教程按照会计循环的步骤设计了一个手工版的综合模拟实验，对最终会影响各方利益的账项调整业务、利润分配业务等都有涉及，从而使实验者理解账项调整对收入和费用的影响、对利润的影响，进而对国家税收的影响、对投资者利益的影响。正是基于以人为本的设计理念，才能使会计实验更具有目的性、完整性、典型性和实用性。

本教程是普通高等教育“十一五”国家级规划教材和2009年北京市高等学校精品教材立项项目。感谢北京市教委和首都经济贸易大学对本教程的资助。

感谢主教材《初级会计学（第五版）》的作者朱小平、徐泓教授对本实验教程的指导。感谢本实验教程参考的相关论著和教材的各位作者。感谢中国人民大学出版社工商管理分社编辑为本书出版付出的辛勤劳动。

本教程由中国人民大学商学院朱小平、首都经济贸易大学马元驹承担编写工作，马元驹、蔡芸承担《会计技能训练系统》的设计和开发工作。

我们所做的是一项实践教学改革的尝试性工作，一定存在不足之处，恳请广大读者提出宝贵的意见和建议，为共同完成一本能基本满足实践性教学需要的实验教程而努力，是所至望。

朱小平　马元驹

教学说明

明确教学目的

本实验教程的教学目的是让学生树立会计以人为本的理念，使实验者把握会计是处理人与人之间经济利益关系的工具，在实验中理解会计之父卢卡·帕乔利倡导的“会计长在，友谊长存”思想。通过实验基本能明白：投资者等企业的利益相关者向企业投资的目的是获得利益的回报。投资者分得回报——利润的多少，取决于企业实现的可供分配利润的多少；企业实现的可供分配利润的多少，又取决于扣除所得税之前的税前利润的高低；企业实现税前利润的高低，又取决于收入和费用的多少；企业收入和费用的多少，既有企业供产销等业务活动的因素，也有会计方法的因素，也就是说，不仅会受到本期发生又归属本期的收入和费用的影响，而且受到跨期发生且归属跨期的收入和费用的影响。

实验指导老师在组织实验教学时要特别注意让学生明白，会计不仅仅是一些专门的技术和方法，而是处理人与人之间经济利益关系的工具这一核心要点。因此，本实验教程既可以用于相关专业低年级学生的基本会计技能训练，也可以用于相关专业高年级学生的会计综合技能训练，甚至可以作为MBA和MPAcc学生的案例教学。正是基于以人为本的设计理念，才能使实验教程更具有明确的目的性、完整性、典型性和实用性。

辅助教材定位

本实验教程的目的是理解和巩固主教材的基本内容，训练会计基本技能。其主教材是朱小平、徐泓教授主编的《初级会计学（第五版）》。各个单项实验和综合实验都考虑到了主教材的内容，基本上能满足巩固和训练主教材中涉及的会计技能的需要。在综合实验（手工版）的每一实验环节都给出了需要参考主教材的相关章节，使之与主教材的内容相呼应。

辅助教学手段

本实验教程为教师在教学中提供了辅助教学手段，也为学生自主学习提供了手段。

第一，教师的辅助教学手段。在本实验教程所配的《会计技能训练系统》中，涉及原始凭证填制和审核、记账凭证填制和审核、建账、记账、结账、编制试算平衡表和编制报表等，都有录像。（注：录像中的日期为2001年，与实验资料中的2010年的日期不一致，录像没有配音，特此说明。）在课堂教学过程中可以根据教学的需要分别原始凭证、记账凭证、会计账簿和会计报表进行演示，由于系统具有很强的互动性，因此教师在课堂教学中可以通过直接操作来演示凭证填制、账簿记录和报表编制的过程。由于原始凭证、记账凭证、各种账页和报表都具有高度的仿真性，再加上教师的操作演示，可以使课堂教学形式多样，生动活泼。

第二，学生的辅助学习手段。本实验教程所配的《会计技能训练系统》为学生提供了一个进行会计技能训练的操作平台，原始凭证如发票、进账单、支票、缴款单等常用原始凭证，记账凭证的填制，试算平衡表和会计报表的编制都可以在系统中完成训练。系统具有很强的交互性，能满足学生自主学习的需求。

多种实验方式

本实验教程为满足教学中多种实验的需求，提供了会计电子实验平台和会计手工实验平台两种实验方式。既提供了单项实验方式，也提供了综合实验方式。实验指导老师可根据情况选择使用。

第一，电子实验平台实验方式。在会计电子实验平台上既可以分别完成“原始凭证”、“记账凭证”、“会计账簿”、“会计报表”的单项实验，也可以完成从凭证到报表的综合实验。第6章“会计业务综合模拟实验（电子版）”主要利用计算机的图形显示功能，着重训练原始凭证的填制和审核、记账凭证的填制和审核、账簿的开设和登记等会计基本技能。

第二，手工实验平台方式。在会计手工实验平台上，除了训练原始凭证的填制和审核、记账凭证的填制和审核、账簿的开设和登记等会计基本技能，还特别设计了会计期末账项调整的内容。账项调整是为了合理地反映各会计期间应得的收入和应负担的费用，使各期的收入和费用能够相互配比，从而正确地计算各期的损益，进而体现出会计是处理人与人之间经济利益关系的工具，使会计实验更具有目的性、完整性、实用性和典型性。

建议利用电子实验平台形象逼真的特点，侧重填制原始凭证的实验内容；利用手工实验平台业务典型和全面的特点，侧重账项调整和损益计算的实验内容。

为了方便实验，我们在附录4提供了综合实验用的原始凭证，在附录5提供了记账凭证、账簿和报表的式样，实验所用的记账凭证、账簿和报表可以到会计用品商店自行购置，也可按附录5提供的式样复印，或直接进入会计业务综合模拟实验（电子版）中，调用并打印相关的空白凭证和账簿。

个人名章定制服务

本实验教程为满足会计实验环境真实性的要求，在所配的光盘《会计技能训练系统》中提供了单位公章和个人名章，可在处理会计业务时根据需要加盖相应的印章。为了方便起见，进入《会计技能训练系统》的用户名和个人名章均为“马元驹”。为了使会计实验环境更加真实，特别是使参加实验的学生具有自主处理业务的真实感，我们可以为有需要的用户提供学生个人名章定制服务，即为每一位实验者提供与其本人真实姓名相一致的个人名章。学生名章定制服务完成后，进入《会计技能训练系统》的用户名和个人名章均为根据学生名章定制提供的姓名。

有此需求的老师可填写“个人名章定制服务登记表”（“个人名章定制服务登记表”既可从本书所附光盘《会计技能训练系统》中找到，也可从中国人民大学出版社工商管理分社网站（www.rdjg.com.cn）本书的教辅资源中找到）发给我们（rdcbskj@sina.com）。如有疑问，请与我们联系（联系人：李文重，联系电话：010-82501704）。

目　录

第 1 章 总 论

Chapter 1

本章导引

本章首先论述了会计的价值取向，指出会计价值取向和会计专业技能对于会计人员的重要意义，说明会计实验是获得会计专业技能的有效手段。其次介绍了“会计技能训练系统”的训练内容，主要包括“原始凭证”、“记账凭证”、“会计账簿”、“会计报表”、“综合实验”五个模块，分别针对“填制和审核会计凭证”、“登记会计账簿”、“编制会计报表”三个方面的技能进行单项技能训练，以及综合会计技能训练。本章还附带介绍了印章管理和财务票据管理的注意事项。

实验参考教材的章节：第 1 章总论，第 2 章会计处理方法

1.1 会计的价值取向

会计的价值取向是基于某些价值信念之上，以某种特定的终极价值取向为依据而进行的有意识的会计活动，会计价值取向强调会计自身的终极目标或价值取向的正当性。我们可以把会计的目的、指向和追求概括为会计价值取向。会计的价值取向就是会计活动的目的性或价值性。

自 20 世纪 40 年代以来，中外会计学者都从不同的侧面探讨了会计的价值取向问题。美国会计学家斯科特（D. R. Scott）早在 20 世纪三四十年代就指出：“(1) 会计程序必须公平地对待一切利益集团；(2) 财务报告应保持真实和准确；(3) 会计数据应当是公允、无偏见的。”泽夫（Zeff，1978）认为会计具有“经济后果”，会计报告将影响企业、政府、工会、投资者和债权人的决策行为，受影响的决策行为反过来又会损害其他相关方的利益。由于财务会计信息的使用者众多，不同会计程序的选择、不同的信息列报方式可能会产生不同的经济后果。即在使一部分人受益的同时，损害另一部分人的利益。Yuji Ijiri（2003）提出人们必须认真地考虑实质公允的可能性。葛家澍、刘峰（1999）认为当存在多种利益集团时，相互之间就需要协调。各利益集团在参与协调的过程中，都希望能最

大限度地满足各自的利益需求；在不能实现这一目标的情况下，则退而求其次，力求不损害自己的利益。相互斗争的结果迫使会计信息都以不损害各方的利益，即处于一种尽可能中立的立场来加工、处理、报送。谢德仁（2000）认为应当关注会计准则制定过程和会计准则制定权安排的公正、公允和允当问题，强调会计准则制定过程中的程序公正问题。裘宗舜等（2002）认为英美国家在会计准则制定中所采纳的一套完整、严格、充分、稳定的程序正是程序公平理念的典型体现，是对程序公平的法律惯例的移植，程序公平理论就是准则制定中使用允当程序的理论基础。刘小年、吴联生（2004）认为我们在制定会计准则时应当遵循允当程序，应保持会计信息的"零经济后果"，即保持"信息中立"。林钟高、韩立军（2005）认为会计准则应当以公正为伦理基础。这一切无疑都显示出会计学术界为改变会计价值取向缺失的现状并提升会计价值取向的一种努力。

会计是处理人与人之间关系的工具。会计为达到预定的目的，会考虑各种可能的手段及其附带的后果，以选择最有效的行动方案。本书认为，如果我们没有确立起会计的价值取向，会计人员在会计活动中就不会看重会计行为本身的终极价值，而是看重行为能否作为达到目的的有效手段。换句话说，我们只能局限于所选的手段是否有效率，即成本最小而收益最大。相反，如果会计确立了明确的价值取向，就会不看重为了解决问题而计算手段与目的之间的关系，即会计的效率问题，而是更看重建立在某些会计价值信念之上的某种特定的终极价值，例如会计公正、会计道德和会计诚信等涉及会计伦理、会计学科的深层次问题。会计是人为实现自己目的而设计的程序，同时会计这种程序所涉及的也不仅仅是主体和客体之间的关系，即人与自然的关系，更是涉及主体间的关系，即人与人之间的关系。

早在500多年前会计之父帕乔利（Pacioli）曾经说过："每年结账一次总是恰当的，特别是当你与其他人合伙时尤其如此。会计长在，友谊长存。"① 通过解读，我们不难理解这段话的意思，这就是帕乔利对会计价值取向的生动描绘。会计作为人的行为或人的活动方式是以人自身为目的，也就是说会计的目的是为人的。"会计"之所以能够"长在"，是以"友谊长存"这一价值取向为导向的。正是这种为人的价值取向引导着会计的发展和进步。因此，"会计长在，友谊长存"就应当成为会计价值取向。显然，会计价值取向的第一要旨就是会计信息能够惠及所有的会计信息使用者，或者说至少不损害会计信息使用者任何一方的利益，即平等地对待每一个会计信息的使用者就是人们对会计价值取向的本质理解和对会计所寄予的最深切的期许。

1.2 会计机构和会计人员

会计信息系统是企业系统中一个提供会计信息的机构，提供会计信息是其基

---

① 转引自艾哈迈德·里亚希-贝克奥伊著，钱逢胜等译：《会计理论（第4版）》，上海，上海财经大学出版社，2004。

本功能。会计信息的使用者使用会计信息的基本目的是了解真实企业系统的“运行状态”，并在此基础上做出相应的控制或投资决策。反映真实企业“运行状态”的会计信息必须真实，有利于做出控制或投资决策的会计信息必须相关，这是会计信息使用者对会计信息的基本要求，也是有助于正确处理人与人之间关系的前提。在简单生产经营方式下，管理者通过观察生产经营现场就可以了解企业系统“运行状态”，并对其进行控制，这时会计信息的价值着重体现在对成本的控制、资产的保管和财富的分配等方面。然而，随着生产经营方式日趋复杂，通过对生产经营现场的观察很难全面了解企业系统的“运行状态”，客观上需要一个能够描述真实企业系统“运行状态”的抽象系统，提供反映企业“运行状态”的相关信息。显然，企业会计学就是关于企业系统“运行状态”与会计“抽象价值信息”之间进行对应项关系转换的规则和方法的总称。企业会计机构的作用是将真实企业系统“运行状态”按照对应项关系转换为能反映企业运行状态的“抽象价值信息”。随着社会经济的不断发展和需要，会计由生产经营过程的附带职能，逐步成为独立职能，并由对经济活动的结果进行记录、计量和报告，发展到对企业经济活动的全过程进行控制和监督，参与企业的经营决策和长期决策，为企业内部强化经营管理服务。为了保证会计上述职能的充分发挥，各单位都必须按照《中华人民共和国会计法》（以下简称《会计法》）和有关法律的规定，设置会计机构，配备会计人员。

1. 会计机构

会计机构是指各单位设置的专门从事会计工作的职能部门。各单位应当根据会计业务的需要，设置会计机构，或者在有关机构中设置会计人员并指定会计主管人员；不具备设置条件的单位，应当委托经批准设立从事会计代理记账业务的中介机构代理记账。

2. 会计人员

会计人员是指专门从事会计工作的会计专业人员。在各单位设置的会计机构中，应当配备会计机构负责人；在有关机构中配备专职会计人员，应当在专职会计人员中指定会计主管人员。会计人员应当具备必要的专业知识和专业技能，熟悉国家有关法律、法规、规章和国家统一会计制度，遵守职业道德。

根据规定从事会计工作的专业人员必须取得会计从业资格证书。未取得会计从业资格证书的人员，不得从事会计工作。担任单位会计机构负责人（会计主管人员）的，除取得会计从业资格证书，还应当具有会计师以上专业技术职务资格或者从事会计工作 3 年以上经历。

3. 会计岗位

各单位应当根据会计业务需要和会计分工的要求，在会计机构中设置会计工作岗位。会计工作岗位一般可分为：会计机构负责人或者会计主管人员，出纳，财产物资核算，工资核算，成本费用核算，财务成果核算，资金核算，往来结算，总账报表，稽核，档案管理等。

1.3 会计人员的业务技能

会计确认、计量和报告过程是会计人员对真实企业系统“运行状态”进行价值抽象的过程。会计是一种专业性和操作性都很强的社会职业，会计人员担负着相当重要的经济责任和社会责任，所以会计人员应当具备与其特定职业相吻合的专门技能。会计职业之所以成为备受社会各界重视的职业，也是和会计职业需要专门的技能分不开的。会计专业技能不仅是影响会计信息质量、会计工作效率的重要因素，而且是会计专业活动得以顺利开展所应具备的基本条件。

会计人员在会计核算工作中，需要运用专门的会计知识和技能，熟练地对单位发生的经济业务或会计事项进行确认、计量与报告。因此，会计人员不仅需要掌握会计专业知识，还应当具备会计的专业技能。这是对会计人员专业素质的一般要求。会计人员的基本专业技能主要包括以下方面。

1.3.1 书写和计算技能

会计人员在会计核算工作中几乎每天都需要做大量的书写和计算工作。“能写”、“会算”是对会计人员的基本要求，也是会计人员的基本技能。

1. 书写技能

（1）文字书写。填写各种票据和结算凭证时，需要书写票据和结算凭证的各个要素；填制凭证和登记账簿时，需要书写表述经济业务的文字摘要；编制会计报表时，需要在报表附注项目下填写相关文字；编制财务情况说明书更需要文字书写。另外，编制会计分析报告，总结会计工作，撰写会计论文或日常会计工作的对外行书都需要书写文字。一般会计记录应以书写“行书”为宜，这种手写体既能保证易读易认，又能书写简便、省时省力。会计人员应该掌握汉字的字体结构和书写的笔画顺序，在书写时应保证字迹清晰、容易辨认，不写错字、别字，不写繁体字和不规范的简化字。

（2）数字书写。在会计核算工作中，几乎每个环节都会有数字的书写问题。会计工作对数字的书写不仅要字迹清晰、工整、容易辨认，而且要符合会计工作的专业要求。

1）阿拉伯数字应当一个一个写，不得连笔写。阿拉伯金额数字前面应当书写货币币种符号或货币名称简写符号。币种符号与阿拉伯金额数字之间不得留空白。凡阿拉伯数字前写有币种符号的，数字后面不再写货币单位。

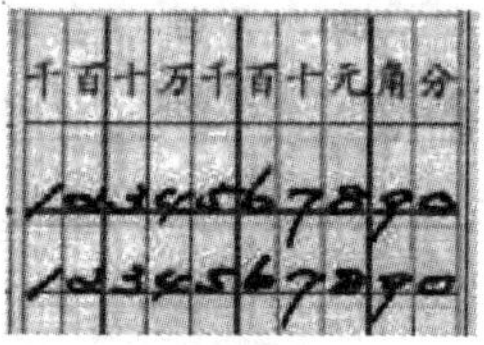

2）所有以元为单位的阿拉伯数字，除表示单价等情况，一律填写到角分；无角分的，角位和分位可写“00”，或者符号“—”；有角无分的，分位应当写“0”，不得用符号“—”代替。

3）汉字大写数字金额如零、壹、贰、叁、肆、伍、陆、柒、捌、玖、拾、佰、仟、万、亿等，一律用正楷或者行书体书写，不得用0、一、二、三、四、五、六、七、八、九、十等简化字代替，不得任意自造简化字。大写金额数字到元或角为止的，在“元”或“角”字之后应当写“整”字或“正”字；大写金额数字有分的，分字后面不写“整”或“正”字。

4）大写金额数字前未印有货币名称的，应当加填货币名称，货币名称与金额数字之间不得留有空白。

5）阿拉伯金额数字中间有“0”时，汉字大写金额要写“零”字；阿拉伯数字金额中间连续有几个“0”时，汉字大写金额中可以只写一个“零”字；阿拉伯金额数字元位是“0”，或者数字中间连续有几个“0”，元位也是“0”，但角位不是“0”时，汉字大写金额可以只写一个“零”字，也可以不写“零”字。

在银行结算业务中书写有关票据和结算凭证时，应按照中国人民银行颁发的《正确填写票据和结算凭证的基本规定》，具体规定参阅本书附录。

2. 计算技能

（1）珠算的使用技能。珠算是古老的计算工具，在计算机没有普及之前，曾发挥过十分重要的作用，熟练地掌握算盘的计算技能是会计人员必不可少的基本功之一。由于珠算具有很多优点，如构造简单，价格低廉，计算快速，仍然发挥着重要的作用，掌握珠算的计算技能也仍然是会计人员必需的技能之一。

（2）计算机的使用。作为现代计算工具的计算机，已经进入了社会生活的各个方面，会计工作中应用计算机更为普及。目前在日常会计工作中，计算机不仅已经能够代替人工进行记账、算账和报账，甚至可以代替人脑完成对会计信息的分析和判断。计算机在会计中的应用正在向会计预测、会计控制和会计决策等领域发展，因此计算机的应用应当成为会计人员掌握的技能。

1.3.2 编制凭证技能

1. 原始凭证

当单位发生经济业务或会计事项时，必须取得或填制原始凭证，并及时送交会计机构，进行会计核算。单位发生经济业务或会计事项时，必然涉及多种原始凭证，有自制的，也有外来的，其中很多需要会计人员填制。例如，支票的填制、发票的填制、收据的填制、领料单的填制等。所以作为会计人员，填制原始凭证是一项基本的专业技能。

2. 记账凭证

记账凭证是登记账簿的依据，为了完成登账工作，首先要编制记账凭证。会计人员要对有关部门和人员送来的原始凭证进行审核，并根据审核无误的原始凭证编制记账凭证。编制记账凭证是会计人员又一项基本的专业技能。

1.3.3 登记账簿技能

通过记账凭证的填制和审核，可以确定经济业务对有关会计要素的影响及其程度，但是记账凭证难以提供分门别类的、系统的和全面的会计信息。为了满足企业内部管理和外部对会计信息的需求，还应当将记账凭证上记载的经济业务登记到有关账簿中。因此各单位应当按照国家统一会计制度的规定和会计业务的需要设置会计账簿，包括总账、明细账、日记账和其他辅助性账簿。会计人员必须以经过审核的会计凭证为依据，登记会计账簿（所需要的专业技能包括记账、对账、结账及错账的更正等）。显然，登记账簿也是会计人员应当掌握的基本技能。

1.3.4 编制报表技能

会计报表是根据账簿记录对日常会计核算资料进行整理、归集、加工、汇总并按照国家统一会计制度的规定，定期编制的反映会计主体财务状况和经营成果的报告文件。会计报表包括会计报表主表、会计报表附表、会计报表附注。各单位对外报送的会计报表应当根据国家统一会计制度规定的格式和要求编制。

会计报表之间、会计报表各项目之间，凡有对应关系的数字，应当相互一致。企业的会计核算应当按照规定的会计处理方法进行，会计指标应当口径一致、相互可比。本期会计报表与上期会计报表之间有关的数字应当相互衔接，本年度会计报表与上年度会计报表之间的相关指标数字应当相互衔接。编制会计报表也是会计人员应当掌握的基本技能之一。

本书及其配套的“会计技能训练系统”的重点主要体现在填制原始凭证、编制记账凭证和编制报表的会计基本专业技能的训练方面。

1.4 会计业务技能获得的途径

会计专业人员的创新能力必须通过会计专业人员自身的实践活动才能得到发展，任何一种能力离开了具体的实践活动都不可能得到发展，会计创新能力的发展更是如此。我们认为会计人员的创新能力包括会计专业能力、会计专业知识和会计专业技能。只有当会计人员的会计专业能力、会计专业知识和会计专业技能得到全面发展的时候，会计专业人员的创新能力才能得到真正的发展。

那么会计专业能力、会计专业知识和会计专业技能之间有什么关系呢？这是会计基本技能训练能否成功的关键所在。会计专业能力是保证动作达到熟练和动作顺利完成的心理条件，会计专业知识是对会计对象的意义、结构和规律的认识，会计专业技能是指处理会计业务（记账、算账和报账）动作本身和动作方式的熟练程度。因此掌握会计专业知识并不等于掌握会计专业技能，掌握会计专业知识和具备会计专业能力也不等于掌握或具备相应的会计专业技能。

那么如何才能获得会计专业技能？如同获得其他专业技能一样，会计专业技能同样需要经过专门的传授和训练甚至反复的传授和训练才能获得。实践证明会

计人员的专业技能并不是与生俱来的，也不是上帝恩赐得来的，而是通过会计专业教育、会计专业教学和会计实践活动逐步获得的，特别是会计专业实践对会计专业技能的获得具有不可替代的作用。所以后天的会计专业教育和学习，特别是会计专业实践在会计专业技能的培养和发展中起着非常重要的作用。如果说会计教育是获得会计专业一般能力和会计专业知识的重要途径，那么会计专业实践就是获得会计专业技能的重要途径。我们认为在现阶段会计实验教学仍然不失为获得会计专业技能的一种行之有效的途径和方式。

1.4.1 传统会计技能训练方式

会计专业实验教学是获得会计专业技能的重要途径。本实验教程按照会计循环的步骤设计了一个手工版的综合模拟实验。本综合模拟实验基于会计以人为本的理念，使实验者把握会计是处理人与人之间关系的工具，在实验中理解会计之父卢卡·帕乔利倡导的“会计长在，友谊长存”的思想。企业留存和投资者分得利润的多少，取决于企业实现的可供分配利润的多少；企业实现的可供分配利润的多少，又取决于扣除按所得税之前的税前利润的高低；企业实现税前利润的高低，又取决于收入和费用的多少；企业收入和费用的多少，既有企业供产销等业务活动的因素，也有会计方法的因素，也就是说不仅会受到本期发生又归属本期的收入和费用的影响、而且受到跨期发生且归属于跨期的收入和费用影响。因此，在实验中我们对最终会影响各方利益的账项调整业务、利润分配业务都有涉及，从而使实验者理解账项调整对收入和费用的影响、对利润的影响，进而对国家税收的影响、对投资者利益的影响。正是基于以人为本的设计理念，才使会计实验更具有目的性、完整性、典型性和实用性。

1.4.2 计算机辅助会计技能训练方式

由于种种原因，直到目前为止，会计专业技能训练方式仍然比较单一，即主要采用在实验室进行技能训练的方式。这种会计专业技能训练方式虽然也能发挥训练会计专业技能的作用，但也有不足之处，主要表现在训练环境不真实。因为企业经济业务所涉及的内容广泛、业务数据关系复杂、业务凭证繁多，而会计专业实验所用的部分原始凭证、记账凭证、账簿和报表（特别是商业银行使用的重要空白凭证及账簿）很难取得，各种业务印章也难以制作，因此目前会计实验课所使用的相关业务凭证、账簿和报表还只能停留在黑白铅字印刷，距实际所采用的真实的凭证、账簿和报表还有相当大的距离，以致教师和学生普遍感到实验不真实，难以激发学生的学习兴趣，实验效果不明显，从而制约了会计专业技能的训练效果，在一定程度上也影响会计专业人才综合能力特别是创新能力的培养和发展。

为了克服传统会计专业技能训练方式存在的缺陷，提升教学和实验的真实性和多样性，应用计算机数字多媒体技术开发会计业务技能训练系统就成为一项现实和重要的任务。在这样的背景下，我们在会计专业技能训练教学实践的基础上，利用计算机数字多媒体技术经过数年的时间开发制作了“会计技能训练系统”（以下简称“技能训练系统”）作为基础会计教学和会计基本专业技能训练的辅助教学手段和工具。“技能训练系统”不仅具备图文多媒体并重的特点，还能利用多媒体技术比较真实地再现企业会计业务所涉及的各种原始凭证、记账凭证、账簿和报表及相应的业务用章，并在模拟真实会计业务的环境下进行实际操作，使会计专业技能训练实验教学的真实感大大增强，从而达到提高学生对会计技能训练的参与兴趣、缩短实验时间、强化技能训练的目的。这一尝试已经收到良好的会计专业技能训练效果，得到广泛的认同。

1.5 会计业务技能训练的内容

1.5.1 会计业务技能训练内容的设计依据

会计人员对单位发生的经济业务或会计事项进行确认、计量与报告的过程就是会计工作，因此各单位的会计机构、会计人员必须依照《会计法》的规定设置会计账簿，进行会计核算，实行会计监督，并保证会计核算资料的真实和完整。各单位必须根据实际发生的经济业务事项进行会计核算，填制会计凭证，登记会计账簿，编制财务会计报告。按照《会计法》和国家统一会计制度的规定，各单位应当建立会计账册，进行会计核算，及时提供合法、真实、准确、完整的会计信息。各单位发生的下列事项，应当及时办理会计手续、进行会计核算：

（1）款项和有价证券的收付；

（2）财物的收发、增减和使用；

（3）债权债务的发生和结算；

（4）资本、基金的增减；

（5）收入、支出、费用、成本的计算；

（6）财务成果的计算和处理；

（7）其他需要办理会计手续、进行会计核算的事项。

当单位发生以上有关经济事项时，会计人员必须取得和填制原始凭证，根据审核无误的原始凭证登记会计账簿，定期编制会计报表。显然，处理这些会计工作要求会计人员具有相当的会计专业技能，如果会计人员不具备相当的会计专业技能，就难以胜任对以上经济事项办理会计手续、进行会计核算的会计工作。

因此，会计专业技能训练的设计依据就是会计人员在办理会计手续、进行会计核算时，所用到的基本技能。简而言之，就是会计人员记账、算账和报账的基本专业技能。

1.5.2 会计业务技能训练内容的设计

通过会计技能训练，使受训练者获得会计专业的基本技能。因此会计技能训练的主要训练内容应当包括填制和审核会计凭证，登记会计账簿，编制会计报表。登记各种账簿的期初余额、本期发生额、期末余额、期末结账、封账以及编制会计报表等操作性比较强的会计专业基本技能。同时考虑到基础会计课堂教学演示的需要，“技能训练系统”设计了“原始凭证”、“记账凭证”、“会计账簿”、“会计报表”和“综合实验”等模块，如图1—1所示。

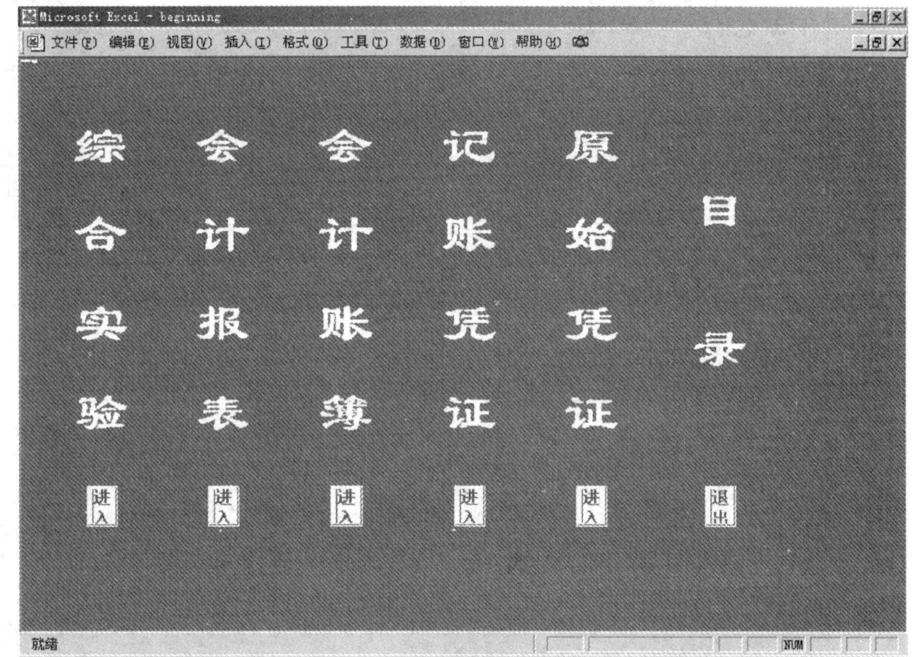

图1—1

1. 填制和审核会计凭证

会计凭证是记录经济业务发生和完成情况的书面证明，是登记会计账簿的依据。填制和审核会计凭证是会计核算工作的起点，也是从事会计工作应当具备的一项基本技能。填制和审核会计凭证的技能包括填制和审核原始凭证的技能和编制记账凭证的技能。

原始凭证包括自制原始凭证和外来原始凭证。“技能训练系统”主要训练常用的“收据”、“发票”、“支票”、“进账单”和“现金缴款单”等原始凭证的填制技能，如图1—2所示。

记账凭证包括通用记账凭证和专用记账凭证，如图1—3所示。

其中，专用记账凭证包括“收款凭证”、“付款凭证”、“转账凭证”。“技能训练系统”训练以上各种记账凭证的编制技能，如图1—4所示。

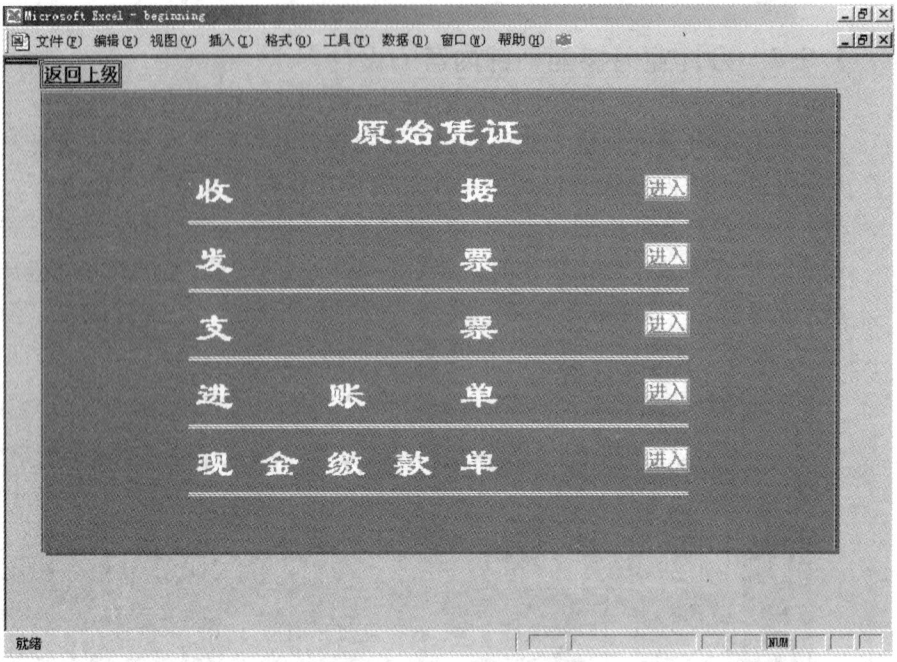

图 1—2

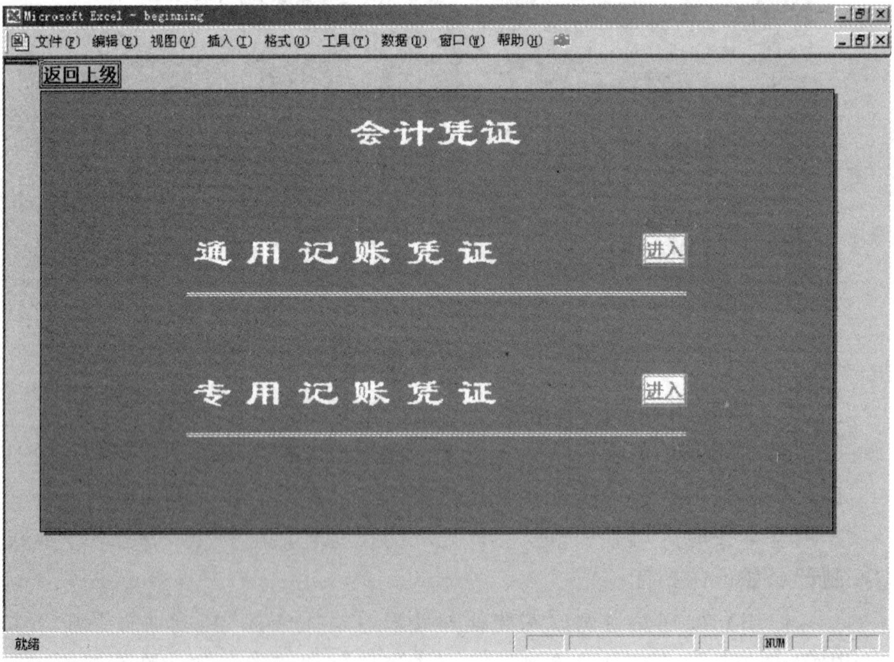

图 1—3

2. **登记会计账簿**

会计账簿是全面记录、序时和分门别类地反映经济业务的簿籍。登记会计账簿是会计核算工作的中间环节，也是从事会计工作必须掌握的一项基本技能。登记会计账簿就是根据审核无误的原始凭证运用复式记账方法，对已经发生的经济

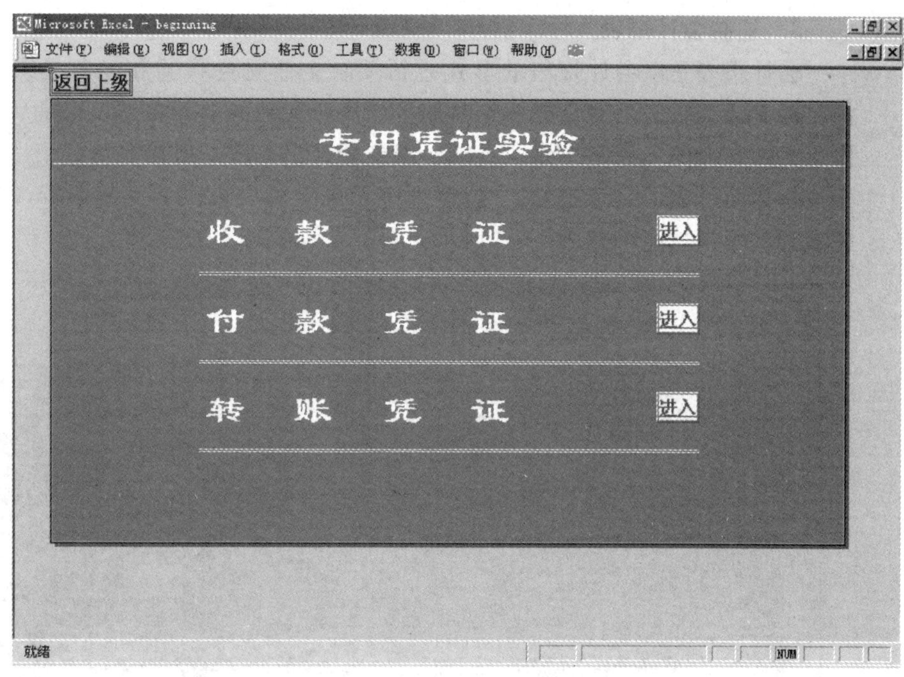

图 1—4

业务序时、分类地登记到账簿中的过程。登记会计账簿的技能主要包括登记各种账簿（包括登记各种账簿的期初余额、本期发生额、期末余额等）、对账、结账和错账更正等以及与登记账簿有关的基本技能（如账簿启用表的登记等）。“技能训练系统”具有提供训练以上有关账簿登记的基本技能的功能，如图 1—5 所示。

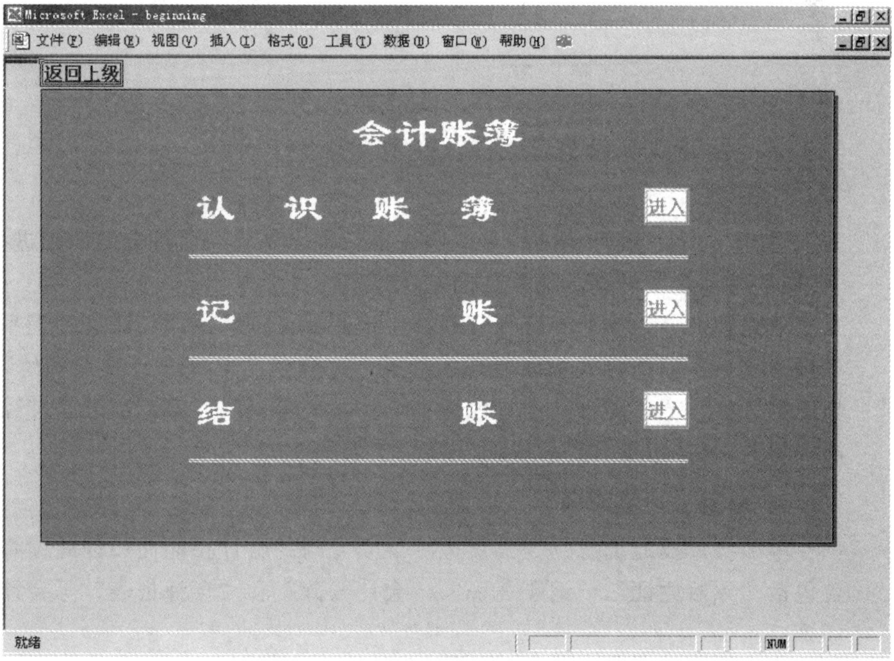

Microsoft Excel - beginning
文件(F) 编辑(E) 视图(V) 插入(I) 格式(O) 工具(T) 数据(D) 窗口(W) 帮助(H)
返回上级
会计账簿
认 识 账 簿
进入
记 账
进入
结 账
进入
就绪
NUM

图 1—5

3. **编制会计报表**

会计报表是以会计报表的形式总括反映企业财务状况和经营成果的书面文件。编制会计报表是对企业一定时期生产经营活动的全面总结，也是从事会计工作所必须掌握的一项基本专业技能。编制会计报表就是根据账簿记录，定期汇总有关指标而形成的会计报告。“技能训练系统”主要提供训练编制资产负债表和利润表的基本技能，如图 1—6 所示。

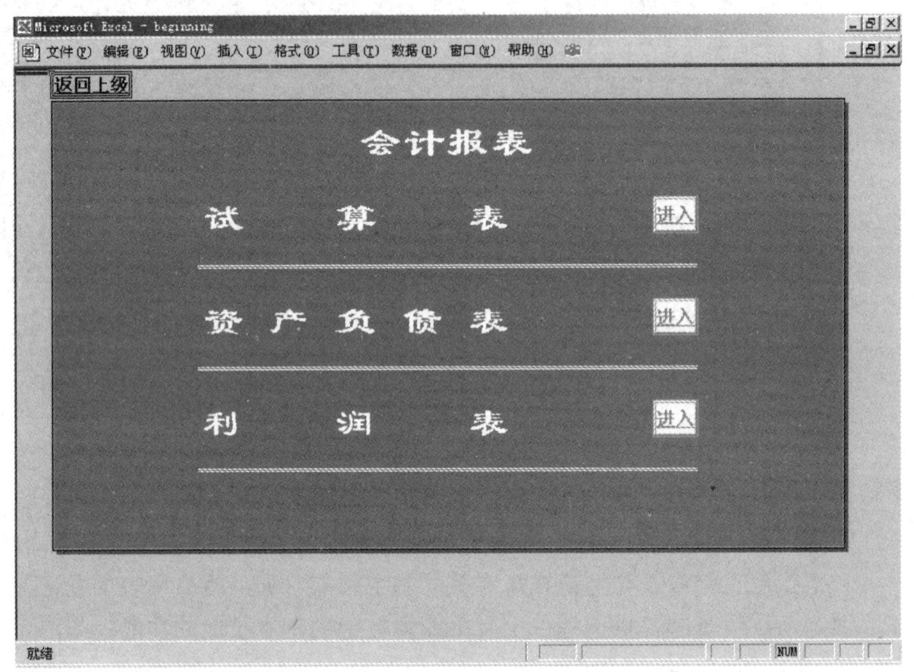

图 1—6

1.5.3 会计业务技能训练系统的结构设计

“技能训练系统”的结构是按照先易后难、先单项后综合的原则进行设计的。“技能训练系统”的基本结构如图 1—7 所示。

从内容上分为原始凭证处理系统、记账凭证处理系统、账务处理系统和报表处理系统。从训练方式上分两部分：第一部分是“单项会计技能训练”，具体包括原始凭证、记账凭证、会计账簿、会计报表等模块。第二部分是“综合会计技能训练”，具体包括“综合实验”模块。如图 1—8 所示。

1. **单项会计技能训练**

单项会计技能训练是为满足训练某项专门的会计技能而设计的训练项目。主要包括“原始凭证”、“记账凭证”、“会计账簿”和“会计报表”等会计专业技能训练。

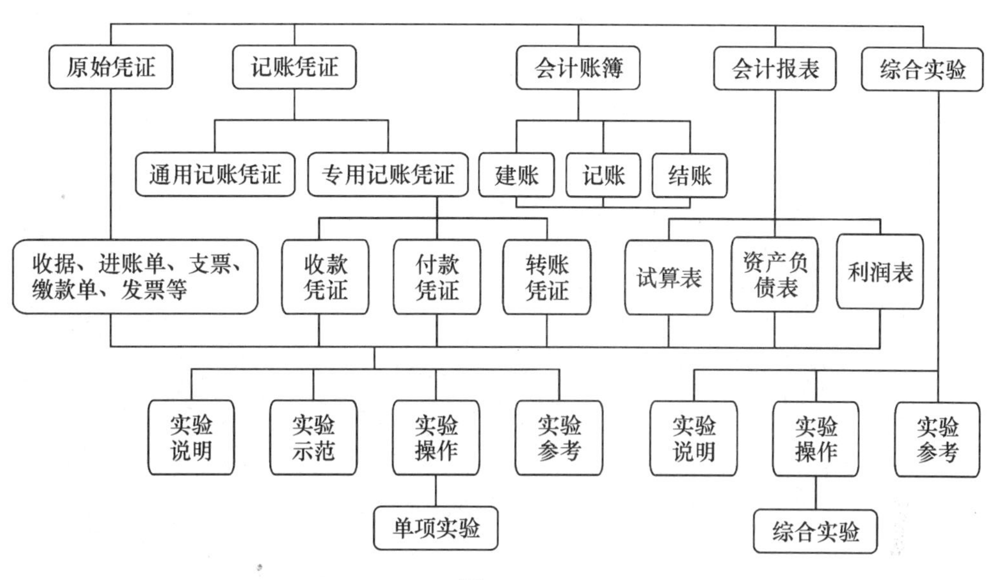

图 1—7

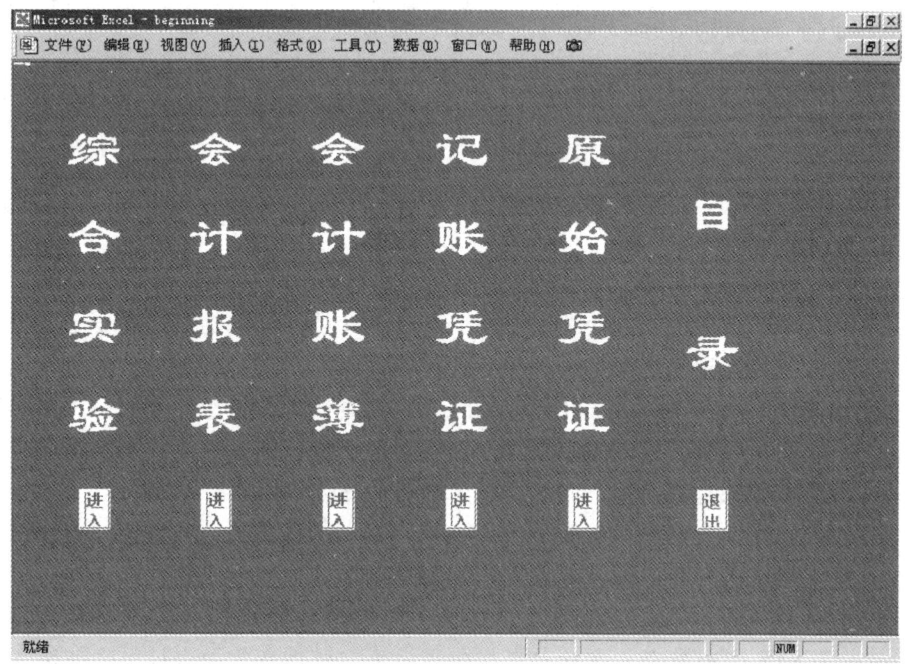

图 1—8

“原始凭证”主要训练“收据”、“发票”、“支票”、“进账单”和“现金缴款单”等原始凭证的填制技能。

“记账凭证”主要训练“通用记账凭证”和“专用记账凭证”等记账凭证的填制技能。在“专用记账凭证”中又进一步分为“收款凭证”、“付款凭证”和

“转账凭证”等。

“会计账簿”主要训练“建账”、“记账”和“结账”等登记账簿技能。

“会计报表”主要训练“试算表”、“资产负债表”和“利润表”等编制报表的技能。

上述各个具体的“单项会计技能训练”项目的结构是按照“实验说明”、“实验示范”、“实验操作”和“实验参考”这一结构进行设计的，如图1—9所示。

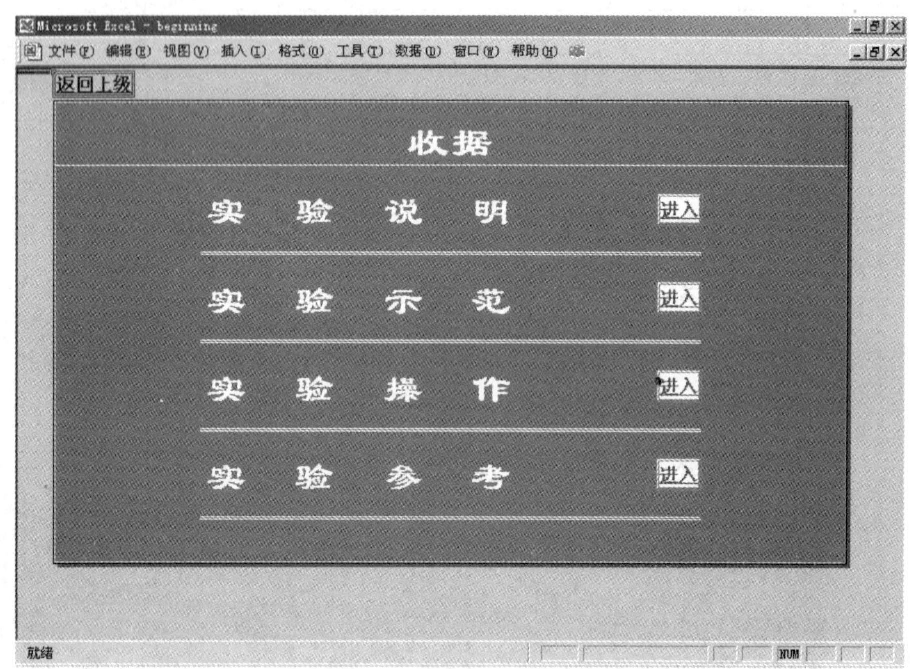

图 1—9

(1) 实验说明。简要说明该项会计专业技能训练的目的和要求。

(2) 实验示范。播放该项会计技能训练的操作过程的屏幕录像，以录像形式动态地演示各个单项会计技能训练项目的具体操作过程。例如，发票的填制、记账凭证的编制、报表的编制等。着重对需要进行训练的会计基本技能进行讲解和示范，供课堂辅助教学演示或学生自学、技能训练时作参考。

(3) 实验操作。实验操作提供了一个模拟真实的会计操作环境，要求在该环境下直接进行有关会计业务操作，通过会计业务操作达到训练会计基本专业技能的目的。能够提供强大的交互功能是“技能训练系统”最显著的特点。

(4) 实验参考。实验参考提供了一个在模拟真实的会计操作环境下，已经做好的相关会计业务记录，也就是已经完成各项业务操作之后的会计凭证、账簿或报表，以便实验者在实验操作中遇到困难或完成实验操作后进行核对时参考。

2. 综合会计技能训练

综合会计技能训练是以综合会计专业技能训练为目的而设计的训练项目。它将各种基本的会计专业技能融于一体，包括从初始“建账”开始，顺序经过“填制原始凭证”、“加盖相关印章”、“办理相关经济业务”、编制“记账凭证”、“登记账簿”、“结账”直到“编制会计报表”等环节的一个完整会计循环的操作过程。

“综合会计技能训练”项目的结构是按照“实验说明”、“实验操作”和“实验参考”来设计的，如图 1—10 所示。

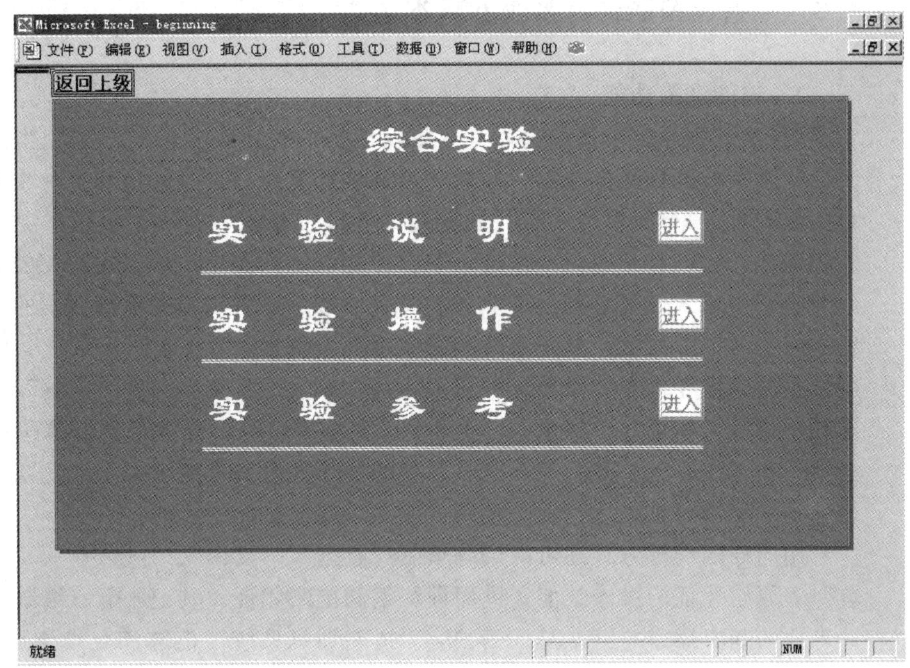

图 1—10

（1）实验说明。实验说明简要说明综合会计技能训练的目的和要求。

（2）实验操作。实验操作提供了一个模拟真实的会计操作环境，要求在该环境下直接进行多种会计业务操作，通过业务操作达到训练会计基本技能的目的。

（3）实验参考。实验参考提供了一个在模拟真实的会计操作环境下，已经做好的相关会计业务记录，也就是已经完成各项会计操作之后的会计凭证、账簿或报表，以便实验者在综合实验操作中遇到困难或完成综合实验操作后进行核对时参考。

1.6 会计技能训练系统的基本功能和特点

“技能训练系统”最基本的功能是提高会计基本技能训练的效果，为此我们在“技能训练系统”中贯穿了会计基本技能训练和会计专业基本知识传授并重的指导思想，在教学方法上融合了讲授法、演示法、实习作业法和模仿法等基本教学方法。不仅设置了课堂教学（包括会计技能训练）的演示功能，更重要的是设计了专门用于会计基本技能训练的会计实务操作功能。“技能训练系统”最主要的特点是对传统会计基本技能训练方式的突破和创新，注重会计基本技能训练和会计课堂辅助教学相结合，在注重能够“真实”演示的同时，也特别突出了“技能训练系统”在技能训练方面的交互性，即可操作性，从而达到课堂辅助教学与基本技能训练相结合的目的。

1.6.1 会计技能训练系统的基本功能

1. 技能训练功能

“技能训练系统”按照会计专业技能训练的需要，专门制作了相当数量的用于会计基本技能训练的票据、原始凭证、记账凭证、会计账簿和会计报表等。值得指出的是：“技能训练系统”所使用的凭证、账簿和报表，不仅形象逼真，更重要的是，它们都具有可操作性，根据技能训练的要求，可以在相关的凭证、账簿和报表中输入代表各种经济业务的文字或数字，可以根据审核无误的原始凭证编制相应的记账凭证，登记账簿和编制报表。例如，“技能训练系统”可以根据所发生的销售业务在“发票”的相关栏目中填入“日期”、“客户名称”、“商品名称和规格”、“单位”、“数量”、“金额”（大小写）等，并加盖开票单位的“单位公章”和“经办人名章”等，这一系列的操作完全真实地模拟了“发票”这一原始凭证的填制过程，达到训练填制“发票”操作技能的目的。

用同样的训练方式还可以训练填制“收据”、“支票”、“进账单”、“现金缴款单”等原始凭证的操作技能，进而训练编制记账凭证、登记账簿、编制报表等会计专业的基本操作技能。总而言之，“技能训练系统”能够满足填制原始凭证、编制记账凭证、登记会计账簿以及编制会计报表等会计基本技能训练的需要。

2. 辅助教学功能

为了满足辅助教学的需要，“技能训练系统”专门设计了用于辅助教学或学生自主学习的演示功能，主要包括各项会计技能训练的动态录像演示、各项会计技能训练结果的静态参考以及手工操作演示等。

“技能训练系统”对如何填制原始凭证、编制记账凭证、登记会计账簿以及编制会计报表等都制作了动态录像。通过播放可以形象地演示整个操作过程，供学生模仿练习，直至学会这种操作技能。同时“技能训练系统”对填制原始凭证、编制记账凭证、登记会计账簿以及编制会计报表等各环节的会计业务都事先给出了操作过程结束时的结果，并以样本的形式保存在系统中，通过点击“实验参考”就可以看到相应的结果。“技能训练系统”是一个开放系统，填制原始凭证、编制记账凭证、登记会计账簿以及编制会计报表等项目的操作步骤，可以按照课堂教学的需要选择相关演示内容，由教师自行操作演示，可以有针对性地演示或强调技能训练中的某一操作环节，为教师组织课堂教学留有很大的空间。

1.6.2 技能训练系统的特点

与传统的会计基本技能训练方式——手工方式的会计模拟实验相比，“技能训练系统”具有业务完整、环境真实、方式灵活、成本低廉及效果良好等特点。

1. 业务完整

会计信息是经济活动的反映，由于受种种条件的限制，手工模拟实验难以反映经济业务发生、发展的全过程。例如，手工模拟实验对销售业务的训练一般是从审核原始凭证——销货发票的记账联开始，然后根据审核无误的原始凭证编制记账凭证，登记账簿，编制报表。然而，填制原始凭证本身——开发票的过程则没有体现出来；同样，支票交存银行的业务也是从审核银行退回的进账单开始，至于如何填制进账单则没有涉及，这些都造成实验业务不完整。但是"技能训练系统"则可以克服以上局限，销售业务从填制发票开始，支票交存银行的业务则从填制银行进账单开始，从而使会计技能训练的"操作链"向前延伸，既反映经济业务的全貌，又能使技能训练更全面，避免出现会计专业的毕业生不会填制发票、进账单等原始凭证的怪现象。

"技能训练系统"从会计基本技能训练的角度出发，在会计基本技能训练的结构安排上既包括单项（原始凭证、记账凭证、登记账簿、编制报表等）技能训练业务，也包括综合技能训练业务；在会计基本技能训练的形式上包括实验示范（录像动态演示）、实验操作（供实验者操作的模拟实验环境）和实验参考（预先做好的实验结果）等内容，从而既可以满足教师辅助教学的需要，也可以满足学生会计操作技能训练的需要。

2. 环境真实

由于"技能训练系统"中生成的用于技能训练的各种票据、凭证、账簿和报表都具有较强的仿真性，能给人一种真实的直观印象，使得模拟实验环境比较形象真实，从而使技能训练者产生较强的真实感。不仅如此，"技能训练系统"所具有的可操作性也使真实性得到加强。教师和学生可以根据具体所发生的经济业务向各种业务凭证、账簿和报表中输入相关的资料和数据，加盖相关的业务印章等，每一笔业务都通过相应的与真实情况相同的操作才能完成，因而使操作者的主体意识和真实感都得到显著的增强，不仅弥补了演示性教学软件在技能训练方面存在的缺陷，而且能够提高操作者的学习兴趣，大大强化技能训练的效果。

3. 方式灵活

使用"技能训练系统"进行技能训练的方式是非常灵活的，既可作为《初级会计学》的辅助教学课件，供教师在上课时作课堂演示，也可以供学生自己学习；既可以与课堂教学配合使用，也可以作为单独的技能训练课程来开设；既可以在教室或实验室完成训练，也可以让学生在宿舍或家里完成技能训练，从而摆脱了会计技能训练受制于会计实验室的被动状况，有利于学生自主安排学习进度，增强学生自主学习的主动性。

4. 成本低廉

使用"技能训练系统"进行会计技能训练的成本非常低廉。第一，"技能训练系统"所提供的各种票据、凭证、账簿和报表以及相关的业务公章，全部由系统提供，无须另行购置，不仅节约技能训练所需会计用品的购置成本，同时大大缩短实验准备的时间；第二，"技能训练系统"具备数字产品可以重复使用的特征；第三，“技能训练系统”在“Excel 2003”的环境下即可使用，对硬件、软件没有特殊要求。因此，使用“技能训练系统”进行会计技能训练可以节约资金和时间。

5. 效果良好

使用“技能训练系统”进行会计技能训练的效果良好。在“技能训练系统”中，由于各种票据、凭证、账簿、报表的式样和颜色都是高度仿真的，与印在教材包括实验教材里的票据、凭证、账簿、报表的式样和颜色相比，更能够产生视觉感官刺激，能留下比较深刻的影响。同时“技能训练系统”的各项实验都是可以动手操作的，通过实验者亲自动手操作能够提高学生的实验兴趣，使学生实现从被动接受者到主动操作者的角色置换，激发了学习热情，产生强化技能训练的效果，提高了学生的会计操作技能。

总而言之，借助现代教育理论和现代教育技术，运用计算机数字多媒体技术开发制作的“技能训练系统”是对传统会计基本技能训练模式的一种探索和创新。

1.7 会计技能训练系统的安装与运行

1.7.1 会计技能训练系统的运行环境

“技能训练系统”的运行环境与 Microsoft Office 2003 的运行环境相同，也就是说“技能训练系统”可以在装有 Microsoft Office 2003 及以上版本软件的 PC 上运行。同时，需要播放数字多媒体课件所必需的显卡、声卡和音箱等硬件设备。“技能训练系统”在 Microsoft Excel 2003 软件下运行，如果软件低于 Microsoft Excel 2003 版本可能会使“技能训练系统”的部分功能失效。

1.7.2 会计技能训练系统的安装和运行

1. “技能训练系统”的安装

首先将“技能训练系统”的光盘放入光驱，在资源管理器中点击光盘的盘符即可看到“会计技能训练系统”的文件夹，然后将该文件夹复制到 D：盘的根目录下。复制完毕后，选中安装在 D：盘名为“会计技能训练系统”的文件夹，点击鼠标右键，进入“说明属性”对话框，点击“只读”属性前的符号框中的“√”，使“√”消失，取消“只读”属性，然后取出光盘即可运行。

2. “技能训练系统”的运行

(1) 进入“技能训练系统”。在资源管理器中找到 D：盘，选中“会计技能训练系统”文件夹，双击“会计技能训练系统”文件夹，打开后找到“beginning”文件，然后双击“beginning”文件，即可运行“会计技能训练系统”；也

可以先打开 Excel 2003 工作簿，单击“文件”→“打开”，在 D：盘中找到“会计技能训练系统”文件夹中的“beginning”文件，然后双击该文件，屏幕出现如图 1—11 所示的内容。

图 1—11

在提示框中输入“马元驹”（注意系统区分大小写），点击“确定”按钮即可运行“会计技能训练系统”。

注意：由于系统使用 VBA 语言编程，所以当系统运行时，如果出现“运行可能不安全的宏”的提示框，如图 1—12 所示，请选择“启用宏”。如果不想再见到该提示框，应选择工具菜单栏的“宏”，再选择“安全性”命令对话框，在安全级别中选择“无”，然后单击“确定”，以后运行系统时就不会再出现这种提示框。

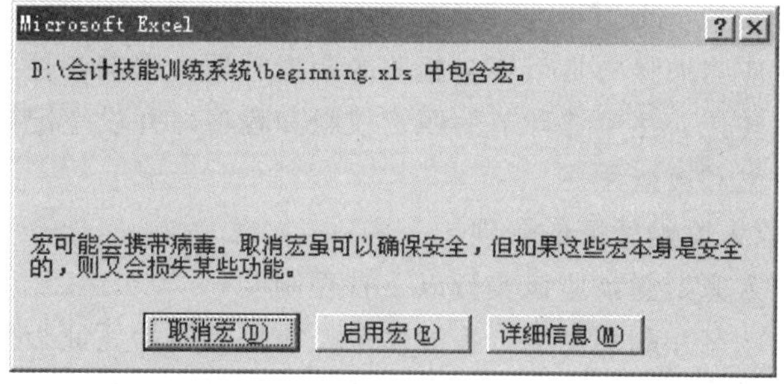

图 1—12

进入本系统的主要模块“实验操作”和“实验参考”时，系统都会出现“输入操作人员姓名”的提示框，在该提示框中输入设定的操作人员姓名（本系统设定的操作人员姓名为“马元驹”）。综合实验建账时，或关闭文件后重新进入账簿时，或进入各项业务操作时，系统都会出现“输入操作人员”姓名的提示框，在该提示框中输入设定的操作人员姓名（本系统设定的操作人员姓名均为“马元驹”）。

当输错操作人员姓名时，系统会出现“非系统指定操作人员”的提示框，点击“确定”按钮，再次出现“输入操作人员提示框”时，输入正确的操作人员姓名即可运行系统。如果连续三次输入错误，系统将自动关闭。

（2）“技能训练系统”的保存。“技能训练系统”不仅仅是一个演示系统，更重要的还是一个可以进行技能训练的操作系统，即可以在系统中进行会计技能的各项操作训练。因此每当在系统中完成了部分技能训练的项目后，在退出之前可能需要保存，以便下一次进入系统后可以接着未做完的业务继续训练。保存文件的方法是点击“退出”键，然后根据提示选择“保存”按钮即可，或点击菜单栏上的“文件”→“保存”即可。

（3）“技能训练系统”的关闭。当需要关闭“技能训练系统”时，可以在任何界面点击屏幕右上角的“×”号。如果文件没有保存，会弹出“文件‘×××’已被修改，是否保存其修改的内容”的提示框，如果需要保存就点击“是”，系统关闭；如果不需要保存所做的训练操作或执行了错误的操作需要重新操作，可点击“否”，系统关闭。当然也可以按界面提示逐步退出，直到系统关闭。

1.8 财务票据、印章的管理

熟练掌握会计业务技能的同时要充分了解财务票据和印章管理的制度规定，因为财务票据和印章的管理是货币资金内部控制的重要内容。货币资金内部控制的各个环节几乎都涉及票据和财务印章，若平时不注意对票据和印章的管理，极易发生货币资金的舞弊行为。为此，本书独辟一节对于这部分内容进行讲解。

1.8.1 财务票据的管理

企业应当加强与货币资金相关的票据管理，明确各种票据的购买、保管、领用、背书转让、注销等环节的职责权限和程序，并设登记簿进行记录，防止空白票据的遗失和被盗用。

1. 收入原始凭证的管理

对收入原始凭证应该实行以下管理制度：

（1）印制和购买制度。各种发票、收据等原始凭证必须由各企业的财会部门统一印制或购买，连续编号。财会部门要把每次印制或购入原始凭证的时间、本数、起讫号等内容登记在印制或购买的收入原始凭证登记簿上。在记录印制或购买费用明细账的摘要栏内，也要写明这些内容，以备查考。

（2）保管制度。各种收入原始凭证不能由财会部门的稽核人员、出纳人员保管，应由不直接经办货币资金收付业务的人员保管。保管人员应当定期核对未使用的空白收据发票，防止短缺。各企业在发票或收据的保管环节必须制定严格的内部会计控制制度，包括入库验收制度、台账报表制度、安全防护制度、岗位责任考核制度等。这些制度可归纳为“三清、四专、五防、六不准”。

“三清”是指发票或收据的保管要做到手续清、账目清、责任清。

“四专”是指派专人、使用专柜、专账、专表保管发票或收据。

“五防”是指在保管发票或收据的过程中，必须注意发票或收据的防火、防盗、防霉烂损毁、防虫蛀鼠咬、防丢失。

“六不准”是指一不准相互转借、转让发票或收据；二不准出现账实不符现象；三不准擅自调账，一旦发生发票或收据溢余、短缺或其他各种损失事故，未经查明原因和未经有关授权批准，任何人不得擅自调账；四不准擅自处理发票或收据中出现的空白联和其他质量残次的无效联；五不准擅自销毁未满保管期限的已用发票或收据存根；六不准在发票或收据库房内违章堆放其他物品。

(3) 票据发放管理制度。

1) 领用发票部门领购票据时，应先提出申请，说明领购票据的理由、用途、数量等，并盖章，经财会部门主管审批后，方可办理领购手续；领用票据部门应有专人负责领取，保证正确使用，妥善保管。

2) 各部门票据管理人员在领用和启用整本票据前，应先检查有无缺联、缺号或票据内项目有无差错，如有不妥，应立即办理退换手续。

3) 每本票据用完后，领用票据部门应将所收款项如数交财会部门入账，并将票据的存根整本交回财会部门，经核对无误后，方可换领新的票据。

4) 发放票据时财会部门应按连续号码的顺序发给空白收入原始凭证，并在原始凭证登记簿上记录发放日期、起始号码、终止号码、票据份数。

5) 发放记录须由领用人员核对后签字。

(4) 票据填写规则。

1) 票据应按种类和顺序使用，填写内容必须与票据的使用范围相一致，不得超范围使用。

2) 填写票据时，必须写明名称、地址、填票日期，数字必须真实、准确、完整。填票人及收款人要签全名或盖私章。

3) 填写中不能随意更改，填写错误需要改正时，应将错误的文字和数字用红色直线划去，另填写正确的文字和数字，并加盖经办人的印章，以示负责；写坏作废时，要在作废的凭证上加盖“作废”戳记，全部保存，不得撕毁。

(5) 检查制度。企业应定期或不定期地检查收入原始凭证的使用、管理情况，发现问题要及时解决。检查内容包括：是否按票据号码顺序填写，填写项目是否齐全，全部联次是否一致复写，大小写金额是否相符，金额是否涂改过，是否执行核批的收费项目和收费标准，经办人是否签章等。

2. 银行票据的管理

企业采购材料物资或取得外部劳务供应时，除了在《现金管理暂行条例》中规定可以支付现金的业务，大多数支出都是通过银行办理支出业务。因此，企业应加强对银行票据的购买、保管、领用、背书转让、注销等的管理。银行票据的管理与收入原始凭证的管理类似，另外还须注意以下几点：

(1) 每项银行票据的签发都必须经过授权的签署者审批并签发，有签署权的人员不得保管银行票据。

(2) 银行票据的支出必须有经过核准的发票或其他必要的凭证作为书面证据。

(3) 结算后在票据上加盖“已付讫”戳记，以防止重复付款。

(4) 银行票据不得更改，任何有文字或数字更改的银行票据都应作废，并在作废的票据上加盖“作废”戳记。

(5) 票据背书。对票据背书的要求是：背书人要在票据背面的背书人栏签章并记载背书日期，在被背书人栏背书时忘记记载背书日期，则应视为在票据到期日前背书。根据《票据法》的规定，背书转让票据，不得将票据金额部分转让或转让给两个以上的被背书人，即不允许部分背书。另外，背书转让不得附有条件。票据如果经过几次以上的背书转让，一般而言，在票据背面的背书记载应该前后衔接，即后一个背书人必须是前一栏的被背书人，这在《票据法》上称为背书连续，最后一个被背书人即持票人凭该连续背书主张票据权利。单位对外背书转让应履行授权批准手续。

1.8.2 印章的管理

企业的任何一笔经济业务都需要签字盖章才可以结算，因此，在企业内部会计控制中，对印章的管理是一个很重要的环节。

(1) 企业应该加强对预留银行印鉴的管理。财务专用章应由专人保管，个人名章必须由本人或其授权人保管。这两个章若共同使用，就可以将单位在银行开立的账户中的款项付出去，如果由一人保管，则加大了单位货币资金的控制风险，所以应确保它们分别由不同的人保管。

(2) 各类印章必须分处、专人保管使用，不得擅自将自己保管的印章交由他人保管，也不得私自接受他人保管使用的印章。

(3) 各类印章必须严格按规定的业务范围和批准程序使用，不得乱用、错用。印章保管人应在监印中严格审查，注意内容，防止漏洞。

(4) 有关人员因出差、短期出国而由他人暂时保管财务专用章或个人名章的，必须予以授权并进行记录，登记在案，以备查询；另外，要特别注意节假日期间、值班期间的票据和印章管理。

(5) 各类印章平时不用时，放在上锁的铁皮箱内，做到“人走章收”。财务专用章和法人代表名章应放入保险柜，必须由双人持不同的钥匙同时开启才可以打开。

第 2 章

Chapter 2 原始凭证业务模拟实验

本章导引

实验名称： 制作原始凭证

实验内容： 首先了解原始凭证的基本概念、构成要素及填制要求，从理论上掌握各种原始凭证的填制方法；其次熟练掌握外来原始凭证的审核，从而为原始凭证填制的实验操作做好准备。实验中，根据发生的经济业务内容进行原始凭证的填制工作，包括“收据”、“发票”、“支票”、“进账单”和“现金缴款单”几种原始凭证类型的填制，并练习加盖公章及不同联次的后续处理。

实验性质： 模拟实验

实验目的与要求： 本实验目的是让学生对原始凭证的生成过程有感性、直观的认识，能够独立、准确地完成原始凭证的填制，从而理解原始凭证的生成是会计工作对经济业务记录的开端。要求操作规程严谨、规范。

实验条件： 空白原始凭证

实验参考主教材的章节： 第 5 章会计凭证

2.1 原始凭证及其填制

2.1.1 原始凭证的概念

原始凭证又称单据，是在经济业务发生或完成时取得或填制的，用以记录或证明经济业务发生或完成情况的原始凭据，是会计核算的重要依据。原始凭证包括两大类：自制原始凭证和外来原始凭证。自制原始凭证是指由本单位内部经办经济业务的部门或人员在办理经济业务时自行填制的凭证，如商品、材料验收入库时，由仓库保管人员填制的入库单；商品销售时，由业务部门开出的提货单等。外来原始凭证是指与外部单位发生经济往来关系时，从外部单位取得的原始凭证。如购货时取得的发货单、付款时取得的收据、采购商品时取得的增值税专用发票、出差乘坐的车船票、货物运输发票等。

2.1.2 原始凭证的要素

不同的原始凭证所记载的经济业务是不完全相同的，每一种原始凭证的具体内容、格式、大小、颜色也不尽相同，但是任何一种合法的原始凭证都应当包括下列基本内容。

1. 原始凭证的名称

原始凭证都应有标明为何种凭证的名称。例如，借据、收据、普通发票、增值税专用发票和领料单等。原始凭证的名称表明了该原始凭证的种类和用途。例如，收料单是反映入库材料的原始凭证。

2. 原始凭证的填制日期及凭证编号

原始凭证必须写明填制的日期，以表明该凭证所记载的经济业务发生或完成的具体时间。因此，原始凭证上记载的日期，应该是经济业务发生或完成的日期。

3. 原始凭证的接受单位名称

原始凭证必须写明接受单位，接受原始凭证的单位是与填制原始凭证单位有凭证记载的经济业务往来的对方单位。

4. 经济业务的内容摘要

原始凭证必须写明经济业务的具体内容的摘要。因为原始凭证是用于说明经济业务发生或完成情况的书面文件，因此，必须在凭证上写明经济业务的内容。

5. 经济业务的数量及金额

原始凭证必须写明经济业务发生的数量和金额，主要包括经济业务所涉及的商品物资的名称、品种、数量、单位、单价和金额。

6. 填制单位名称及经办人员的签名及盖章

为了明确经济责任，原始凭证要由凭证的编制单位加盖公章，并由经办人员签名或盖章。

有些原始凭证还应具备一些特殊内容和要求，例如，使用统一发票时，发票上应印有税务专用章；自制发票，应盖有税务监制章；使用增值税专用发票要按规定填写购销双方的税号、地址、开户银行账号、支票号码等。发票的格式如图2—1所示。

2.1.3 原始凭证填制的要求

原始凭证是具有法律效力的证明文件，是记账的原始依据。原始凭证的填制是记账的起点，是会计核算的基本，原始凭证填制的正确与否，与整个核算工作的质量有着密切的联系。因此，填制原始凭证，必须反映经济业务的实际情况，应有经办人的签名盖章，以示负责。在填制原始凭证时，必须做到记录真实、内容完整、书写清楚、填制及时。具体地说，必须符合下列要求。

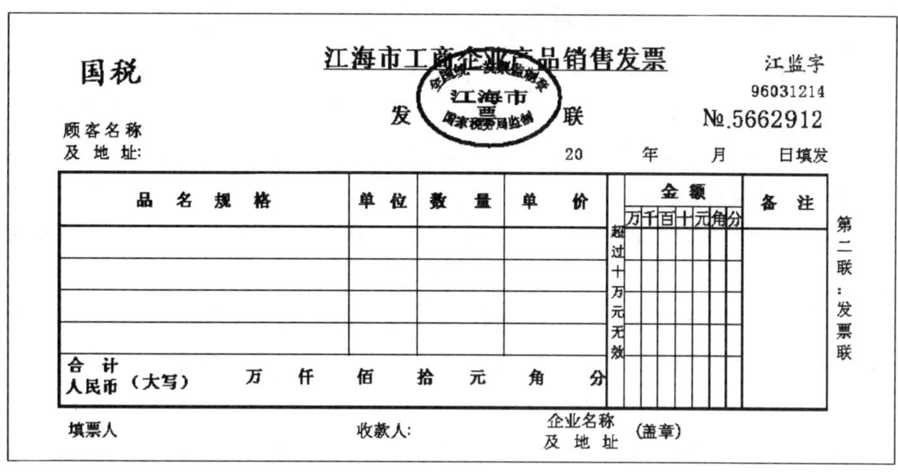

国税　　江海市工商企业产品销售发票　　江监字 96031214

发 票 联　　№.5662912

顾客名称
及 地 址:　　20 年 月 日填发

品名规格	单位	数量	单价	金额 万千百十元角分	备注
合计人民币（大写） 万 仟 佰 拾 元 角 分					

超过十万元无效

第二联：发票联

填票人　　收款人:　　企业名称及地址 （盖章）

图 2—1

1. **记录真实**

原始凭证上记载的经济内容和金额，必须真实可靠，要反映相关经济业务的实际情况，绝不允许弄虚作假。

2. **内容完整**

原始凭证的内容必须逐项填写完整，不能遗漏，有大写及小写金额的原始凭证，大写与小写金额必须相符；内容不完整、不齐备的原始凭证不能作为经济业务的合法证明，当然也不能作为有效的会计凭证。

3. **不得涂改、刮擦、挖补**

原始凭证填写错误需要更正时，须划线更正，即将写错的文字或数字用红线注销，再将正确的数字或文字写在划线部分的上方，并加盖经手人印章。注意，提交银行的各种结算凭证上的数字的大小写一律不得更改，如果填写错误，应加盖“作废”戳记，重新填写。

4. **书写规范**

原始凭证要用蓝色或黑色笔书写，字迹要清楚、规范。填写支票必须使用碳素墨水笔。一式多联需要套写的原始凭证，必须一次套写完成。

原始凭证中的大写金额，一律用正楷字或行书字体的汉字书写，如壹、贰、叁、肆、伍、陆、柒、捌、玖、拾、佰、仟、万、亿、圆、角、分、零、整等易于辨认、不易涂改的字样，不得用一、二（两）、三、四、五、六、七、八、九、十、毛、另（或 0）等字样代替，不得任意自选简化字。大写金额有分的，后面不加整字，其余一律在末尾加“整”字，大写金额前还应加注币值单位，注明“人民币”、“美元”、“港币”等字样，币值单位与金额数字之间以及各金额数字之间不得留有空隙。原始凭证中的小写阿拉伯数字应一个一个写，不得连笔写。阿拉伯数字金额前面应写人民币符号“￥”（或港币符号“HK＄”和美元符号“US＄”等）。人民币符号“￥”与阿拉伯数字金额之间不得留有空白。凡阿拉伯数字前写有人民币符号“￥”的，数字后面不再写“元”字。所有以元为单位的阿拉伯数字，除了表示单价等情况，一律填写到角分。无角分和分位可写

“00”或符号“—”；有角无分的，分位应写“0”，不得用符号“—”代替。数字金额中间有“0”时，汉字大写金额要写“零”字，如“¥108.06”，汉字大写金额应写成人民币壹佰零捌圆零陆分。阿拉伯数字中间连续有几个“0”时，汉字大写金额中可以只写一个“零”字，如“¥1008.50”，汉字大写金额应写成人民币壹仟零捌圆伍角整。

《会计基础工作规范》对原始凭证的填制、审核和更正等内容作了相当具体的规定：

（1）原始凭证的内容必须具备：凭证的名称；填制凭证的日期；填制凭证单位名称或者填制人姓名；经办人员的签名或者盖章；接受凭证单位名称；经济业务内容；数量、单价和金额。

（2）从外单位取得的原始凭证，必须盖有填制单位的公章；从个人取得的原始凭证，必须有填制人员的签名或者盖章。自制原始凭证必须有经办单位领导或者其指定的人员签名或者盖章。对外开出的原始凭证，必须加盖本单位公章。

（3）凡填有大写和小写金额的原始凭证，大写与小写金额必须相符。购买实物的原始凭证，必须有验收证明。支付款项的原始凭证，必须有收款单位和收款人的收款证明。

（4）一式几联的原始凭证，应当注明各联的用途，只能以一联作为报销凭证。

一式几联的发票和收据，必须用双面复写纸（发票和收据本身具备复写纸功能的除外）套写，并连续编号。作废时应当加盖“作废”戳记，连同存根一起保存，不得撕毁。

（5）发生销货退回的，除填制退货发票，还必须有退货验收证明；退款时，必须取得对方的收款收据或者汇款银行的凭证，不得以退货发票代替收据。

（6）职工公出借款凭据，必须附在记账凭证之后。收回借款时，应当另开收据或者退还借据副本，不得退还原借款收据。

（7）经上级有关部门批准的经济业务，应当将批准文件作为原始凭证附件。如果批准文件需要单独归档的，应当在凭证上注明批准机关名称、日期和文件字号。

原始凭证不得涂改、挖补。发现原始凭证有错误的，应当由开出单位重开或者更正，更正处应当加盖开出单位的公章。

《会计法》对原始凭证也有相应的规定：会计凭证包括原始凭证和记账凭证。办理经济业务事项，必须填制或者取得原始凭证并及时送交会计机构。会计机构、会计人员必须按照国家统一的会计制度的规定对原始凭证进行审核，对不真实、不合法的原始凭证有权不予接受，并向单位负责人报告；对记载不准确、不完整的原始凭证予以退回，并要求按照国家统一的会计制度的规定更正、补充。原始凭证记载的各项内容均不得涂改；原始凭证有错误的应当由出具单位重开或者更正，更正处应当加盖出具单位印章。原始凭证金额有错误的，应当由出具单位重开，不得在原始凭证上更正。记账凭证应当根据经过审核的原始凭证及有关资料编制。会计凭证，是记录经济业务事项的发生和完成情况，明确经济责任，并作为记账依据的书面证明，是会计核算的重要会计资料。如何填制、审核会计凭证是会计核算工作的首要环节，对会计核算过程、会计资料质量起着至关重要的作用。

2.1.4 原始凭证的填制方法

原始凭证应根据原始凭证的要素填写，主要填写内容包括：在没有标明为何种凭证名称的原始凭证上填写凭证名称、凭证填制日期、凭证编号、接受凭证单位或个人的名称、经济业务内容摘要、经济业务所涉及物品的名称、数量、单位、单价和金额（大小写）以及填制单位名称及经办人员的签名及盖章等。

1. 收据的填制

收据是企业经常使用的经济凭证。当企业因相关业务而收取租金、押金、罚金、赔款以及收到投资方的投资款时，都需要开具收据。

收据由企业的出纳人员负责填写，应按编号顺序使用。收据的基本联次为一式三联，第一联为存根联，第二联为收据（报销）联，第三联为记账联。全部联次用双面复写纸一次性套写完成，并加盖单位财务专用章和收款人名章。

（1）收据应填写以下内容：

1）收据的日期；

2）交款人名称；

3）收受款项的事由；

4）收受款项的大写和小写金额。

（2）收据应加盖的印章。

1）开具收据单位的财务专用章；

2）经办人签名或加盖经办人名章。

例如，江海宏源机器公司 2010 年 12 月 3 日收到江海立功投资有限公司的投资款 50 万元，已收到支票。依据该业务开具相应的收据。填制完成作为编制记账凭证的原始凭证的收据记账联如图 2—2 所示。

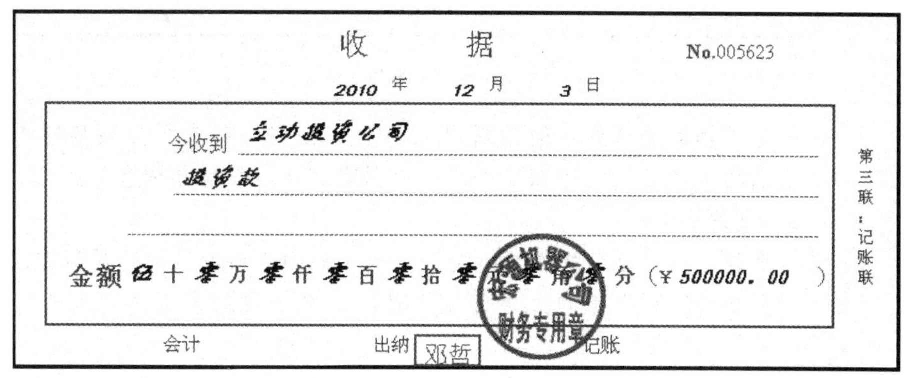

收　　据　　No.005623

2010 年 12 月 3 日

今收到 立功投资公司

投资款

金额 伍十零万零仟零百零拾零元零角零分（¥500000.00）

第三联：记账联

财务专用章

会计　　出纳 邓哲　　记账

图 2—2

收据开具完毕，应当进行复核与检查，以防差错。然后将收据的第一联“存根联”保留在收据本上，以备查询；撕下收据的第二联“收据联”交付交款单位或个人收执；撕下收据的第三联“记账联”留作编制记账凭证的依据。

2. 进账单的填制

进账单是企业经常使用的经济凭证。当企业因向开户银行送交支票、银行本票、银行汇票、到期的商业汇票等票据办理银行存款收入业务时，应当填写进账单。进账单由在银行开立存款账户的单位的财会人员负责填写，进账单的基本联次为三联，其用途分别是，第一联为送票回执联，第二联为银行记账凭证联，第三联为回单或收账通知联。全部联次用双面复写纸一次性套写完成。

进账单应填写以下内容：

（1）出票人的全称、账号和开户行；

（2）收款人的全称、账号和开户行；

（3）进账的大小写金额；

（4）进账的事由；

（5）填制进账单的日期。

举例，江海宏源机器公司 2010 年 12 月 3 日填写进账单，向开户银行送存江海立功投资有限公司交来的投资款 50 万元的支票，依据该业务填制进账单连同支票一起送交银行。根据银行退回的进账单回单或收账通知联编制记账凭证。银行退回并作为编制记账凭证的原始凭证的进账单的回单如图 2—3 所示。

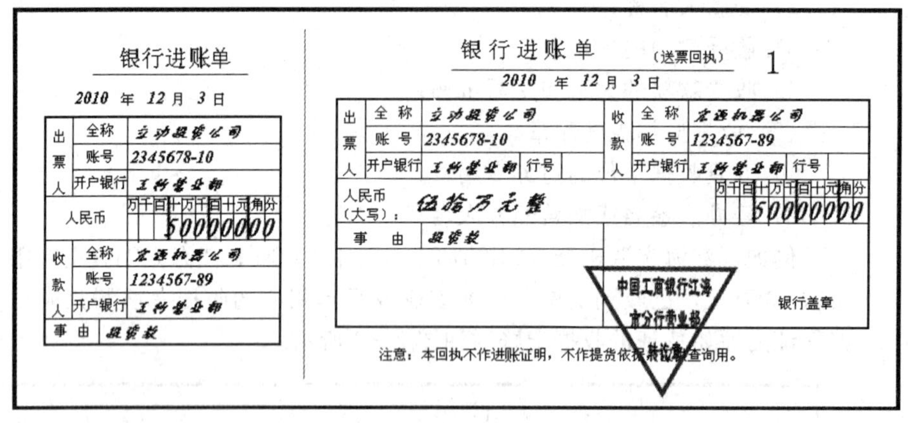

银行进账单

2010 年 12 月 3 日

出票人	全称	立功投资公司
	账号	2345678-10
	开户银行	工行营业部
人民币	万千百十万千百十元角分	50000000
收款人	全称	宏源机器公司
	账号	1234567-89
	开户银行	工行营业部
事由	投资款	

银行进账单 （送票回执） 1

2010 年 12 月 3 日

出票人	全称	立功投资公司		收款人	全称	宏源机器公司	
	账号	2345678-10			账号	1234567-89	
	开户银行	工行营业部	行号		开户银行	工行营业部	行号
人民币（大写）：	伍拾万元整				万千百十万千百十元角分	50000000	
事由	投资款						

中国工商银行江海市分行营业部 [illegible]

银行盖章

注意：本回执不作进账证明，不作提货依据[illegible]查询用。

图 2—3

进账单填制完毕后，应当对进账单及其相关票据进行复核与检查，以防差错，然后将审核无误的进账单和相关票据提交开户银行办理进账。

3. 支票的填制

支票是企业经常使用的经济凭证。当企业因购买商品、接受劳务或其他事项而委托开户银行在见票时无条件支付确定金额给收款人或持票人时，需要签发支票。

支票由企业的出纳人员负责填写，支票应按编号顺序使用。支票的基本联次为二联，即支票存根联和支票正联。签发支票应当按照规定逐项填写，并加盖预留在银行的印鉴。

(1) 支票应填写以下内容：

1) 收款人名称；

2) 确定的金额；

3) 出票日期；

4) 出票人签章；

5) 用途；

6) 开户银行名称；

7) 签发人账号。

(2) 支票应加盖的印章。

1) 出票人预留在银行的单位印鉴；

2) 出票人预留在银行的个人名章。

例如，江海宏源机器公司 2010 年 12 月 5 日签发支票，支付购买大明公司乙产品的货款 19 795 元整。依据该业务签发支付购货款的支票。填制完成的支票如图 2—4 所示。

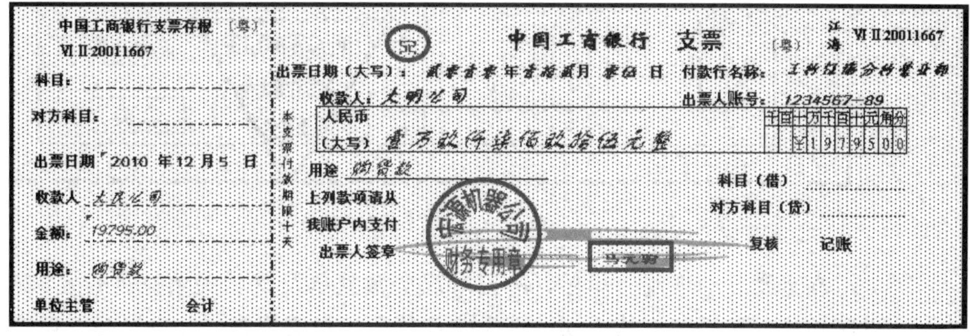

中国工商银行支票存根 (粤)
VI II 20011667
科目：
对方科目：
出票日期 2010 年 12 月 5 日
收款人 大明公司
金额：19795.00
用途：购货款
单位主管　　会计

中国工商银行　支票 (粤)　江海　VI II 20011667
出票日期（大写）：贰零壹零年壹拾贰月零伍日　付款行名称：
收款人：大明公司　出票人账号：1234567—89
本支票付款期限十天
人民币（大写）壹万玖仟柒佰玖拾伍元整

千	百	十	万	千	百	十	元	角	分
		¥	1	9	7	9	5	0	0

用途 购货款
上列款项请从
我账户内支付
出票人签章　宏源机器公司 财务专用章
科目（借）
对方科目（贷）
复核　记账

图 2—4

支票签发完毕，应当进行复核与检查，以防差错，然后将支票的正联作为支付凭证交付收款人，存根联连同购货发票一起作为编制记账凭证的原始凭证。

支票上印有“转账”字样的为转账支票，转账支票只能用于转账；支票上印有“现金”字样的为现金支票，现金支票只能用于支取现金；支票上未印有“现金”或“转账”字样的为普通支票，普通支票可以用于支取现金，也可以用于转账；在普通支票左上角画两条平行线的，为划线支票，划线支票只能用于转账，不得支取现金。

4. 现金缴款单的填制

现金缴款单是企业经常使用的经济凭证。当企业向开户银行送交现金办理银行存款收入业务时，应当填写现金缴款单。现金缴款单由企业的财会人员负责填写，现金缴款单的基本联次为一式三联，其用途分别是，第一联为传票联，第二联为回单，第三联为存查联，全部联次一次套写完成。

现金缴款单应填写以下内容：

(1) 存款人的全称、开户银行、账号和款项来源；

(2) 缴款的大小写金额；

(3) 填制现金缴款单的日期。

例如，江海宏源机器公司 2010 年 12 月 5 日填写现金缴款单，向开户银行送交零星现金收入 5 200 元。依据该业务填制现金缴款单。会计人员填制并交银行输进账后，由银行退回的现金缴款单第二联（回单）是编制记账凭证的原始凭证。银行退回的第二联现金缴款单（回单）如图 2—5 所示。

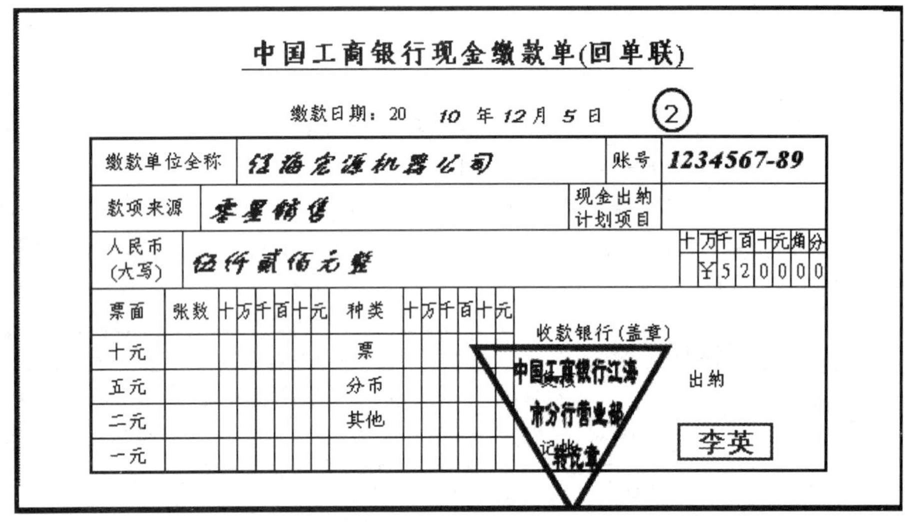

中国工商银行现金缴款单(回单联)

缴款日期：2010 年 12 月 5 日 ②

缴款单位全称	江海宏源机器公司	账号	1234567-89
款项来源	零星销售	现金出纳计划项目	
人民币(大写)	伍仟贰佰元整	十万千百十元角分	¥520000

票面	张数	十万千百十元	种类	十万千百十元	收款银行(盖章)
十元			票		中国工商银行江海市分行营业部
五元			分币		出纳
二元			其他		
一元					李英

图 2—5

现金缴款单填制完毕后，应当对现金缴款单及其相关票据进行复核与检查，以防差错，然后将审核无误的现金缴款单和相关票据提交开户银行办理进账。

5. 发票的填制

发票是企业经常使用的经济凭证。当企业因销售商品、提供劳务以及从事其他经营活动收取款项时，必须向付款方开具发票。

发票由企业的出纳人员负责填写，应按编号顺序使用。发票的基本联次为一式三联，其用途分别是，第一联为存根联，第二联为发票（报销）联，第三联为记账联。全部联次用双面复写纸一次性套写完成，并加盖单位财务专用章。

(1) 发票应填写以下内容：

1) 客户名称；

2) 商品名称或经营项目；

3) 计量单位、数量、单价；

4) 大小写金额；

5) 开票人；

6) 开票日期。

(2) 加盖的印章。

1) 开具发票单位的财务专用章（或发票专用章）；

2）经办人签名或加盖经办人名章。

例如，江海宏源机器公司 2010 年 12 月 3 日销售给远东机器公司甲产品 50 件，单价 80 元，款项已经收到。依据该业务开具销货发票。填制完成作为编制记账凭证的原始凭证的发票记账联如图 2—6 所示。

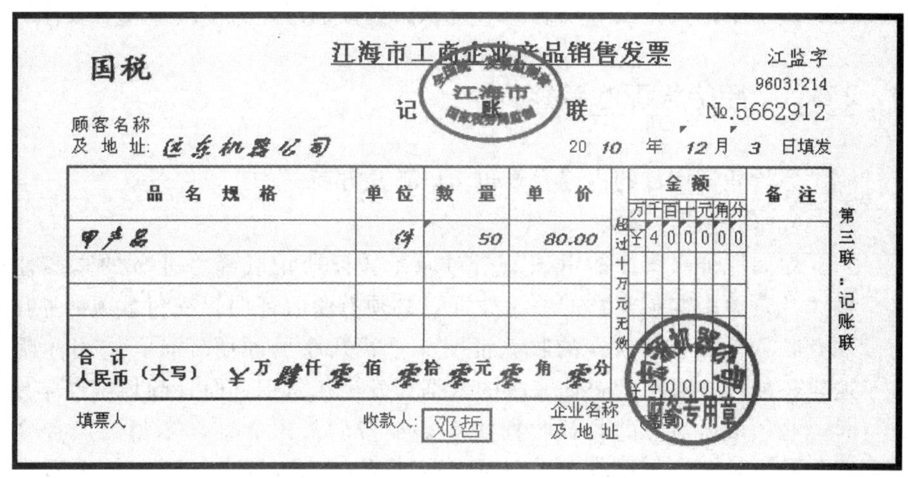

国税　　江海市工商企业产品销售发票　　江监字 96031214

记　联　　№.5662912

顾客名称及地址：远东机器公司　　2010 年 12 月 3 日填发

品名规格	单位	数量	单价	金额（万千百十元角分）	备注
甲产品	件	50	80.00	¥400000	
合计人民币（大写） ¥万 肆仟 零佰 零拾 零元 零角 零分				¥400000	

超过十万元无效

填票人　　收款人：邓哲　　企业名称及地址（盖章）　财务专用章

第三联：记账联

图 2—6

发票开具完毕，应当进行复核与检查，以防差错。然后将发票的存根联保留在发票本上，以备查询。撕下发票第二联交购货单位或个人收执，撕下发票的第三联记账联留作编制记账凭证的依据。

2.2 原始凭证的审核

为了正确地反映和监督各项经济业务，确保会计资料真实、正确和合法，必须对原始凭证进行严格认真的审核。各种原始凭证除由经办业务部门审核，在记账之前还要由会计部门进行审核。对原始凭证进行稽查，主要是审核其形式的合规性，检查其证实经济活动、明确经济责任等功能的实际效用，证实会计凭证及其所反映的经济业务活动的真实性、合法性和正确性。对原始凭证进行审核，是确保会计资料质量的重要措施之一，修订后的《会计法》第十四条第四款对审核原始凭证作了规定：

第一，会计机构、会计人员必须对原始凭证进行审核，这是会计人员的法定职责。

第二，会计机构、会计人员审核原始凭证应当按照国家统一的会计制度的规定进行，也就是说，审核原始凭证的具体程序、要求，应当由国家统一的会计制度规定，会计机构、会计人员应当据此执行。如《会计基础工作规范》规定，购买实物的原始凭证必须附有验收证明，以确认实物已经验收入库，会计机构、会计人员审核有关原始凭证时，应当根据要求查验验收证明。

第三，会计机构、会计人员对不真实、不合法的原始凭证有权不予接受，并向单位负责人报告，请求查明原因，追究有关当事人的责任；对记载不准确、不完整的原始凭证予以退回，并要求经办人按照国家统一的会计制度的规定更正、补充。

《会计法》的上述规定精神，既明确了会计机构、会计人员的职责和要求，也明确了单位负责人、填制或取得原始凭证的经办人员的职责和要求。

2.2.1 原始凭证的审核

原始凭证审核的内容主要包括以下几方面。

1. 内容是否真实

原始凭证真实性的审核是指对原始凭证所记载经济业务的真实性进行的审核。凡是填制购买实物的原始凭证，必须有验收证明；支付款项的原始凭证，必须有收款单位和收款人的收款证明。一式几联的原始凭证，应当注明各联的用途，只能以一联作为登记账簿的依据；发生销货退回时，除填制红字发票，退款时，必须取得对方的收款收据或汇款银行的汇出凭证，不得以退货发票代替收据。经有关部门批准办理的某些特殊业务，应将批准的文件作为原始凭证的附件，若批准文件需要单独归档，应在凭证上注明批准机关名称、日期、文件名称和编号。对原始凭证所反映的经济业务内容进行检查的要点包括：

（1）经济业务的摘要是否真实、清楚、明确；

（2）经济业务是否有悖于国家法律法规和有关规章制度；

（3）经济业务的进行是否按有关程序办理了合规手续，并附有相关的凭证；

（4）经济业务活动的进行是否体现了经济、高效和节约的原则；

（5）有无存在上述原始凭证舞弊和其他利用原始凭证舞弊的行为。

2. 形式要件是否完备

原始凭证形式的审核主要核实凭证所记录的经济业务是否与实际情况相符；凭证必须具备的基本要素是否填写齐全；文字和数字是否填写正确、清楚；有关人员是否签字盖章。审核中若发现不符合实际情况、手续不完备或数字计算不正确的原始凭证，应退回有关经办部门或人员，要求他们补办手续。对原始凭证的形式进行检查的要点包括：

（1）原始凭证所具备的共同要素是否齐备，是否存在要素不全、空白等情况；

（2）原始凭证所填写的文字、数字是否清楚完整，复写纸压写的字迹是否清晰，有无模糊不清之处，特别是其金额、单价、数量、时间等关键部位是否清晰和易于辨认；

（3）凭证更正是否符合规定，有无涂改、刮挖和污损现象；

（4）原始凭证所办理的审批传递手续是否符合规定程序，有关人员是否全部正式签章，是否盖有财务公章或收讫、付讫戳记；

（5）自制原始凭证（包括证、券、单、表）是否连续编号，其存根与所开具的凭证是否一致，作废凭证有无缺少、遗失现象等。

3. 记录是否正确

根据原始凭证的填写要求，审核原始凭证的摘要和数字及其他项目是否填写正确，数量、单价、金额、合计是否填写正确，大、小写金额是否相符。一式几联的发票和收据，必须用双面复写纸套写，并连续编号，作废时应加盖“作废”戳记，连同存根一同保存，不得撕毁。

4. 业务是否合法

主要查明发生的经济业务是否符合国家的政策、法令和制度，有无违反财经纪律等违法乱纪的行为。

2.2.2 原始凭证常见错误的更正

在实际工作中，由于种种原因原始凭证可能会存在错误，甚至会出现多种错误，有时一张凭证可能包含若干处错误，这些错误必然会对会计核算信息产生多方面的影响。有的错误直接影响其合法性，如原始凭证中的印鉴错误使受票单位财会人员对其真实性和合法性产生怀疑，甚至认为其是废票；有的原始凭证计量单位错误，会导致所反映的经济业务的数量和金额产生错误，导致对方单位多付或少付款项；有的原始凭证所记载的时间不明，使会计人员难以确认其准确的归属期，影响当期损益的准确计算，等等。为了规范原始凭证的内容，明确相关人员的经济责任，防止利用原始凭证进行舞弊，保证会计信息的质量，对于原始凭证中出现的错误，应按规定进行更正。《会计法》第十四条第四款增加了对原始凭证错误更正的规定内容：

第一，原始凭证记载的各项内容均不得涂改，随意涂改原始凭证即为无效凭证，不能作为填制记账凭证或登记会计账簿的依据。

第二，原始凭证所记载的内容有错误的，应当由出具单位重开或者更正，更正工作必须由原始凭证出具单位进行，并在更正处加盖出具单位印章；重新开具原始凭证也应当由原始凭证出具单位进行。

第三，原始凭证金额有错误的不得更正，只能由原始凭证出具单位重开。因为原始凭证上的金额是反映经济业务最重要的数据，如果允许随便更改，易发生舞弊，不利于保证原始凭证的质量。

第四，原始凭证开具单位应当依法开具准确无误的原始凭证，对于填制有误的原始凭证，负有更正和重新开具的法律义务，不得拒绝。

2.3 原始凭证填制技能训练

进入“技能训练系统”，系统主界面显示的主要内容有“原始凭证”、“记账凭证”、“会计账簿”、“会计报表”以及“综合实验”等项目，如图 2—7 所示。

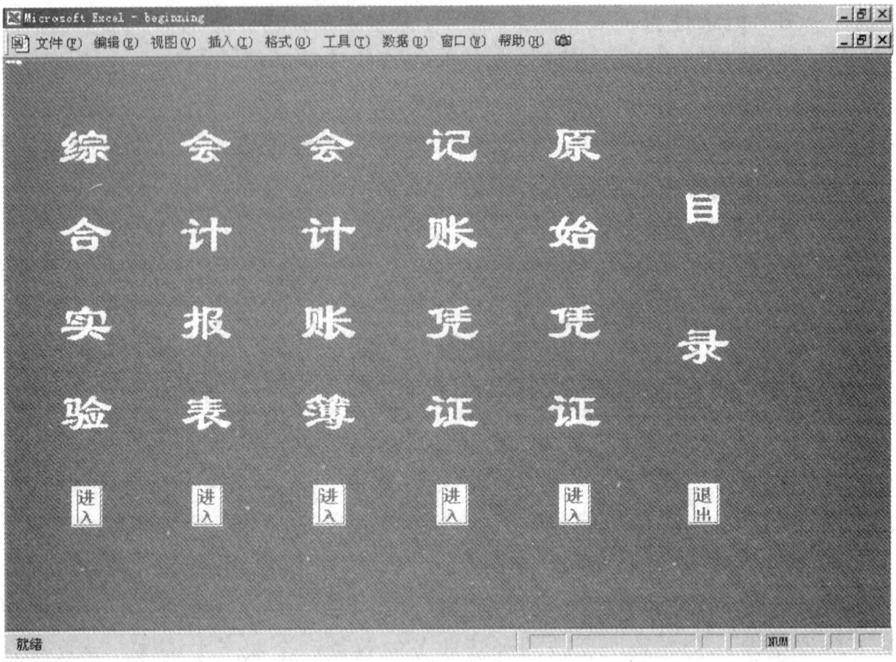
Microsoft Excel - beginning
文件(F) 编辑(E) 视图(V) 插入(I) 格式(O) 工具(T) 数据(D) 窗口(W) 帮助(H)
综合实验
会计报表
会计账簿
记账凭证
原始凭证
目录
进入
进入
进入
进入
进入
退出
就绪
NUM

图 2—7

在每个项目的下方都设有“进入”按钮，点击相应的按钮便进入相应的会计技能训练项目。单击主界面中“原始凭证”下方的“进入”按钮，进入原始凭证的业务目录，如图 2—8 所示。

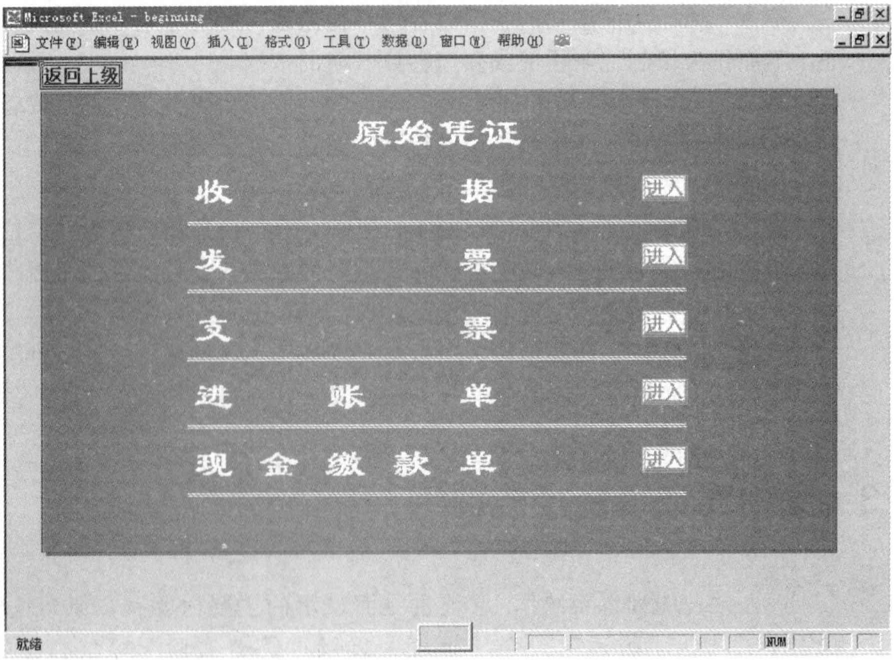
Microsoft Excel - beginning
文件(F) 编辑(E) 视图(V) 插入(I) 格式(O) 工具(T) 数据(D) 窗口(W) 帮助(H)
返回上级
原始凭证
收 据 进入
发 票 进入
支 票 进入
进 账 单 进入
现 金 缴 款 单 进入
就绪
NUM

图 2—8

在这里分别列出了收据、发票、支票、进账单和现金缴款单等常用原始凭证。单击所选择原始凭证右侧的“进入”按钮，就进入相应的原始凭证界面。在每个相应的原始凭证界面中，列示了“实验说明”、“实验示范”、“实验操作”和“实验参考”四个项目。例如，我们进入“收据”这一原始凭证，即可看到收据的技能训练界面，如图2—9所示。

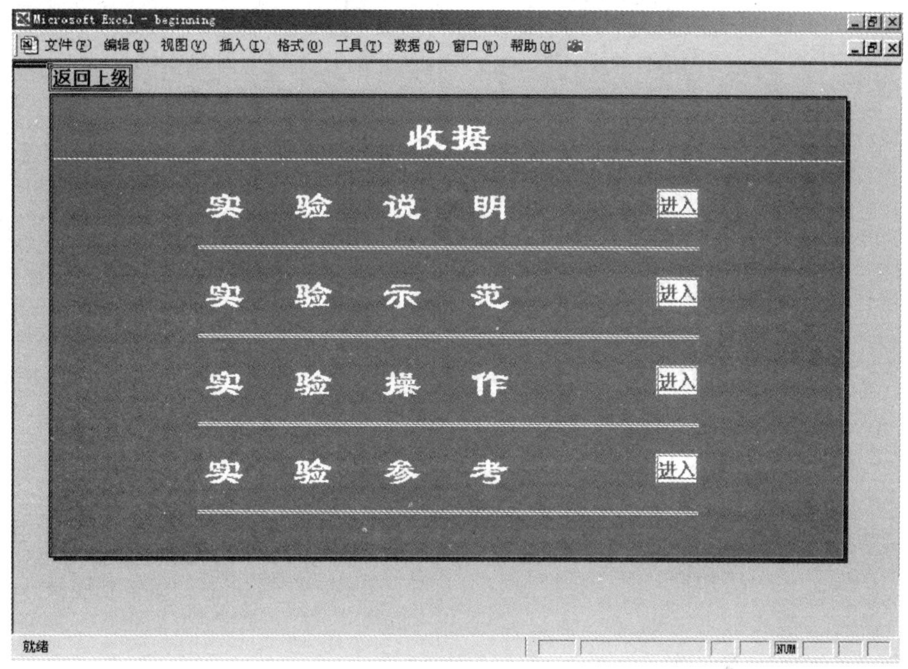

图2—9

在收据的技能训练界面中，我们看到了有关收据技能操作“实验说明”、“实验示范”、“实验操作”和“实验参考”四个项目。现分别讲述这四个项目。

2.3.1　实验说明

单击“实验说明”右侧的“进入”按钮，进入“实验说明”，显示填制原始凭证技能训练的目的和要求，如图2—10所示。

在了解了实验说明之后，点击左上角的“返回上级”就返回到原始凭证的业务目录。参见图2—8。

2.3.2　实验示范

单击“实验示范”右侧的“进入”按钮，进入“实验示范”，播放填制相关原始凭证的操作录像，以便对原始凭证填制的操作过程和方法有一个直观的印象。

进入“实验示范”界面，提示“某些文件可能会携带病毒，损害你的计算

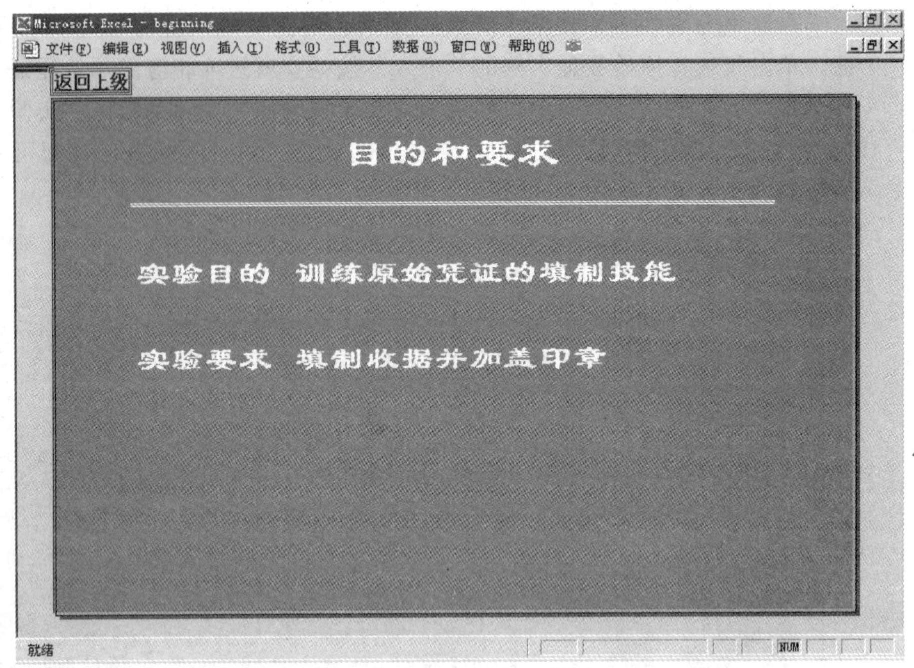

图 2—10

机。请确认此文件的来源是否可靠。是否打开此文件?”，单击确定，开始播放录像。录像播放完毕后回到播放前界面。如果需要重复播放，单击播放器的“播放”箭头即可。如果要播放其他（不同文件名）实验操作录像，要关闭播放窗口，否则不能正常播放，按系统提示操作即可。

“实验示范”既可以在课堂上作为辅助教学手段来使用，也可以作为学生自学使用。

2.3.3 实验操作

在实验操作中提供了一个填制原始凭证的模拟操作环境，要求在该环境下直接进行填制原始凭证的操作，通过填制原始凭证达到训练会计操作技能的目的。

单击“实验操作”右侧的“进入”按钮，进入原始凭证技能训练的相关业务的目录，如图 2—11 所示。

在相关业务目录表中分别列出了收据、发票、支票、进账单和现金缴款单等常用原始凭证，单击所选中的原始凭证右侧的“进入”按钮，就进入该原始凭证的“实验操作”界面。有关原始凭证填制技能训练就是在该环境下完成的。例如，我们单击第一笔业务“收据”右边的进入按钮，就进入了具体填制收据的操作界面。在这里我们要完成根据收到的支票填制收款收据和银行进账单的各项实验操作，如图 2—12 所示。

在这里我们就可以根据经济业务的具体内容在收据的第一联中开始填制收据了。

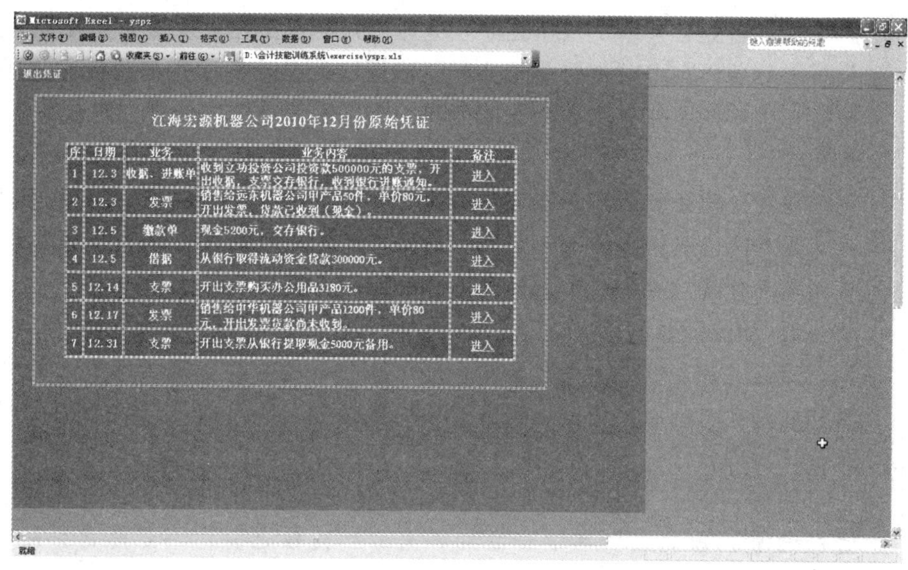

江海宏源机器公司2010年12月份原始凭证

序	日期	业务	业务内容	备注
1	12.3	收据、进账单	收到立功投资公司投资款500000元的支票，开出收据，支票交存银行，收到银行进账通知。	进入
2	12.3	发票	销售给远东机器公司甲产品50件，单价80元，开出发票，货款已收到（现金）。	进入
3	12.5	缴款单	现金5200元，交存银行。	进入
4	12.5	借据	从银行取得流动资金贷款300000元。	进入
5	12.14	支票	开出支票购买办公用品3180元。	进入
6	12.17	发票	销售给中华机器公司甲产品1200件，单价80元，开出发票货款尚未收到。	进入
7	12.31	支票	开出支票从银行提取现金5000元备用。	进入

图 2—11

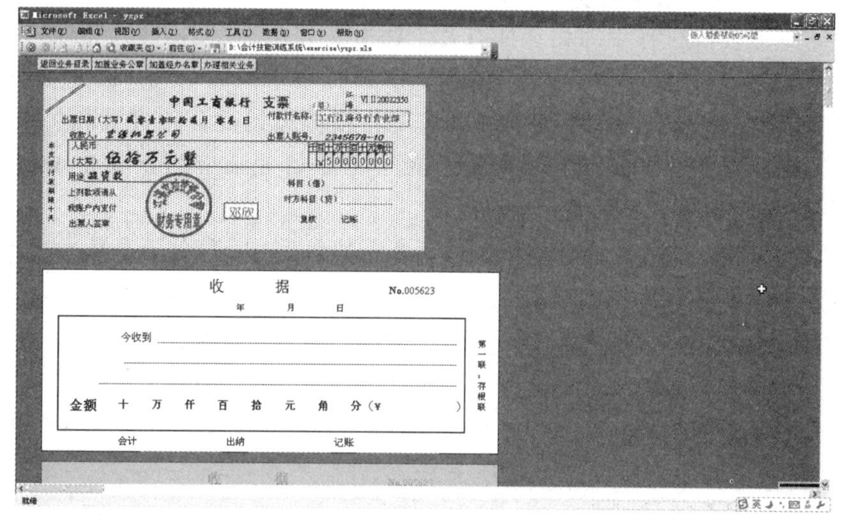

图 2—12

注意：填制收据或其他需要复写若干联次的原始凭证时，应在原始凭证的第一联中填列，其他联次的内容则根据第一联所填的内容自动生成。

在收据原始凭证“实验操作”界面上方显示出了一排功能按钮，分别是“返回业务目录”、“加盖业务公章”、“加盖经办名章”、“办理相关业务”。下面先介绍这些按钮的作用。

1. 返回业务目录

点击“返回业务目录”按钮，即可返回原始凭证目录。其功能是某项原始凭证填制完成后，即可退出该业务，以便继续填制其他原始凭证。

2. 加盖业务公章

点击“加盖业务公章”按钮，即可在光标所在位置加盖业务公章。因此，在点击"加盖业务公章"按钮之前，应先用鼠标点击在原始凭证上需要加盖印章的位置，然后再点击"加盖业务公章"按钮，就在鼠标所指的位置上加盖了印章。该按钮的功能是在自制原始凭证填制完成后加盖相应的公章，使自制原始凭证合法有效。

注意：由于点击"加盖业务公章"按钮后，印章就会出现在光标所在的位置，因此在点击"加盖业务公章"按钮之前，一定要用光标选中在凭证上需要加盖印章的位置，否则所加盖的印章就可能不在合适的位置。

3. 加盖经办名章

点击"加盖经办名章"按钮，即可在光标所在位置加盖经办人的个人名章。其功能是在自制原始凭证填制完成后加盖经办人个人名章，使自制原始凭证合法有效，明确责任。

注意：由于点击"加盖经办名章"按钮后，个人名章就会出现在光标所在的位置，因此在点击"加盖经办名章"按钮之前，一定要用光标选中在凭证上需要加盖个人名章的位置，否则所加盖的印章就可能不在合适的位置。

4. 办理相关业务

在实际工作中原始凭证有若干联次，各联次用途不同。因此原始凭证填制完成后，应将不同联次的凭证传递给不同的单位或个人。因此点击"办理相关业务"按钮之后，"技能训练系统"将模拟原始凭证传递到相关单位或个人的过程。从会计核算的角度而言，剩下的原始凭证应当仅仅是编制记账凭证的依据。

注意：由于点击"办理相关业务"按钮后，系统将不同联次的凭证传递给不同的单位或个人，只剩下用于记账的原始凭证。因此以上四个功能按钮，应随着业务处理的进度按从左到右的顺序点击，以实现相关的功能。

在做完全部的操作实验之后，点击左上角的"返回业务目录"就返回到收据的技能训练界面，参见图 2—9。再点击"返回上级"按钮，就返回到原始凭证技能训练操作的业务目录，参见图 2—8。

2.3.4 实验参考

单击"实验参考"右侧的"进入"按钮，其操作方法完全和实验操作的步骤相同。进入原始凭证技能训练相关业务的参考目录，如图 2—13 所示。

单击目录中的相关业务右侧的"进入"按钮，就进入"实验参考"界面。单击收据右侧的"进入"按钮，就进入了收据的"实验参考"界面，如图 2—14 所示。

这里提供了在模拟的操作环境下已经填制完成的原始凭证"收据"，也就是完成操作之后的原始凭证"收据"，以便实验者在填制原始凭证遇到困难时参考或原始凭证填制完成后需要核对时参考。参考完毕后，单击"返回业务目录"返回到原始凭证技能训练相关业务的参考目录，参见图 2—8。

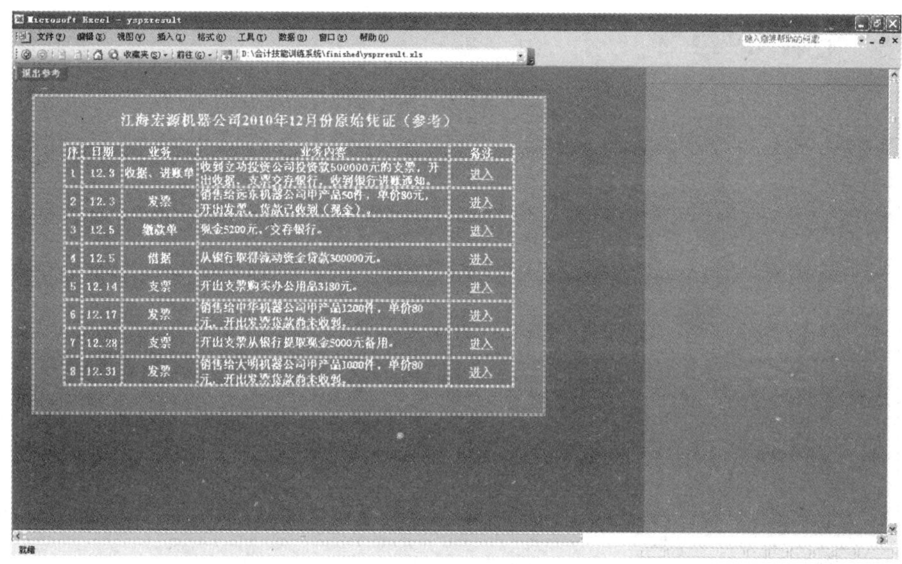

江海宏源机器公司2010年12月份原始凭证（参考）

序	日期	业务	业务内容	备注
1	12.3	收据、进账单	收到立功投资公司投资款500000元的支票，开出收据，支票交存银行，收到银行进账通知。	进入
2	12.3	发票	销售给远东机器公司甲产品50件，单价80元，开出发票，货款已收到（现金）。	进入
3	12.5	缴款单	现金5200元，交存银行。	进入
4	12.5	借据	从银行取得流动资金贷款300000元。	进入
5	12.14	支票	开出支票购买办公用品3180元。	进入
6	12.17	发票	销售给中华机器公司甲产品1200件，单价80元，开出发票货款尚未收到。	进入
7	12.28	支票	开出支票从银行提取现金5000元备用。	进入
8	12.31	发票	销售给大明机器公司甲产品1000件，单价80元，开出发票货款尚未收到。	进入

图 2—13

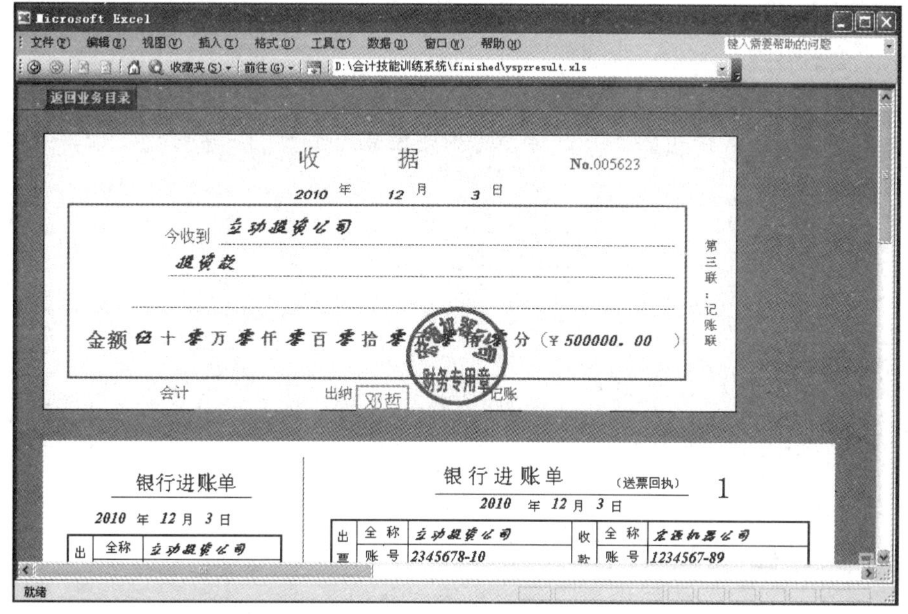

返回业务目录

收　据　No.005623

2010 年 12 月 3 日

今收到 立功投资公司

投资款

金额 伍 十 零 万 零 仟 零 百 零 拾 零 元 零 角 零 分（¥500000.00）

会计　出纳 邓哲　记账

第三联：记账联

银行进账单

2010 年 12 月 3 日

出	全称	立功投资公司

银行进账单（送票回执）1

2010 年 12 月 3 日

出票	全称	立功投资公司	收款	全称	宏源机器公司
	账号	2345678-10		账号	1234567-89

图 2—14

上面以“收据”为例说明了在“技能训练系统”中原始凭证填制技能训练的方法和步骤，其他原始凭证如发票、支票、进账单和现金缴款单等常用原始凭证填制的技能训练程序完全相同。这里不再一一赘述。

第 3 章

Chapter 3 记账凭证业务模拟实验

本章导引

实验名称： 制作记账凭证

实验内容： 根据发生的经济业务，审核外来原始凭证和自制原始凭证，并根据原始凭证填制记账凭证，明确原始凭证和记账凭证的关系，审核填制完成的记账凭证。

实验性质： 模拟实验

实验目的与要求： 辨识记账凭证的种类和填制要素，理解会计凭证是记录经济业务、明确经济责任的书面证明，是登记账簿的依据，是原始凭证与会计账簿之间的桥梁。

要求严谨的操作规程，明确记账凭证的编制要求，掌握专用记账凭证和通用记账凭证的编制方法，根据原始凭证正确编制各种记账凭证。

了解记账凭证的常见错误，审核编制完成的记账凭证，掌握记账凭证错误的更正方法。

实验条件： 空白记账凭证

实验参考主教材的章节： 第 5 章会计凭证

3.1 记账凭证及其填制

3.1.1 记账凭证的概念

记账凭证是财会人员根据审核无误的原始凭证，应用复式记账法和会计科目，将经济业务内容归类整理后编制的作为登记会计账簿依据的会计凭证。记账凭证俗称会计传票，是原始凭证与会计账簿之间的桥梁；它对于将经济业务从原始凭证分类过渡至会计账簿中，起到引导和传输的作用。记账凭证的主要职能是反映经济业务活动在会计处理上的程序，证明处理财务记录，明确会计处理责任，作为记账的直接依据等。

3.1.2　记账凭证的种类

记账凭证可以分为专用记账凭证（包括收款凭证、付款凭证和转账凭证）和通用记账凭证。

1. 专用记账凭证。

专用记账凭证是用来专门记录某一类经济业务的记账凭证。专用记账凭证按其所记录的经济业务是否与现金和银行存款的收付有关系，又分为收款凭证、付款凭证和转账凭证三种。

（1）收款凭证。收款凭证是用来记录现金和银行存款等货币资金收款业务的凭证，它是根据现金和银行存款收款业务的原始凭证编制的记账凭证。收款凭证的格式如图 3—1 所示。

收　款　凭　证

借方科目：　　　　　　　　　　年　　月　　日　　　　第　　号

摘　要	会计科目	明细科目	金额											记账
			亿	千	百	十	万	千	百	十	元	角	分	
合　计	（　附件	张）												

制证　　　　　　　　审核　　　　　　　　记账

图 3—1

（2）付款凭证。付款凭证是用来记录现金和银行存款等货币资金付款业务的凭证，它是根据现金和银行存款付款业务的原始凭证编制的记账凭证。付款凭证的格式如图 3—2 所示。

收款凭证和付款凭证是用来记录货币资金收付业务的凭证，既是登记现金日记账、银行存款日记账、明细分类账及总分类账等账簿的依据，也是出纳人员收付款项的依据。出纳人员不能依据现金、银行存款收付业务的原始凭证收付款项，必须根据会计主管人员或指定人员审核批准的收款凭证和付款凭证收付款项，以加强对货币资金的管理，有效地监督货币资金的使用。

（3）转账凭证。转账凭证是用来记录与现金、银行存款等货币资金收付款业务无关的转账业务（即在经济业务发生时不需要收付现金和银行存款的各项业务）的凭证，它是根据有关转账业务的原始凭证编制的记账凭证。转账凭证的格式如图 3—3 所示。

付 款 凭 证

贷方科目： 年 月 日 第 号

摘　要	会计科目	明细科目	金　额											记账
			亿	千	百	十	万	千	百	十	元	角	分	
合　计	（附件 张）													

制证 审核 记账

图 3—2

转 账 凭 证

年 月 日 第 号

摘　要	会计科目	明细科目	借方金额										贷方金额										记账
			千	百	十	万	千	百	十	元	角	分	千	百	十	万	千	百	十	元	角	分	
合　计	（附件 张）																						

制证 审核 记账

图 3—3

2. 通用记账凭证

通用记账凭证是记录所发生的各种经济业务的记账凭证。通用记账凭证不再分为收款凭证、付款凭证和转账凭证，而是以一种通用格式记录全部经济业务的记账凭证。通用记账凭证的格式如图 3—4 所示。

3.1.3 记账凭证的要素

记账凭证种类较多，格式也不尽相同，但其主要作用都在于对原始凭证进行分类、整理，并按照复式记账的要求，运用会计科目，编制会计分录，据以登记

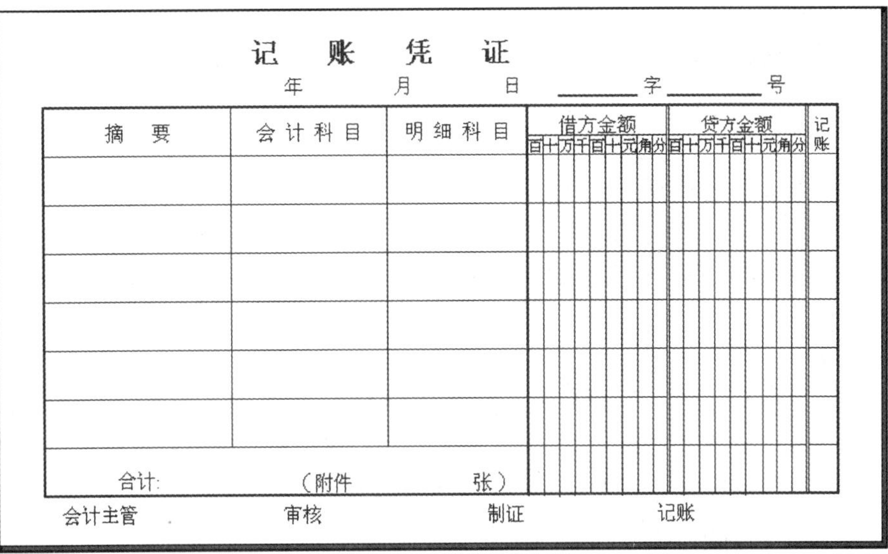

记 账 凭 证

年 月 日 ______字______号

摘要	会计科目	明细科目	借方金额	贷方金额	记账
			百十万千百十元角分	百十万千百十元角分	
合计:	（附件	张）			

会计主管　　审核　　制证　　记账

图 3—4

账簿。因此，记账凭证必须具备以下基本内容。

1. 编制单位的名称

记账凭证都应标明编制单位名称。例如，在记账凭证上标明“江海宏源机器公司”的字样。编制单位的名称表明了该记账凭证是属于该单位编制的会计凭证。

2. 记账凭证的名称

记账凭证都应有标明为何种凭证的名称。例如，收款凭证、付款凭证、转账凭证或（通用）记账凭证等。记账凭证的名称表明了该记账凭证的种类和该记账凭证记载的经济业务的类型。例如，收款凭证是记载收款经济业务的记账凭证。

3. 记账凭证的编号

记账凭证必须连续编号，以方便记账和查考。

4. 编制凭证的日期

记账凭证必须写明填制的日期，以表明该记账凭证所记载的经济业务发生或完成的具体时间。因此，原始凭证上记载的日期，应该是编制该记账凭证的时间。

5. 经济业务的内容摘要

记账凭证是记账的依据，必须写明概括说明经济业务具体内容的摘要，以便于记账。

6. 会计科目

记账凭证必须写明涉及经济业务的会计科目的名称（包括一级、二级和明细科目）、记账方向和金额。

7. 所附原始凭证的张数

记账凭证必须写明编制该凭证所依据的原始凭证的张数。

8. 有关人员的签章

记账凭证应当有制证、审核、记账、会计主管等有关人员的签章，收款凭证和付款凭证还应由出纳人员签名或盖章。

3.1.4 记账凭证的编制要求

一般来说，记账凭证的编制要求与原始凭证的编制要求差不多，但要注意以下几方面。

1. 填写摘要

摘要是在记账凭证的摘要栏中用简洁明了的语言对经济业务的概括表述，它既是对经济业务的简要说明，又是登记账簿的重要依据，必须根据不同经济业务的性质和特点，正确填写，不可漏填或错填。

2. 运用科目

必须按照会计制度规定的会计科目编制会计分录，以便从科目的对应关系中反映出经济业务的来龙去脉，保证会计核算的正确性。

3. 连续编号

记账凭证在一个月内应当连续编号，以便查核。在使用通用凭证时，可按经济业务发生的顺序编号。采用收款凭证、付款凭证和转账凭证的，可采用“字号编号法”，即按凭证类别顺序编号。例如，收字第×号、付字第×号、转字第×号等。也可采用“双重编号法”，即按总字顺序编号与按类别顺序编号相结合。例如，某收款凭证为“总字第×号，收字第×号”。一笔经济业务，如果业务比较复杂，涉及的会计科目比较多，一张记账凭证写不下时，就需要编制多张记账凭证，这时记账凭证的编号可采用“分数编号法”。例如，在编制顺序号为第 15 号的记账凭证时，该笔经济业务需要编制两张转账凭证，其编号可编为转字第 $13\frac{1}{2}$号、转字第 $13\frac{2}{2}$号。前面的整数表示业务顺序号，分母上的数字表示该业务顺序号的凭证共有两张，分子表示两张中的第一张或第二张。

4. 编制日期

收付款凭证应按货币资金收付的日期填写；转账凭证原则上应按收到原始凭证的日期填写。如果一份转账凭证依据不同日期的某类原始凭证编制，可按编制记账凭证的日期填写。在月终时，有些转账业务要等到下月初方可编制转账凭证时，也应按本月末的日期填写。

5. 注明附件

记账凭证应注明所附的原始凭证张数，以便查核。如果根据同一原始凭证编制数张记账凭证时，应在未附原始凭证的记账凭证上注明“附件××张，见第××号记账凭证”。如果原始凭证需要另行保管时，应在附件栏内加以注明，但更正错账和结账的记账凭证可以不附原始凭证。

在采用收款凭证、付款凭证和转账凭证等专用记账凭证的情况下，凡涉及现金和银行存款的收入业务，应编制收款凭证；凡涉及现金和银行存款的付款业务，应编制付款凭证；涉及转账业务，应编制转账凭证。在同一项经济业务中，如果既涉及现金或银行存款的收付款业务，又涉及转账业务，应当分别编制收付款凭证和转账凭证。例如，业务员王林出差回来，实际应报销差旅费1 800元，出差前已预借2 000元，多余款项交回现金。对于这项经济业务应根据收款收据的记账联编制现金收款凭证，同时根据差旅费报销凭单编制转账凭证。

应当注意的是，涉及现金和银行存款之间的转账业务时，为了避免重复记账，依照惯例只编制付款凭证，不再编制收款凭证。现金存入银行只编制一张“现金”付款凭证，例如，将现金6 000元送存银行，出纳人员根据审核无误的原始凭证，编制“现金”付款凭证。同理，对于从银行提取现金的经济业务，只编制一张“银行存款”付款凭证。例如，从银行提取现金5 000元，以备零星开支之用。出纳人员根据审核无误的原始凭证，编制“银行存款”付款凭证。

6. 签字盖章

记账凭证编制完毕，应进行复核与检查，并按所使用的记账方法进行试算平衡。有关人员均要签名盖章。

7. 书写规范

填制会计凭证，字迹必须清晰、工整，并符合下列规范：

(1) 阿拉伯数字应当一个一个地写，不得连笔写。阿拉伯金额数字前面应当书写货币币种符号或者货币名称简写和币种符号。币种符号与阿拉伯金额数字之间不得留有空白。凡阿拉伯数字前写有币种符号的，数字后面不再写货币单位。

(2) 所有以元为单位（其他货币种类为货币基本单位，下同）的阿拉伯数字，除表示单价等情况，一律填写到角分；无角分的，角位和分位可写“00”，或者符号“—”；有角无分的，分位应当写“0”，不得用符号“—”代替。

(3) 汉字大写数字金额如零、壹、贰、叁、肆、伍、陆、柒、捌、玖、拾、佰、仟、万、亿等，一律用正楷或者行书体书写，不得用0、一、二、三、四、五、六、七、八、九、十等简化字代替，不得任意自造简化字。大写金额数字到元或者角为止的，在元或角字之后应当写“整”字或者“正”字；大写金额数字有分的，分字后面不写“整”或者“正”字。

(4) 大写金额数字前未印有货币名称的，应当加填货币名称，货币名称与金额数字之间不得留有空白。

(5) 阿拉伯金额数字中间有“0”时，汉字大写金额要写“零”字；阿拉伯数字金额中间连续有几个“0”时，汉字大写金额中可以只写一个“零”字；阿拉伯金额数字元位是“0”，或者数字中间连续有几个“0”，元位也是“0”，但角位不是“0”时，汉字大写金额可以只写一个“零”字，也可以不写“零”字。

《会计基础工作规范》对记账凭证的填制、审核和更正等内容作了相当具体的规定：

(1) 记账凭证的内容必须具备：填制凭证的日期；凭证编号；经济业务摘要；会计科目；金额；所附原始凭证张数；填制凭证人员、稽核人员、记账人员、会计机构负责人、会计主管人员签名或者盖章。收款和付款记账凭证还应当由出纳人员签名或者盖章。

(2) 填制记账凭证时，应当对记账凭证进行连续编号。一笔经济业务需要填制两张以上记账凭证的，可以采用分数编号法编号。

(3) 记账凭证可以根据每一张原始凭证填制，或者根据若干张同类原始凭证汇总填制，也可以根据原始凭证汇总表填制，但不得将不同内容和类别的原始凭证汇总填制在一张记账凭证上。

(4) 除结账和更正错误的记账凭证可以不附原始凭证，其他记账凭证必须附有原始凭证。如果一张原始凭证涉及几张记账凭证，可以把原始凭证附在一张主要的记账凭证后面，并在其他记账凭证上注明附有该原始凭证的记账凭证的编号或者附原始凭证复印件。

一张复始凭证所列支出需要几个单位共同负担的，应当将其他单位负担的部分，开给对方原始凭证分割单，进行结算。原始凭证分割单必须具备原始凭证的基本内容：凭证名称、填制凭证日期、填制凭证单位名称或者填制人姓名、经办人的签名或者盖章、接受凭证单位名称、经济业务内容、数量、单价、金额和费用分摊情况等。

从外单位取得的原始凭证如有遗失，应当取得原开出单位盖有公章的证明，并注明原来凭证的号码、金额和内容等，由经办单位会计机构负责人、会计主管人员和单位领导人批准后，才能代作原始凭证。如果确实无法取得证明的，如火车、轮船、飞机票等凭证，由当事人写出详细情况，由经办单位会计机构负责人、会计主管人员和单位领导批准后，代作原始凭证。

(5) 记账凭证填制完经济业务事项后，如有空行，应当自金额栏最后一笔金额数字下的空行处至合计数上的空行处划线注销。

3.1.5 记账凭证的编制方法

编制记账凭证应根据记账凭证要素填写，主要填写内容包括凭证日期，凭证类别（字）和编号，经济业务内容摘要，经济业务所涉及的会计科目（含所属明细科目）名称及其记账方向，经济业务的金额及合计数，过账标记，所附原始凭证张数，有关岗位诸如会计主管、记账、审核、出纳、制单等人员的签字或盖章等。

1. 专用记账凭证的编制方法

专用记账凭证包括收款凭证、付款凭证和转账凭证，现分别介绍各种记账凭证的编制方法。

(1) 收款凭证。收款凭证是用来记录货币资金收款业务的凭证，它是由出纳人员根据审核无误的原始凭证收款后编制的记账凭证。在借贷记账法下，收款凭证的设证科目是借方科目。在收款凭证左上方所填列的借方科目，应是“现金”或“银行存款”科目。在凭证内所反映的贷方科目，应填列与“现金”或“银行存款”相对应的科目。金额栏填列经济业务实际发生的数额，在收款凭证中间下方填写所附原始凭证张数。例如，宏源机器公司 2010 年 12 月 3 日收到立功投资公司的支票一张，收讫投资款 500 000 元，已存入银行。出纳人员根据审核无误的收款收据编制的收款凭证如图 3—5 所示。

收　款　凭　证

借方科目：银行存款　　　　2010 年 12 月 3 日　　　　第 1 号

摘　要	会计科目	明细科目	贷方金额（亿千百十万千百十元角分）	记账
收到投资款	实收资本	立功投资公司	50000000	
合　计	（附件 3 张）		50000000	

制证　　　　审核 邓哲　　　　记账

图 3—5

(2) 付款凭证。付款凭证是用来记录货币资金付款业务的凭证，它是由出纳人员根据审核无误的原始凭证付款后编制的记账凭证。在借贷记账法下，付款凭证的设证科目是贷方科目，在付款凭证左上方所填列的贷方科目，应是“现金”或“银行存款”科目。在凭证内所反映的借方科目，应填列与“现金”或“银行存款”相对应的科目。金额栏填列经济业务实际发生的数额，在付款凭证中间下方填写所附原始凭证的张数，并在出纳及制单处签名或盖章。例如，宏源机器公司 2010 年 12 月 5 日将现金 5 200 元存入银行，出纳人员根据审核无误的原始凭证现金缴款单编制付款凭证，如图 3—6 所示。

付　款　凭　证

贷方科目：现金　　　　2010 年 12 月 5 日　　　　第 1 号

摘　要	会计科目	明细科目	借方金额（亿千百十万千百十元角分）	记账
现金缴存银行	银行存款		520000	
合　计	（附件 1 张）		520000	

制证 邓哲　　　　审核　　　　记账

图 3—6

（3）转账凭证。转账凭证是用以记录与货币资金收付无关的转账业务的凭证，它是由会计人员根据审核无误的转账业务原始凭证编制的记账凭证。在借贷记账法下，将经济业务所涉及的会计科目全部填列在凭证内，借方科目在先，贷方科目在后，将各会计科目所记应借应贷的金额填列在“借方金额”或“贷方金额”栏内。借贷方金额合计数应该相等。制单人应在编制凭证后签名盖章，并在转账凭证中间下方填写所附原始凭证的张数。例如，宏源机器公司 2010 年 12 月 5 日购入 30mm 圆钢一批，价值 95 000 元，货款未付。会计人员根据审核无误的购货发票和材料入库单等原始凭证编制转账凭证，如图 3—7 所示。

转　账　凭　证

2010 年 12 月 5 日　　　　第 1 号

摘　要	会计科目	明细科目	借方金额（千百十万千百十元角分）	贷方金额（千百十万千百十元角分）	记账
购入材料货款未付	原材料	30mm 圆钢	9500000		
购入材料货款未付	应付账款	武钢贸易公司		9500000	
合　计	（附件　2　张）		9500000	9500000	

制证 邓哲　　　　审核　　　　记账

图 3—7

2. 通用记账凭证的编制方法

通用记账凭证是用以记录各种经济业务的凭证。采用通用记账凭证的经济单位，不再根据经济业务的内容分别编制收款凭证、付款凭证和转账凭证，所以涉及货币资金收付款业务的记账凭证由出纳员根据审核无误的原始凭证收付款后编制，涉及转账业务的记账凭证由会计人员根据审核无误的原始凭证编制。在借贷记账法下，将经济业务所涉及的会计科目全部填列在凭证内，借方在先，贷方在后，将各会计科目所记载的应借应贷的金额填列在“借方金额”或“贷方金额”栏内。借贷方金额合计数应相等，制单人应在凭证编制完毕后签名盖章，并在转账凭证中间下方填写所附原始凭证的张数。例如，宏源机器公司 2010 年 12 月 3 日收到立功投资公司的支票一张，收讫投资款 500 000 元，已存入银行。会计人员根据审核无误的原始凭证，编制通用记账凭证，如图 3—8 所示。

记 账 凭 证

2010 年 12 月 3 日 ________字 01 号

摘 要	会计科目	明细科目	借方金额 百十万千百十元角分	贷方金额 百十万千百十元角分	记账
收到投资款	银行存款		50000000		
收到投资款	实收资本	立功投资公司		50000000	
合计:	（附件 3 张）		50000000	50000000	

会计主管　　审核　　制证 邓哲　　记账

图 3—8

3.2 记账凭证的审核

3.2.1 记账凭证的审核

为了正确登记账簿和监督经济业务，除了编制记账凭证的人员应当认真负责，正确编制，加强自审，还应建立相应的审核制度。记账凭证是会计人员根据审核无误的原始凭证或原始凭证汇总表编制而成的登记账簿的依据。由于原始凭证中未写明会计科目和记账方向，为了满足记账工作的要求，会计人员必须将各种原始凭证按其所反映的经济内容进行归类和整理，编制记账凭证，并在记账凭证中列明会计科目，指明记账方向，确定会计分录。因此，审核记账凭证时应注意以下几个方面：

（1）记账凭证是否附有原始凭证，原始凭证是否齐全，内容是否合法，记账凭证所记录的经济业务与所附原始凭证所反映的经济业务是否相符。

（2）记账凭证的应借、应贷会计科目是否正确，账户对应关系是否明晰，所使用的会计科目及其核算内容是否符合会计制度的规定，金额计算是否准确。

（3）摘要是否填写清楚，项目填写是否齐全，如日期、凭证编号、二级和明细会计科目、附件张数以及有关人员签章等。

在审核过程中，如果发现差错，应查明原因，按规定办法及时处理和更正。只有经过审核无误的记账凭证，才能据以登记账簿。

3.2.2 记账凭证中的常见错误及更正

记账凭证的错误在许多方面与原始凭证有类似之处，记账凭证也可能出现诸如日期错误、金额错误、计算错误、摘要错误、格式错误、编号错误等差错，因此在进行审核时更应注意记账凭证错误的特点，寻找其特殊之处。记账凭证的错误可能来源于原始凭证，这是原始凭证错误的继续，如会计人员取得伪造的原始凭证，而对其真伪未能鉴别，将其编制记账凭证，登记入账；也可能是编制记账凭证时操作的错误，与原始凭证的正确性无关，如会计人员由于缺乏基本的账务处理知识，将有关业务会计分录做反，使之不能反映经济业务活动的本来面目。对记账凭证的错误可以从原始凭证的“入口”处设防，也可以在编制记账凭证时对原始凭证审核“把关”。这种审核把关是将经济信息输入企业单位财务核算系统前的最后一次检验，如果该检查功能失效，对会计信息质量的影响将是直接的，因为登入会计账簿的记账凭证会混入账簿数字的海洋中，以后再对其进行单独检查将是十分困难的，从而会对会计信息的质量产生影响。

1. 记账凭证的常见错误

记账凭证的常见错误主要有以下几方面：

(1) 摘要记录错误。记账凭证中有关的摘要过于简单，无法说明经济业务活动的情况，或者摘要的形式不规范，用语不准确，文字说明词不达意，与实际情况相去甚远，容易造成误解，甚至空出不写。

(2) 科目运用错误。没有正确运用反映经济业务来龙去脉的有关会计科目，出现了科目运用错误（如将应收与应付、待摊与预提等混淆）以及科目对应关系错误等。

(3) 凭证格式错误。收入凭证、支出凭证和转账凭证的用途不明，互相串用，特别对从银行提取现金或向银行存入现金，未按规定编制付款凭证，而是分别编制收款和付款凭证，重复制证。

(4) 数量金额和附件错误。原始凭证所记金额的合计数与记账凭证记录金额不符，记账凭证所附的原始凭证的张数不符。

(5) 印鉴错误。对已入账的记账凭证未加盖有关印章，或者加盖不全，使已入账的凭证与未入账的凭证难以区分；有效的记账凭证与出错作废的凭证难以区分；记账凭证中没有记账、审核等人员的签章。

2. 记账凭证错误的更正

如果在填制记账凭证时发生错误，应当重新填制。

如果已经登记入账的记账凭证发生错误，可根据不同情况分别更正。在当年内发现填写错误时，可以用红字填写一张与原内容相同的记账凭证，在摘要栏注明“注销某月某日某号凭证”字样，同时再用蓝字重新填制一张正确的记账凭证，注明“订正某月某日某号凭证”字样。如果会计科目没有错误，只是金额错误，也可以将正确数字与错误数字之间的差额，另编一张调整的记账凭证，调增金额用蓝字，调减金额用红字，并在摘要栏注明“更正某月某日某号凭证”字样。发现以前年度记账凭证有错误的，应当用蓝字填制一张更正的记账凭证，并在摘要栏注明“更正某月某日某号凭证”字样及更正的原因等。

3.3 记账凭证编制技能训练

进入“技能训练系统”，系统主界面显示的主要内容有“原始凭证”、“记账凭证”、“会计账簿”、“会计报表”、“综合实验”等项目，如图 3—9 所示。

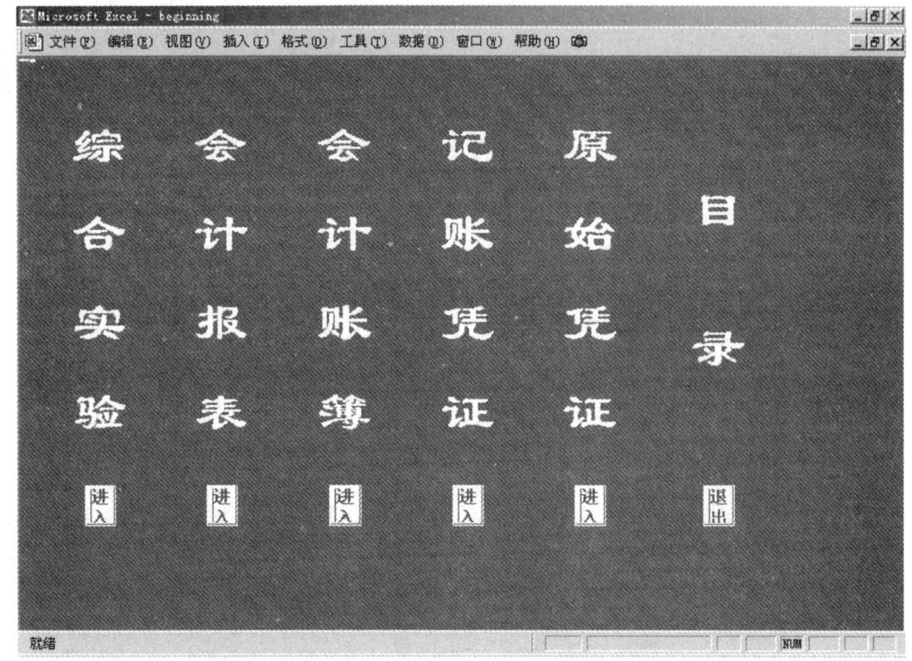

图 3—9

在每个项目的下方都设有“进入”按钮，点击相应的按钮便进入相应的会计技能训练项目。单击主界面中“记账凭证”下方的“进入”按钮，进入记账凭证的业务目录。如图 3—10 所示，分别列出了“通用记账凭证”和“专用记账凭证”两个选择项。点击“通用记账凭证”或“专用记账凭证”就进入相应的记账凭证界面。

3.3.1 通用记账凭证

单击“通用记账凭证”右侧的“进入”按钮，就进入通用记账凭证界面。在通用记账凭证界面中，列示了“实验说明”、“实验示范”、“实验操作”和“实验参考”四个项目，如图 3—11 所示。

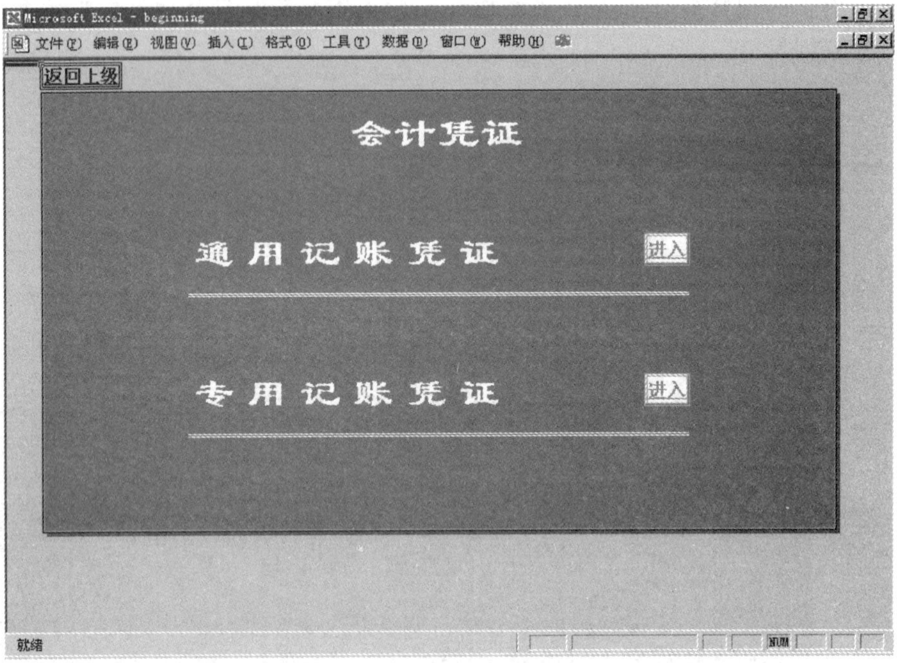
Microsoft Excel - beginning
文件(F) 编辑(E) 视图(V) 插入(I) 格式(O) 工具(T) 数据(D) 窗口(W) 帮助(H)
返回上级
会计凭证
通用记账凭证
进入
专用记账凭证
进入
就绪
NUM

图 3—10

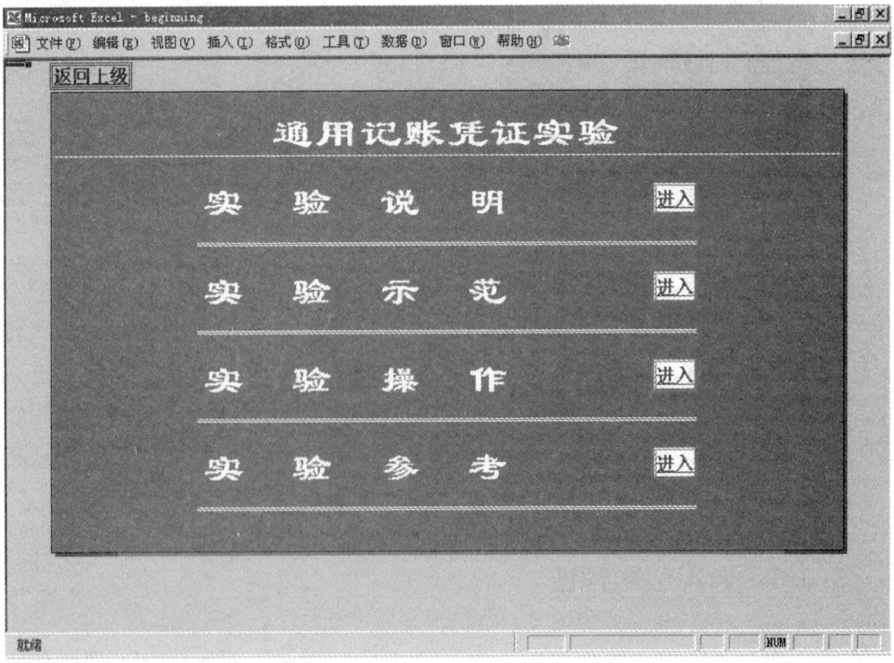
Microsoft Excel - beginning
文件(F) 编辑(E) 视图(V) 插入(I) 格式(O) 工具(T) 数据(D) 窗口(W) 帮助(H)
返回上级
通用记账凭证实验
实验说明
进入
实验示范
进入
实验操作
进入
实验参考
进入
就绪
NUM

图 3—11

1. **实验说明**

单击“实验说明”右侧的“进入”按钮，进入“实验说明”，显示编制记账凭证技能训练的目的和要求。

在了解通用记账凭证的实验说明之后，点击左上角的“返回上级”就返回到通用记账凭证的业务目录，参见图 3—11。

2. **实验示范**

单击“实验示范”右侧的“进入”按钮，进入“实验示范”，播放编制通用记账凭证的操作录像，以便对编制通用记账凭证的操作过程和方法有一个直观的印象。

进入“实验示范”界面，提示“某些文件可能会携带病毒，损害你的计算机。请确认此文件的来源是否可靠。是否打开此文件?”，单击确定，开始播放录像。录像播放完毕后回到录像播放前的界面。如果需要重复播放，单击播放器的“播放”箭头即可。如果要播放其他（不同文件名）实验操作录像，要关闭播放窗口，否则不能正常播放，按系统提示操作即可。

“实验示范”既可以在课堂上作为主讲教师的辅助教学手段来使用，也可以作为学生自主学习的工具来使用。

3. **实验操作**

在实验操作中提供了一个编制通用记账凭证的模拟操作环境，要求在该环境下直接进行编制通用记账凭证的操作，通过编制通用记账凭证达到训练会计操作技能的目的。

单击“实验操作”右侧的“进入”按钮，就进入通用记账凭证“实验操作”业务目录界面，如图 3—12 所示。

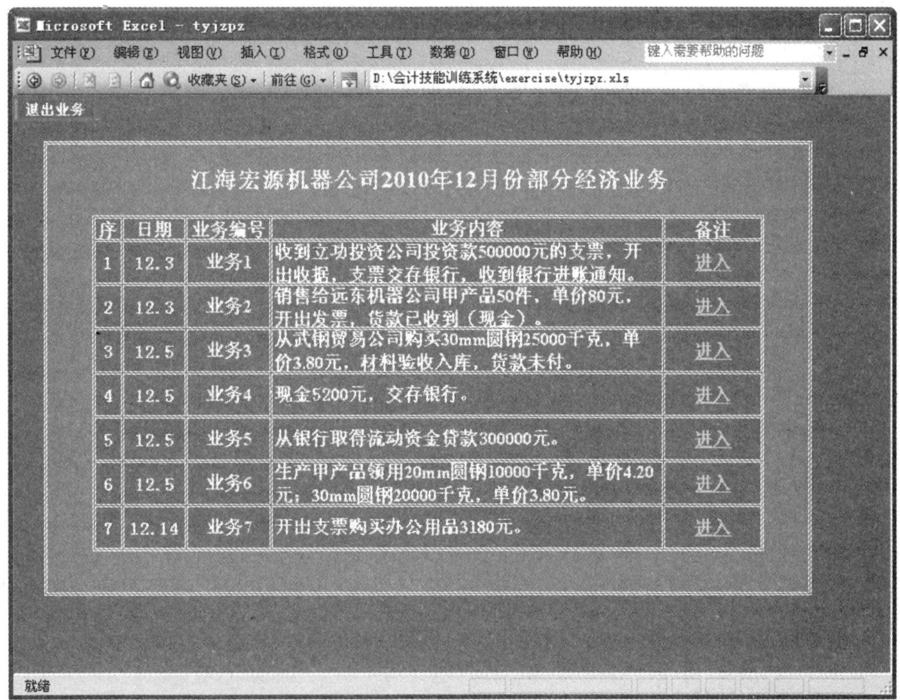

江海宏源机器公司2010年12月份部分经济业务

序	日期	业务编号	业务内容	备注
1	12.3	业务1	收到立功投资公司投资款500000元的支票，开出收据，支票交存银行，收到银行进账通知。	进入
2	12.3	业务2	销售给远东机器公司甲产品50件，单价80元，开出发票，货款已收到（现金）。	进入
3	12.5	业务3	从武钢贸易公司购买30mm圆钢25000千克，单价3.80元，材料验收入库，货款未付。	进入
4	12.5	业务4	现金5200元，交存银行。	进入
5	12.5	业务5	从银行取得流动资金贷款300000元。	进入
6	12.5	业务6	生产甲产品领用20mm圆钢10000千克，单价4.20元；30mm圆钢20000千克，单价3.80元。	进入
7	12.14	业务7	开出支票购买办公用品3180元。	进入

图 3—12

选择相应的业务右边的“进入”按钮，进入通用记账凭证实验的操作界面。例如，我们单击第一笔业务右边的进入按钮，就进入了具体编制记账凭证的操作界面。在这里我们先后要完成根据收到的支票填制收款收据、银行进账单，进而编制通用记账凭证的各项实验操作，如图 3—13 所示。

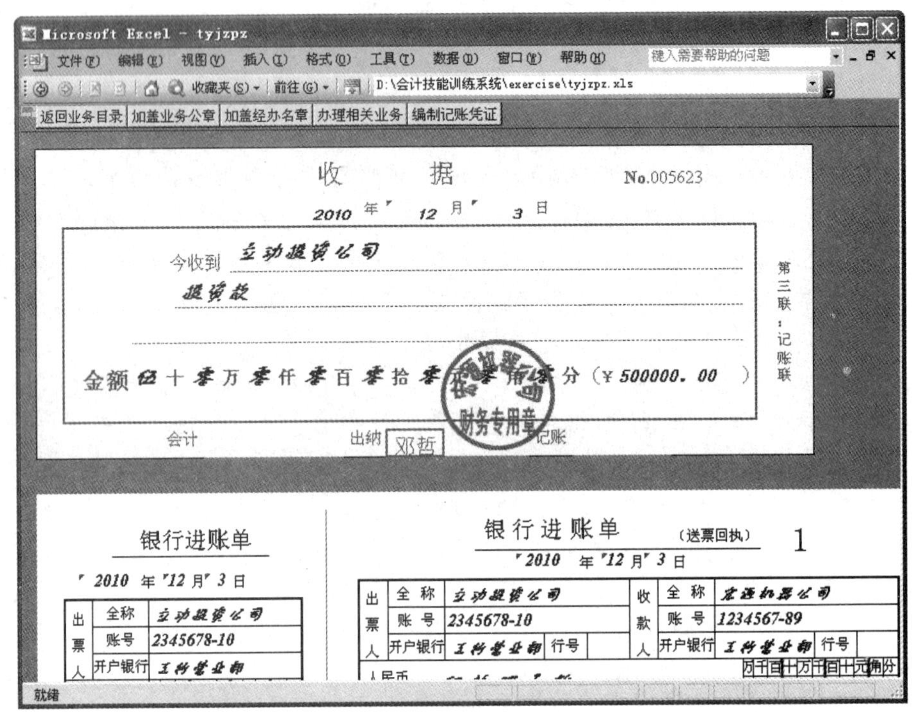

图 3—13

在记账凭证“实验操作”界面上方显示一排按钮，分别是“返回业务目录”、“加盖业务公章”、“加盖经办名章”、“办理相关业务”和“编制记账凭证”。其中前四个按钮已经在“原始凭证”中做过介绍。下面只介绍“编制记账凭证”按钮的功能。

根据填制及审核之后的原始凭证，就可以编制记账凭证了。点击“编制记账凭证”按钮，即可插入一张空白的通用记账凭证，如图 3—14 所示。

在这里就可以根据原始凭证记载的经济业务，确定应借和应贷的会计科目及其金额，按照编制记账凭证的要求编制该通用记账凭证，编制完成后应当复核并加盖制证人个人名章。

注意：点击“编制记账凭证”按钮后，会插入一张记账凭证；一张记账凭证不够时，再次点击“编制记账凭证”按钮，就插入第二张凭证，并按正确的凭证编号方法进行编号。同时所插入的记账凭证不能撤销，除非退出业务处理系统，并在是否保存文件的提示框内选择“否”。

通用记账凭证编制完毕后，单击“返回业务目录”按钮就返回到经济业务目录，再单击“返回上级”按钮，就返回到通用记账凭证界面。

4. 实验参考

在通用记账凭证界面，单击“实验参考”右侧的“进入”按钮，进入技能训

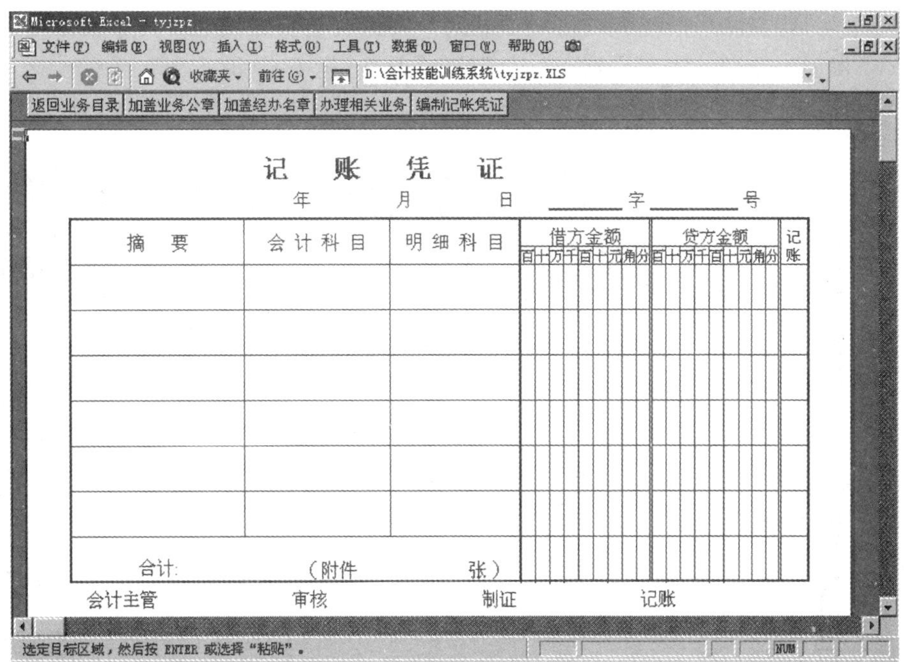

图 3—14

练相关业务的参考目录。单击目录中相关业务右侧的“进入”按钮，就进入“实验参考”界面，如图 3—15 所示。

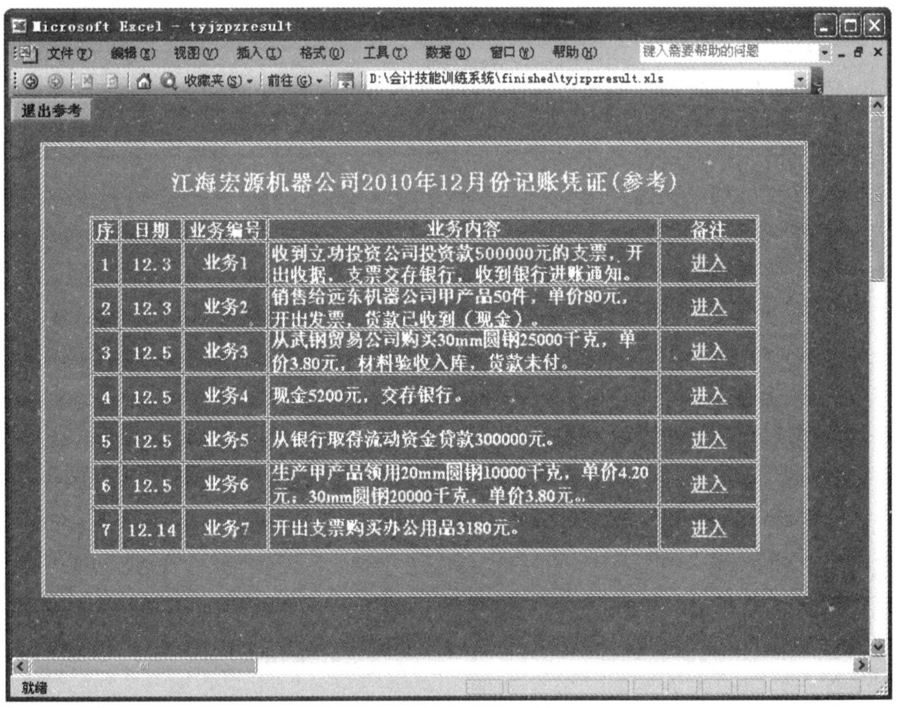

江海宏源机器公司2010年12月份记账凭证(参考)

序	日期	业务编号	业务内容	备注
1	12.3	业务1	收到立功投资公司投资款500000元的支票，开出收据，支票交存银行，收到银行进账通知。	进入
2	12.3	业务2	销售给远东机器公司甲产品50件，单价80元，开出发票，货款已收到（现金）。	进入
3	12.5	业务3	从武钢贸易公司购买30mm圆钢25000千克，单价3.80元，材料验收入库，货款未付。	进入
4	12.5	业务4	现金5200元，交存银行。	进入
5	12.5	业务5	从银行取得流动资金贷款300000元。	进入
6	12.5	业务6	生产甲产品领用20mm圆钢10000千克，单价4.20元，30mm圆钢20000千克，单价3.80元。	进入
7	12.14	业务7	开出支票购买办公用品3180元。	进入

图 3—15

选择相应的业务右边的“进入”按钮就进入通用记账凭证实验的参考界面。例如，我们单击第一笔业务右边的“进入”按钮，就进入了通用记账凭证的参考界面。在这里显示出已经编制完成的通用记账凭证，如图 3—16 所示。

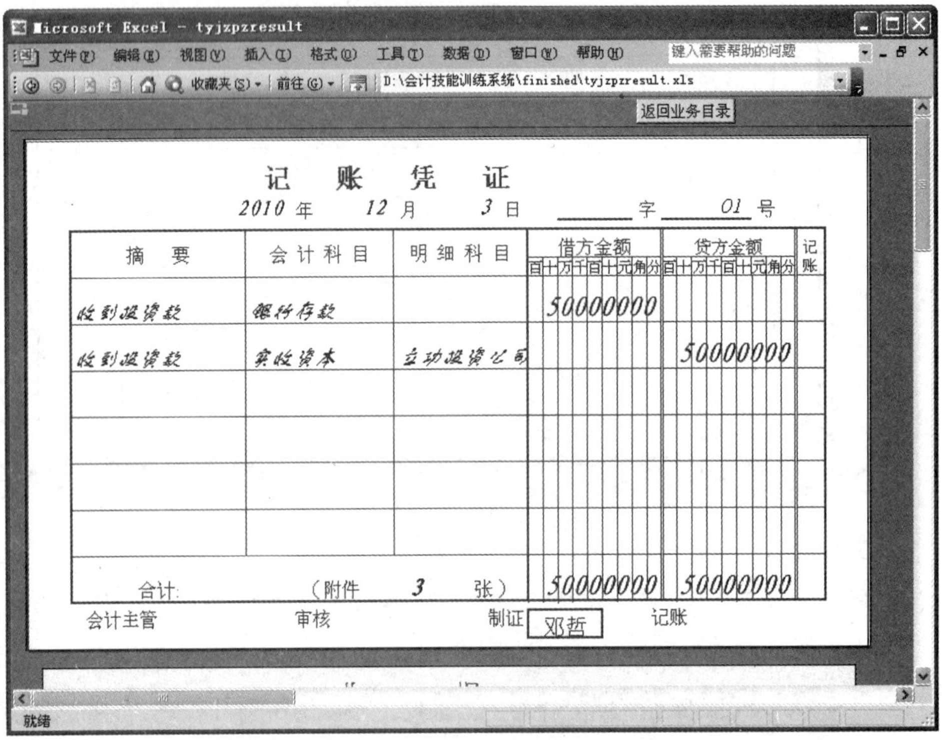

Microsoft Excel - tyjzpzresult

返回业务目录

记　账　凭　证

2010 年　12 月　3 日　　字 01 号

摘　要	会计科目	明细科目	借方金额	贷方金额	记账
收到投资款	银行存款		50000000		
收到投资款	实收资本	立功投资公司		50000000	
合计	（附件 3 张）		50000000	50000000	

会计主管　　审核　　制证 邓哲　　记账

就绪

图 3—16

在这里提供了在模拟的操作环境下已经编制完成的通用记账凭证，以便实验者在编制通用记账凭证遇到困难时参考或在通用记账凭证编制完成后进行核对时参考。

单击“返回业务目录”，退出通用记账凭证参考。

3.3.2　专用记账凭证

在记账凭证的业务目录界面（参见图 3—10），单击“专用记账凭证”右侧的“进入”按钮，就进入专用记账凭证界面，如图 3—17 所示。

在专用记账凭证界面中，分别列出“收款凭证”、“付款凭证”和“转账凭证”三个项目。点击每一个项目都显示出“实验说明”、“实验示范”、“实验操作”和“实验参考”四个项目，如图 3—18 所示。

专用记账凭证的“实验说明”、“实验示范”、“实验操作”和“实验参考”四个项目的功能和操作方法与通用记账凭证相同。

Microsoft Excel - beginning
文件(F) 编辑(E) 视图(V) 插入(I) 格式(O) 工具(T) 数据(D) 窗口(W) 帮助(H)
收藏夹 前往(G)
D:\会计技能训练系统\beginning.xls
返回上级
专用凭证实验
收 款 凭 证
进入
付 款 凭 证
进入
转 账 凭 证
进入
就绪
NUM

图 3—17

Microsoft Excel - beginning
文件(F) 编辑(E) 视图(V) 插入(I) 格式(O) 工具(T) 数据(D) 窗口(W) 帮助(H)
收藏夹 前往(G)
D:\会计技能训练系统\beginning.xls
返回上级
收款凭证实验
实 验 说 明
进入
实 验 示 范
进入
实 验 操 作
进入
实 验 参 考
进入
就绪
NUM

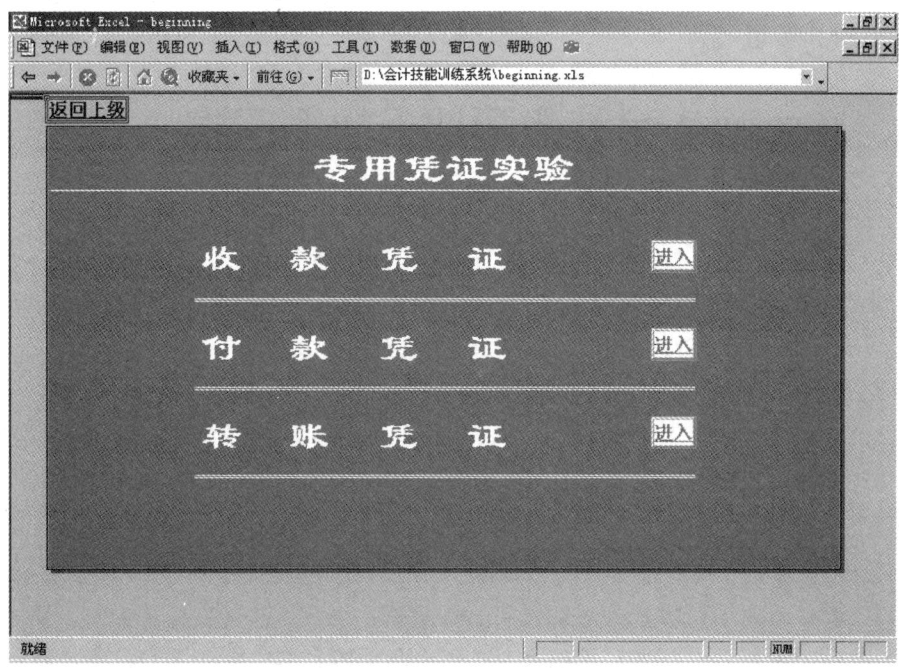

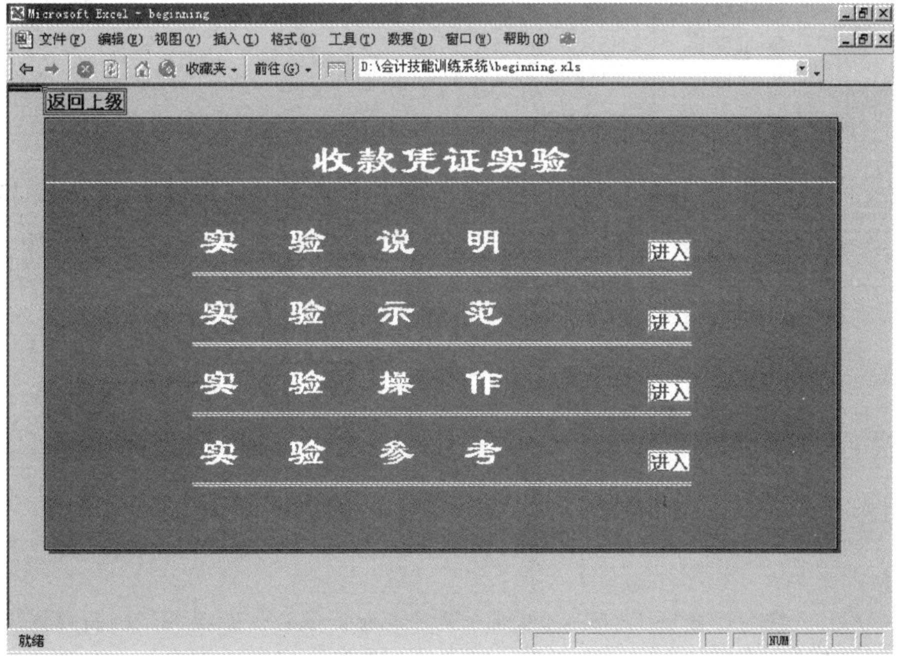

图 3—18

第4章
会计账簿业务模拟实验

Chapter 4

本 章 导 引

实验名称：登记会计账簿

实验内容：根据会计记账凭证上编制的会计分录，设置会计账簿，分别登记指定的会计账簿；记录账户的借方或贷方以及金额，实际操作复式借贷记账法。

实验性质：模拟实验

实验目的与要求：辨识会计账簿的种类和功能，理解总账与明细账的关系。

理解会计账簿是以会计凭证为依据，全面、系统、序时、分类记录各项经济业务的簿记，是积累、存储经济业务情况的数据库。

了解账簿的基本结构及账簿登记的一般要求，掌握日记账、明细分类账、总账的设置与登记，要求遵守登记账簿的操作规范，根据填制的记账凭证，正确登记明细账，根据平行登记规则登记总账，掌握结账、对账及错账的更正方法。

实验条件：各种格式空白账页

实验参考主教材的章节：第6章会计账簿。

4.1 会计账簿

4.1.1 会计账簿的概念

在会计核算工作中，对每一项经济业务都必须取得和填制会计凭证。由于会计凭证数量很多，又很分散，而且只能零散地反映个别经济业务的内容，不能连续、系统、全面、完整地反映和监督一个经济单位在一定时期内某类和全部经济业务的变化情况，为了给经济管理提供系统的核算资料，就需要运用登记账簿的方法，把分散在会计凭证上大量的核算资料，加以集中和归类整理，登记到账簿中。会计账簿是指由一定格式的账页所组成的，以会计凭证为依据的，全面、系统、连续地记录各项经济业务的簿籍。因此，账簿又是积累、存储经济业务情况

的数据库。设置和登记账簿是会计核算的专门方法之一，它可以把分散在会计凭证中大量的会计信息加以归类和集中反映，从而为企业的管理者提供系统、完整的资料。账簿的设置，对于全面、系统、序时和分类反映企业的各项经济业务，具有重要意义。因此，各单位应当按照国家统一会计制度的规定和会计业务的需要设置会计账簿。

4.1.2　账簿的种类

会计账簿包括总账、明细账、日记账和其他辅助性账簿。账簿可以按照不同的标准进行分类。按用途，账簿可分为序时账簿、分类账簿、联合账簿和备查账簿；按形式，账簿可以分为卡片式账簿、订本式账簿和活页式账簿。其中，序时账簿又可以分为普通日记账和特种日记账；分类账簿又可以分为总分类账簿和明细分类账簿。

1. 账簿按其用途的分类

账簿按其用途分为序时账簿、分类账簿、联合账簿和备查账簿四类。这里只介绍前两种。

（1）序时账簿。序时账簿，亦称日记账，是按照经济业务发生的时间先后顺序，逐日逐笔登记经济业务的账簿。按其记录内容的不同，又分为普通日记账和特种日记账两种。

普通日记账，也称通用日记账，是用来登记各单位全部经济业务的日记账。在日记账中，按照每日发生的经济业务的先后顺序，逐项编制会计分录，因而也称分录日记账。

特种日记账是专门用来记录某一特定项目经济业务发生情况的日记账。将该类经济业务，按其发生的先后顺序记入账簿中，反映这一特定项目的详细情况。例如，各经济单位为了对现金和银行存款加强管理，设置现金日记账和银行存款日记账。

（2）分类账簿。分类账簿是指对全部经济业务按照总分类账户和明细分类账户进行分类登记的账簿。在分类账簿中反映了资产、负债、所有者权益、费用成本和收入成果等增减变动的情况，是企业经营管理的重要资料来源。分类账簿有总分类账簿和明细分类账簿两种。按照总分类账户分类登记的账簿叫总分类账簿，用来核算和提供经济业务的总括资料。按照明细分类账户分类登记的账簿叫明细分类账簿，用来核算和提供经济业务的明细资料。总分类账簿的总额同与其有关的明细分类账簿的金额之和应相等。总账和明细账的关系是总账提供总括的核算资料，并对明细账起统驭的作用；明细账提供详细的核算资料，并对总账起补充和说明的作用。

2. 账簿按外表形式分类

各种账簿都具有一定的形式，按其外表形式不同可分为订本式账簿、活页式账簿和卡片式账簿。

（1）订本式账簿。订本式账簿是指把许多账页装订成册的账簿。这种账簿账页固定，既可防止账页散失，也可防止抽换账页。由于账页固定，使用起来欠灵活，在同一时间内只能由一人登记账簿，不便于分工记账。

（2）活页式账簿。活页式账簿是指账页不固定，如材料明细账。这种账簿的页数可根据需要确定，不足时，可随时增加账页；登记方便，可同时由数人分工记账。账簿的空白账页，在使用时需连续编号，并装置在账夹中，由有关人员盖章，以防散失。使用完毕，不再登记时，将其装订成册，以便保管。

（3）卡片式账簿。卡片式账簿是指印有记账格式的卡片，登记各项经济业务的账簿。卡片不固定在一起，数量可根据经济业务增减，如固定资产明细账等。使用完毕，不再登账时，则将卡片穿孔装订保管。

三种账簿形式不同，作用各异。在实际工作中，可根据需要设置各类账簿。带有统驭性和比较重要的账簿，如总分类账、现金日记账、银行存款日记账一般采用订本式账簿。作为对总分类账进行补充说明的明细分类账，常采用活页式账簿或卡片式账簿。

4.2 账簿启用和登记

4.2.1 账簿的基本结构

账簿是指由一定格式的账页所组成的用于记录各项经济业务的簿籍，账簿应包括封面、扉页、账页和封底。账页是账簿的载体。由于各种账簿所记录的经济业务不同，所以账簿中的账页格式也是多种多样。

1. 封面

账簿的封面标明账簿名称和记账单位名称，如图 4—1 所示。

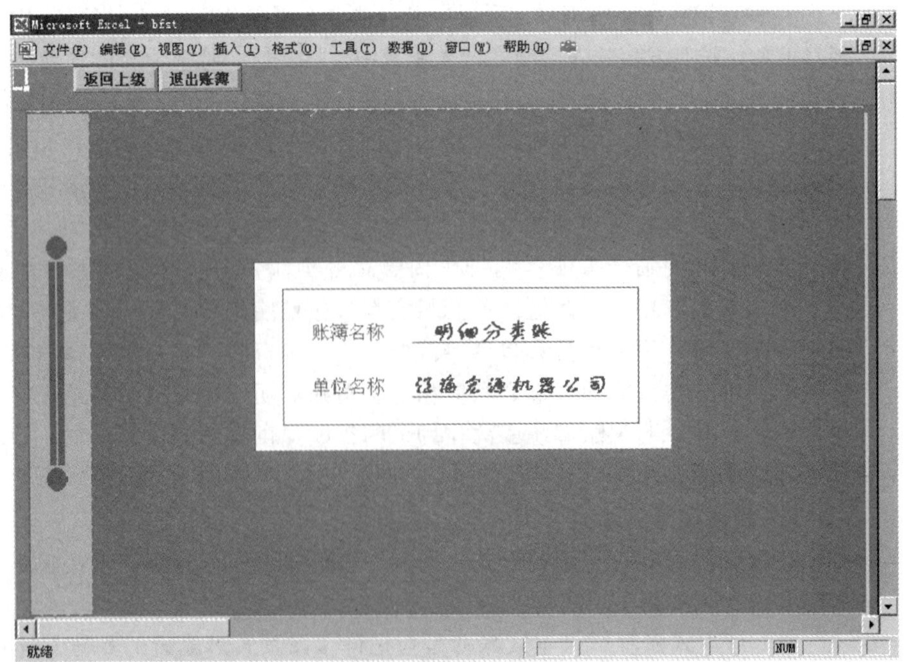

图 4—1

2. **扉页**

扉页填列账簿的启用日期和截止日期、页数、册次、经管账簿人员一览表和签章、账簿的交接记录、会计主管人员签章等，如图 4—2 所示。

账簿启用表

单位名称	径海宏源机器公司	单位盖章
账簿名称	明细分类账	
账簿页数	本账簿共计　　页	
启用日期	2010 年 1 月 1 日	
止用日期	2010 年　月　日	

经管本账簿人员一览表

经管人姓名	接管			移交			经管人盖章	会计主管人员盖章
	年	月	日	年	月	日		
王林	2010	1	1					

图 4—2

账户目录是由记账人员在账簿中开设账页户头后，按顺序登记每个账户的名称和页数，便于查阅账簿中登记的内容，如图 4—3 所示。

Microsoft Excel - bfst

文件(F)　编辑(E)　视图(V)　插入(I)　格式(O)　工具(T)　数据(D)　窗口(W)　帮助(H)

返回上级　退出账簿

账　户　目　录

序	账号	账户名称	页码	序	账号	账户名称	页码
1	1001	现金	z-1	17	2101	短期借款	Z-30
2	100101	现金日记账	R-1	18	210101	短期借款-流动资金借款	M-30
3	102	银行存款	Z-5	19	2121	应付账款	Z-35
4	100201	银行存款日记账	R-2	20	212101	应付账款—武钢贸易公司	M-35
5	1131	应收账款	Z-10	21	212102	应付账款—宝钢工贸公司	M-40
6	113101	应收账款-大明公司	M-1	22	2151	应付工资	Z-40
7	113102	应收账款-中华公司	M-5	23	3101	实收资本	Z-45
8	1211	原材料	Z-15	24	310101	实收资本-立功投资	M-45
9	121101	原材料——30m/m圆钢	M-10	25	310102	实收资本-个人投资	M-46
10	121102	原材料——20m/m圆钢	M-15	26	3111	资本公积	Z-48
11	1243	库存商品	Z-18	27	3121	盈余公积	Z-50
12	124301	库存商品——甲产品	M-18	28	3131	本年利润	Z-52
13	4101	生产成本	Z-20	29	5101	主营业务收入	Z-55
14	410101	生产成本-甲产品*	M-20	30	5401	主营业务成本	Z-58
15	4105	制造费用	Z-25	31	5502	管理费用	Z-60
16	410501	制造费用	M-28	32	550201	管理费用	M-48

*生产成本中：材料126820.30元；工资98375.00元；制造费用55129.70元。

就绪　　NUM

图 4—3

3. **账页**

因反映经济业务内容的不同，账页的格式也不尽相同。常用的账页格式有三栏式、多栏式、数量金额式等。尽管账页的格式不同，但账页的主要内容应包括以下内容：

（1）账户的名称栏（总账科目、二级或明细科目）；

（2）记账日期栏；

（3）凭证种类和号数栏；

（4）业务摘要栏；

（5）金额栏；

（6）页次或总页次和分户页次。

三栏式总账账页式样如图 4—4 所示。

总账

第　页

年		凭证		摘要	借方	贷方	借或贷	余额	核对
月	日	种类	号数		亿千百十万千百十元角分	亿千百十万千百十元角分		亿千百十万千百十元角分	

图 4—4

4.2.2 账簿的启用

1. **启用账簿**

账簿是存储数据资料的重要会计档案，登记账簿要有专人负责。为了保证账簿记录的严肃性和合法性，明确记账责任，保证资料完整，在账簿启用时，应在“账簿启用和经管人员一览表”（参见图 4—2）详细载明单位名称、账簿编号、账簿册数、账簿共计页数、启用日期，并加盖单位公章，经管人员（包括企业负责人、主管会计、复核和记账人员）均应载明姓名并加盖印章。启用订本式账簿，应当从第一页到最后一页顺序编定页数，不得跳页、缺号。使用活页式账页，应当按账户顺序编号，并定期装订成册。装订后再按实际使用的账页顺序编定页码，另加目录，记明每个账户的名称和页次。值得指出的是，为体现内部控制的要求，出纳人员不得兼管稽核、会计档案保管和收入、费用、债权债务账目的登记工作。

2. 账簿的交接

账簿是企业重要的会计资料，会计人员工作调动或者因故离职，必须将本人所经管的会计工作全部移交给接替人员。没有办清交接手续的，不得调动或者离职。会计人员办理移交手续前，必须及时做好以下工作：

(1) 已经受理的经济业务尚未填制会计凭证的，应当填制完毕。

(2) 尚未登记的账目，应当登记完毕，并在最后一笔余额后加盖经办人员印章。

(3) 整理应该移交的各项资料，对未了事项写出书面材料。

(4) 编制移交清册，列明应当移交的会计凭证、会计账簿、会计报表、印章、现金、有价证券、支票簿、发票、文件、其他会计资料和物品等内容；实行会计电算化的单位，从事该项工作的移交人员还应当在移交清册中列明会计软件及密码、会计软件数据磁盘（磁带等）及有关资料、实物等内容。

接替人员应当认真接管移交工作，并继续办理移交的未了事项。会计人员办理交接手续，必须有监交人负责监交。一般会计人员交接，由单位会计机构负责人、会计主管人员负责监交；会计机构负责人、会计主管人员交接，由单位领导人负责监交，必要时可由上级主管部门派人会同监交。

记账人员调动工作或因故离职时，应办理交接手续。交接完毕后，在交接记录栏内填写交接日期和交接人员姓名（签章），并在“账簿启用和经管人员一览表”中登记，参见图4—2。

4.2.3　账簿的登记

会计人员应当根据审核无误的会计凭证登记会计账簿。《会计基础工作规范》对登记账簿的基本要求是：

（一）登记会计账簿时，应当将会计凭证日期、编号、业务内容摘要、金额和其他有关资料逐项记入账内，做到数字准确、摘要清楚、登记及时、字迹工整。

（二）登记完毕后，要在记账凭证上签名或者盖章，并注明已经登账的符号，表示已经记账。

（三）账簿中书写的文字和数字上面要留有适当空格，不要写满格；一般应占格距的1/2。

（四）登记账簿要用蓝黑墨水或者碳素墨水书写，不得使用圆珠笔（银行的复写账簿除外）或者铅笔书写。

（五）下列情况，可以用红色墨水记账：

1. 按照红字冲账的记账凭证，冲销错误记录；

2. 在不设借贷等栏的多栏式账页中，登记减少数；

3. 在三栏式账户的余额栏前，如未印明余额方向的，在余额栏内登记负数余额；

4. 根据国家统一会计制度的规定可以用红字登记的其他会计记录。

（六）各种账簿按页次顺序连续登记，不得跳行、隔页。如果发生跳行、隔页，应当将空行、空页划线注销，或者注明“此行空白”、“此页空白”字样，并由记账人员签名或者盖章。

（七）凡需要结出余额的账户，结出余额后，应当在“借或贷”等栏内写明“借”或者“贷”等字样。没有余额的账户，应当在“借或贷”等栏内写“平”字，并在余额栏内用“0”表示。

现金日记账和银行存款日记账必须逐日结出余额。

（八）每一账页登记完毕结转下页时，应当结出本页合计数及余额，写在本页最后一行和下页第一行有关栏内，并在摘要栏内注明“过次页”和“承前页”字样；也可以将本页合计数及金额只写在下页第一行有关栏内，并在摘要栏内注明“承前页”字样。

4.3 账簿的设置与登记

总分类账的设置与登记，取决于企业所采用的会计核算组织程序。明细分类账的设置与登记，应由各核算单位根据自身的生产经营特点、管理要求和业务量的大小而定。账簿的登记方法由于账簿种类的不同而有差异。现金日记账和银行存款日记账通常由出纳人员根据审核后的现金或银行存款收款凭证和现金或银行存款付款凭证，逐日逐笔顺序登记。由于账簿所记录的经济业务不同，其结构和登记方法也各异，下面介绍有关序时账簿和分类账簿的结构与登记方法。

4.3.1 日记账的设置与登记

一切经济单位都应设置现金日记账和银行存款日记账，用于序时核算现金和银行存款的收入、付出和结存情况。为了加强对货币资金的管理，维护货币资金的安全与完整，现金日记账和银行存款日记账必须采用订本式账簿，不得用银行对账单或者其他方法代替日记账。

1. 现金日记账的设置与登记

现金日记账由出纳人员根据现金收款凭证、现金付款凭证和银行付款凭证（记录从银行提取现金业务）或通用记账凭证中涉及现金收付业务的凭证，按经济业务发生的先后顺序，逐日逐笔进行登记。现金日记账的格式如图 4—5 所示。

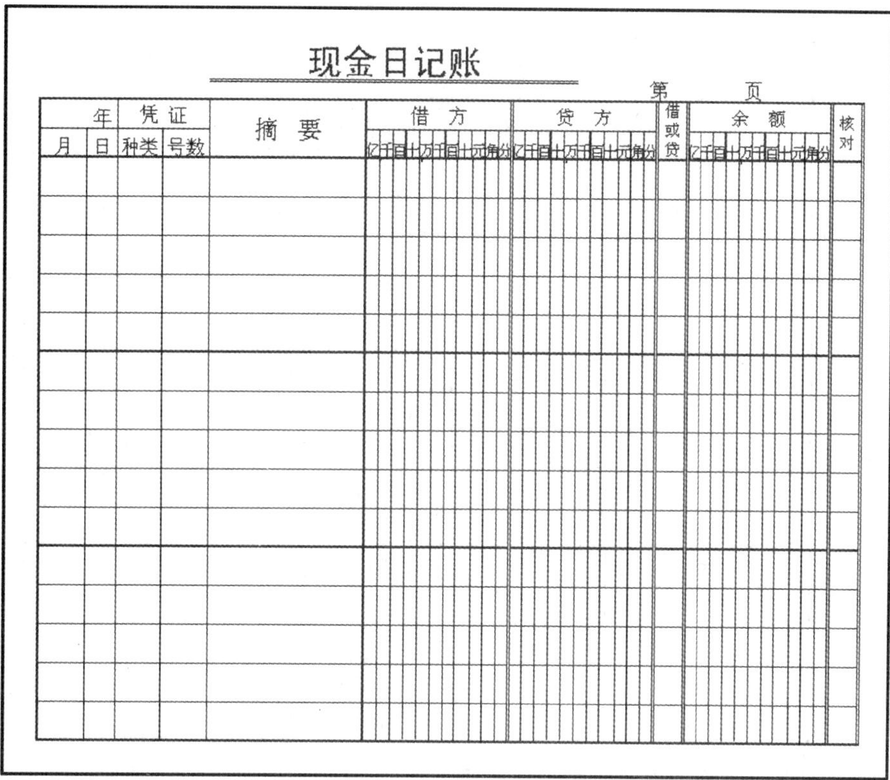

现金日记账

第　　页

年		凭证		摘要	借方	贷方	借或贷	余额	核对
月	日	种类	号数		亿千百十万千百十元角分	亿千百十万千百十元角分		亿千百十万千百十元角分	

图 4—5

现金日记账的登记方法如下：

（1）日期栏：即记账的日期，应与现金实际收付日期一致。

（2）凭证及编号栏：即登记入账的收付款凭证的种类和编号，例如，“现金收（付）款凭证”，简写为“现收（付）”；“银行存款收（付）款凭证”，简写为“银收（付）”。编号栏应登记凭证的编号数，以便于查账和核对。

（3）摘要栏：即摘要说明登记入账经济业务的内容。摘要的文字既要简明扼要，又要能说明经济业务的内容。

（4）对方科目栏：即现金收入的来源科目或支出的用途科目。例如，从银行提取现金，其来源科目（即对方科目）为“银行存款”，其作用在于了解经济业务的来龙去脉。

（5）收入、支出栏：即现金实际收付的金额。每日终了应分别计算现金收入和现金付出的合计数，结出余额，同时将账面余额与出纳员的库存现金核对，即通常所说的“日清”。如果账款不符应及时查明原因，并记录备案。月终同样要计算现金收付和结存的合计数，通常称为“月结”。

2. 银行存款日记账的设置与登记

银行存款日记账由出纳人员根据银行存款收款凭证、银行存款付款凭证和现金付款凭证（记录将现金存入银行业务）或通用记账凭证中涉及银行存款收付业务的凭证，按经济业务发生时间的先后顺序，逐日逐笔进行登记的账簿。银行存款日记账的账页格式如图 4—6 所示。

银行存款日记账

第　页

年		凭证		摘要	借方											贷方											借或贷	余额											核对
月	日	种类	号数		亿	千	百	十	万	千	百	十	元	角	分	亿	千	百	十	万	千	百	十	元	角	分		亿	千	百	十	万	千	百	十	元	角	分	

图 4—6

银行存款日记账的登记方法如下：

(1) 日期栏：即记账凭证的日期。

(2) 凭证及编号栏：即登记入账的收付款凭证的种类和编号（与现金日记账的登记方法一致）。

(3) 摘要栏：即摘要说明登记入账的经济业务的内容。

(4) 现金支票号数和转账支票号数栏：如果所记录的经济业务是以支票付款结算的，应在这两栏内填写相应的支票号数，以便与开户银行对账。

(5) 对方科目栏：即银行存款收入的来源科目或支出的用途科目。例如，开出支票一张支付购料款，其支出的用途科目（即对方科目）为“材料采购”科目，其作用在于了解经济业务的来龙去脉。

(6) 收入、支出栏：即现金实际收付的金额。每日终了，应分别计算银行存款收入和支出的合计数，结算出余额，做到日清；月终应计算出银行存款全月收入、支出的合计数，做到月结。

4.3.2 总账的设置和登记

1. 总分类账的设置

总分类账是按照总分类账户分类登记全部经济业务的账簿。在总分类账中，应按照会计科目的编码顺序分别开设账户。由于总分类账一般都采用订本式账簿，所以事先应为每个账户预留若干账页。由于总分类账能够全面、总括地反映经济活动情况，并为编制会计报表提供资料，因而任何单位都要设置总分类账。尽管总分类账的格式不尽相同，但通常采用三栏式总账，即在账页中设有借方、贷方和余额三个金额栏。三栏式总账账页的格式参见图 4—4。

2. 总分类账的登记

总分类账可以直接根据各种记账凭证逐笔进行登记，也可以将一定时期的各种记账凭证先汇总编制科目汇总表或汇总记账凭证，再据以登记总账。总分类账的登记方法，取决于所采用的会计核算形式。每月应将当月已完成的经济业务全部登记入账，并于月终结出总分类账簿中各账户的本期发生额和期末余额，与明细账余额核对无误后，才能作为编制会计报表的依据。

4.3.3 明细分类账的设置和登记

明细分类账是用来分类登记经济业务的账簿，一般采用活页式账簿。各种明细分类账是根据实际需要，分别按照二级科目或明细科目开设账户，用来分门别类、连续地记录有关资产、负债和所有者权益及收入、费用和利润（或亏损）的详细资料。明细分类账所提供的有关经济活动的详细资料，也是编制会计报表的依据。因此，各个经济单位在设置总分类账的基础上，还应按照总分类科目设置所属的若干必要的明细分类账。这样既能根据总分类账了解某一科目的总括情况，又能根据明细分类账进一步了解该科目的具体和详细情况。根据经营管理的需要，各个单位除现金、银行存款等账户，应根据资产、负债、所有者权益、收入、费用、利润等要素为有关的总分类账户设置明细分类账，进行明细分类核算。

根据经济管理的要求和各明细分类账记录内容的不同，明细分类账分别采用三栏式、数量金额式和多栏式等不同的格式。

1. 三栏式明细分类账的设置与登记

三栏式明细分类账账页，只设有借方、贷方和余额三个金额栏，不设数量栏。三栏式明细分类账账页的格式如图 4—7 所示。

三栏式明细分类账适用于只需要反映金额的经济业务，如应收账款、应付账款等不需要进行数量核算的债权、债务结算账户。三栏式明细分类账由会计人员根据审核无误的记账凭证或原始凭证，按经济业务发生的时间先后顺序逐日逐笔进行登记。

2. 数量金额式明细分类账的设置与登记

数量金额式明细分类账的账页，分别设有收入、发出和结存的数量、单价和金额栏。数量金额式明细分类账账页的格式如图 4—8 所示。

这种格式适用于既要进行金额核算，又要进行实物数量核算的各种财产物资账户，如材料、产成品等账户的明细分类核算。数量金额式明细分类账由会计人员根据审核无误的记账凭证或原始凭证，按经济业务发生的时间先后顺序逐日逐笔进行登记。

账号		总页数
页数		

明细账

年		凭证		摘要	借方	贷方	借或贷	余额	核对
月	日	种类	号数		亿千百十万千百十元角分	亿千百十万千百十元角分		亿千百十万千百十元角分	

图 4—7

最高储存量	
最低储存量	

明细账

账号		总页数
页数		

编号：…… 类别：…… 规格：…… 单位…… 存放地点：…… 计划单价：……

年		凭证		摘要	收入			发出			借或贷	结存			核对
月	日	种类	号数		数量	单价	百十万千百十元角分	数量	单价	百十万千百十元角分		数量	单价	百十万千百十元角分	

图 4—8

3. 多栏式明细分类账的设置与登记

多栏式明细分类账，是根据经济业务的特点和经营管理的需要，在一张账页内按有关明细科目或明细项目分设若干专栏，在同一张账页上集中反映各有关明细科目或明细项目的明细核算资料。

（1）多栏式明细分类账的设置。

按明细分类账登记的经济业务不同，多栏式明细分类账页又分为借方多栏、贷方多栏和借贷方均多栏三种格式。

借方多栏式明细分类账的账页格式适用于借方需要设多个明细科目或明细项目的账户，如“材料采购”、“生产成本”、“制造费用”、“管理费用”、“财务费用”和“营业外支出”等科目的明细分类核算。借方多栏式明细分类账账页的格式如图 4—9 所示。

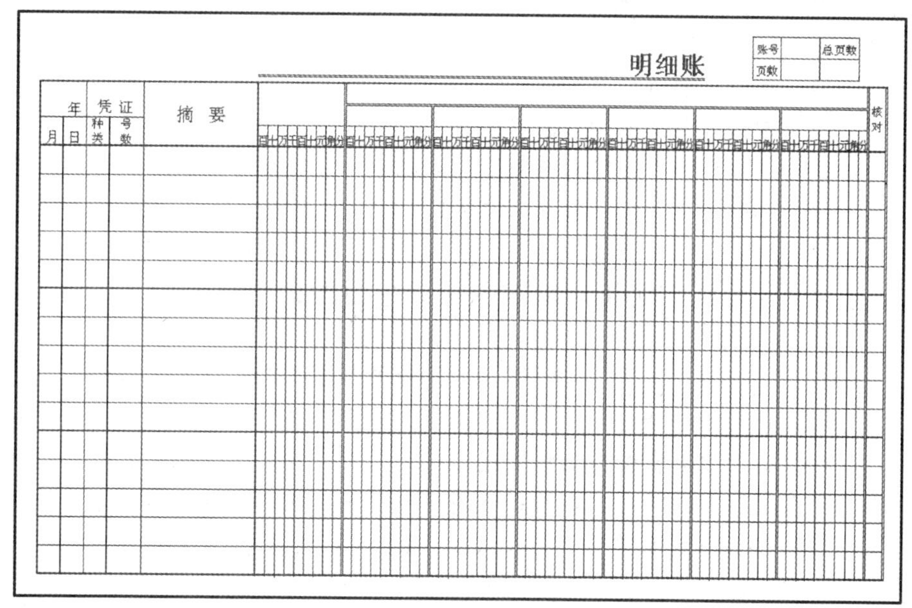

图 4—9

贷方多栏式明细分类账的账页格式适用于贷方需要设多个明细科目或明细项目的账户，如“产品销售收入”和“营业外收入”等科目的明细分类核算。贷方多栏式明细分类账账页的格式参见 4—9。

借方贷方多栏式明细分类账的账页格式适用于借方贷方均需要设多个明细科目或明细项目的账户，如“本年利润”和“应交税金”等科目的明细分类核算。

（2）多栏式明细分类账的登记。

多栏式明细分类账是由会计人员根据审核无误的记账凭证或原始凭证逐笔登记的。对于借方多栏式明细账，由于只在借方设多栏，平时在借方登记费用、成本的发生额，贷方登记月末将借方发生额一次转出的数额，所以平时如发生贷方发生额，应该用红字在借方栏中登记。

例如，某企业生产甲产品领用材料剩余 8 000 元，退回仓库。对这项经济业务所编制的会计分录为：

借：材料　　8 000

　贷：生产成本　　8 000

根据这笔会计分录，总账登在“生产成本”账户贷方，在登记“生产成本”借方多栏式明细账时，应该用红字登记在借方，即在“材料”栏中用红字登记 8 000，表示抵减已领用的材料数。

对于贷方多栏式明细账，只在贷方设多栏，如产品销售收入账户，平时贷方登记收入的发生额，借方登记退货金额和月末将借方发生额一次转入“本年利润”账户贷方的数额。

例如，某企业销售甲产品因质量问题被退回，售价 35 000 元，以银行存款支付退货款。对这项经济业务所编制的会计分录为：

借：产品销售收入　　35 000

　贷：银行存款　　35 000

根据这笔会计分录，总账登在“产品销售收入”账户的借方，而在登记“产品销售收入”贷方多栏式明细账时，则应用红字在贷方明细栏“产品销售”栏中登记 35 000，表示抵减的销售收入数。

4.3.4 总账与明细账的关系及其平行登记

为了使总分类账与其所属的明细分类账之间能起到统驭与补充说明作用，便于账户核对，并确保核算资料的正确、完整，必须采用平行登记的方法，在总分类账及其所属的明细分类账中进行记录。平行登记是指根据记账凭证，在登记有关总分类账户的同时，还要登记该总分类账所属的各有关明细分类账户。

采用平行登记规则，应注意以下要点。

1. 依据相同

对于需要提供其详细指标的每一项经济业务都应根据审核无误后的记账凭证，一方面记入有关的总分类账户，另一方面记入总分类账所属的各有关明细分类账户。这里登记总账和明细账的依据是相同的，即记账凭证。尽管明细账一般根据记账凭证及其所附的原始凭证于平时登记，而总分类账因会计核算组织程序不同，可能在平时登记，也可能定期登记，但登记总分类账和明细分类账必须在同一会计期间内完成。

2. 方向相同

这里所指的方向，是指所体现的变动方向，而并非账户的借贷方向。一般情况下，总分类账及其所属的明细分类账都按借方、贷方和余额设专栏登记，这时，在总分类账与其所属明细分类账中的记账方向是相同的，如存货账户和债权、债务结算账户即属于这种情况。但有些明细分类账户按组成项目设多栏记录，采用多栏式明细账格式。这种情况下，对于某项需要冲减有关组成项目金额的事项，只能用红字记入相反的记账方向，而与总分类账中的记账方向不同。例

如，“财务费用”账户按其组成项目设置借方多栏式明细账，发生需冲减利息费用的存款利息收入时，总分类账中记入贷方，而其明细账中则以红字记入“财务费用”账户利息费用项目的借方，以其净发生额来反映利息净支出。这时，在总分类账及其所属的明细分类账中，就不可能按相同的记账方向（指借贷方向）进行登记，而只能以相同的变动方向进行登记。

3. 金额相等

总分类账户提供总括指标，明细分类账户提供总分类账户所记内容的具体指标。所以，记入总分类账的金额与记入其所属各明细分类账户的金额相等。但这种金额相等只表明其数量关系，而不一定都是借方发生额相等和贷方发生额相等的关系，如上述所举的“财务费用”账户的明细账，采用多栏式时，本月既有存款利息收入，也有存款利息支出的情况下，“财务费用”总分类账户的贷方发生额与明细账的贷方发生额就不一致，但作为抵减利息支出的利息收入数额是相等的。

以上总账和明细账这种有机联系是检查账簿记录是否正确的理论依据。一般在期末都要进行相互核对，以便发现错账并及时更正，保证账簿记录准确无误。

4.4　结账、对账及错账的更正

为了总结某一会计期间（月份、季度、年度）的经济活动情况，考核经营成果，必须使各种账簿的记录保持完整和正确，以便于编制会计报表。为此，必须定期进行结账和对账工作。

4.4.1　结账

结账是按照规定把一定时期（月份、季度、年度）内所发生的经济业务登记入账，并用账簿记录定期结算清楚的账务处理工作，需计算并结转各账户的本期发生额和期末余额。会计账簿已经将本期所发生的经济业务全部进行处理和登记，但还不能直观地反映管理上所需的全部资料。结账就是为了编制会计报表，以便综合反映企业的经营活动状况及其结果。企业应当依照有关法律、法规和条例规定的结账日进行结账，不得提前或者延迟。结账可以分为月结、季结和年结。年度结账日为公历年度每年的 12 月 31 日；半年度、季度、月度结账日分别为公历年度每半年、每季、每月的最后一天。结账的内容主要包括以下几方面。

1. 登记入账

将本期内所发生的全部经济业务记入有关账簿，不能提前结账，也不能将本期发生的业务推迟到下期登账。

2. 调整账项

按照权责发生制原则调整和结转有关账项。本期内所有的转账业务，应编成记账凭证记入有关账簿，以调整账簿记录。例如，待摊费用应按规定的比例摊配于本期产品成本和期间费用；预提费用应按规定的标准预先提取，计入本期产品成本和期间费用，而完工产品的实际生产成本，应结转记入“产成品”账户；本期实现的产品销售收入，应结转记入“本年利润”账户；财产物资通过清查盘点而发现的盘盈盘亏，也应按有关规定登记入账，等等。

3. 结出本期发生额和期末余额

结账工作通常是为了总结一定时期经济活动的变化情况和结果。因此，在本期全部经济业务登记入账的基础上，应当结算现金日记账、银行存款日记账，以及总分类账和各明细分类账各账户的本期发生额和期末余额，并结转下期。月、季、年度终了，一般应结出月份、季度和年度发生额，在摘要栏注明“本月合计”或“本季合计”或“本年合计”字样；在月结、季结数字上端和下端均通栏划单红线，以示区别。结总数字本身，不得以红字书写。发生额只有一笔的账户，可以不予结总。

结账时，应当结出每个账户的期末余额。需要结出当月发生额的，应当在摘要栏内注明“本月合计”字样，并在下面通栏划单红线。需要结出本年累计发生额的，应当在摘要栏内注明“本年累计”字样，并在下面通栏划单红线，即“封账”，表示结束当年的记账工作。12 月末的“本年累计”就是全年累计发生额。全年累计发生额下面应当通栏划双红线。年度终了，要把各账户的余额结转到下一会计年度，并在摘要栏注明“结转下年”字样；在下一会计年度新建有关会计账簿的第一行余额栏内填写上年结转的余额，并在摘要栏注明“上年结转”字样。

4.4.2 对账

为了保证各种账簿记录的完整和正确，如实地反映和监督经济活动，为编制会计报表提供真实可靠的数据资料，必须做好对账工作。对账是指为了保证账簿记录的正确性而进行的有关账项的核对工作，简单地说就是对账簿记录进行的核对工作。对账工作每年至少进行一次。主要对会计账簿记录的有关数字与库存实物、货币资金、有价证券、往来单位或者个人等进行相互核对，保证账证相符、账账相符、账实相符。

1. 账证核对

账证核对，是根据各种账簿记录与记账凭证及其所附的原始凭证进行核对。核对会计账簿记录与原始凭证、记账凭证的时间、凭证字号、内容、金额是否一致，记账方向是否相符。

2. 账账核对

账账核对，是指各种账簿之间的有关数字进行核对，主要内容包括：

（1）总分类账各账户本月借方发生额合计数与贷方发生额合计数是否相等；

(2) 总分类账各账户余额与其所属有关明细分类账各账户余额合计数是否相等；

(3) 现金日记账和银行存款日记账的余额与总分类账各该账户余额是否相符；

(4) 会计部门有关财产物资的明细分类余额，应该与财产物资保管或使用部门的登记簿所记录的内容，按月或定期相互核对，保证相符。

3. 账实核对

核对会计账簿记录与财产等实有数额是否相符，具体内容包括：

(1) 现金日记账账面余额与现金实际库存数相核对；

(2) 银行存款日记账账面余额定期与银行对账单相核对；

(3) 各种财物明细账账面余额与财物实存数额相核对；

(4) 各种应收、应付款明细账账面余额与有关债务、债权单位或者个人核对等。

4.4.3 错账的更正

会计人员填制会计凭证和登记账簿，必须严肃认真，一丝不苟，防止差错，保证会计核算资料的质量。在记账过程中，如果账簿记录发生错误，不得任意用刮擦、挖补、涂改或用褪色药水等方法更改字迹，必须根据具体错误的情形，采用正确的更正方法予以更正。错账的更正主要方法有划线更正法、红字更正法和补充登记法。

1. 划线更正法

在结账之前，如果发现账簿记录有错误而记账凭证无错误，即纯属登账时文字或数字上的错误，应采用划线更正法更正。具体做法是：先将错误数字全部划一条红线予以注销，但不得只划线更正其中个别数字。注意在划销数字时，应当保持原有数的字迹仍可辨认，以备查考。然后，将正确的数字用蓝字写在所划红线的上方，并由记账员在更正处盖章，以示负责。例如，把5 130.00元误记为5 730.00时，应将错误数字全部用红线注销，然后再写上正确的数字，即5 130.00，而不能只删改一个“7”字。

2. 红字更正法

在会计核算中，红字表示对原有记录的冲销。红字更正适用于以下两种情况：记账凭证本身没有错误，但会计账簿中所记录的金额大于应记的正确金额；原有记账凭证的应借、应贷方向有误，且账簿已按错误的会计凭证登录。

(1) 记账以后，发现记账凭证中应借应贷符号、科目或金额有错误时，可采用红字更正法更正。更正时用红字填写一份与原用科目、借贷方向和金额完全相同的记账凭证，并根据这张红字凭证登账，以冲销原来账簿的错误记录，然后用蓝字重新填制一份正确记账凭证，并登记入账。

例如，某企业购进材料5 000元，货款尚未支付。由于编制记账凭证时发生科目错误，误编分录为：

借：材料　　5 000
　　贷：应收账款　　5 000

登记入账后发现该错误。对这一错误可以先按原记账凭证填制一张红字记账凭证并登账，以冲销原来的错误记录。

借：材料　　5 000（红字）
　　贷：应收账款　　5 000（红字）

同时再用蓝字填制一张正确的记账凭证：

借：材料　　5 000
　　贷：应付账款　　5 000

再根据正确的记账凭证登账。

（2）在记账以后，如发现记账凭证和账簿记录的金额有错误，而原记账凭证中应借、应贷会计科目并无错误。错误主要是：所记金额大于应记金额，这时可采用红字更正法更正。将多记的金额用红字编制一张记账凭证并登记入账，以冲销多记金额。

例如，某企业以银行存款归还购料欠款 2 000 元，误编分录为：

借：应付账款　　20 000
　　贷：银行存款　　20 000

登记入账后发现该错误。对这一错误，可以将多记的金额 18 000 元（20 000－2 000），用红字编制一张记账凭证并登账，以冲销原来多记金额的错误。

借：应付账款　　18 000（红字）
　　贷：银行存款　　18 000（红字）

3. 补充登记法

记账以后，如果发现记账凭证上应借、应贷的会计科目并无错误，但所填金额小于应填金额，可采用补充登记法更正，即再填一张补充少记金额的记账凭证并登记入账。

例如，某企业销售产品一批，计 20 000 元，贷款尚未收到，金额误记为 2 000 元，即记账凭证少记 18 000 元。误编分录为：

借：应收账款　　2 000
　　贷：产品销售收入　　2 000

登记入账后发现该错误。对这一错误，可以将少记的金额 18 000 元（20 000－2 000），再编制一张记账凭证并登账，以更正少记金额的错误。

借：应收账款　　18 000
　　贷：产品销售收入　　18 000

4.5 会计账簿登记技能训练

进入“技能训练系统”，系统主界面显示的主要内容有“原始凭证”、“记账凭证”、“会计账簿”、“会计报表”以及“综合实验”等项目，如图 4—10 所示。

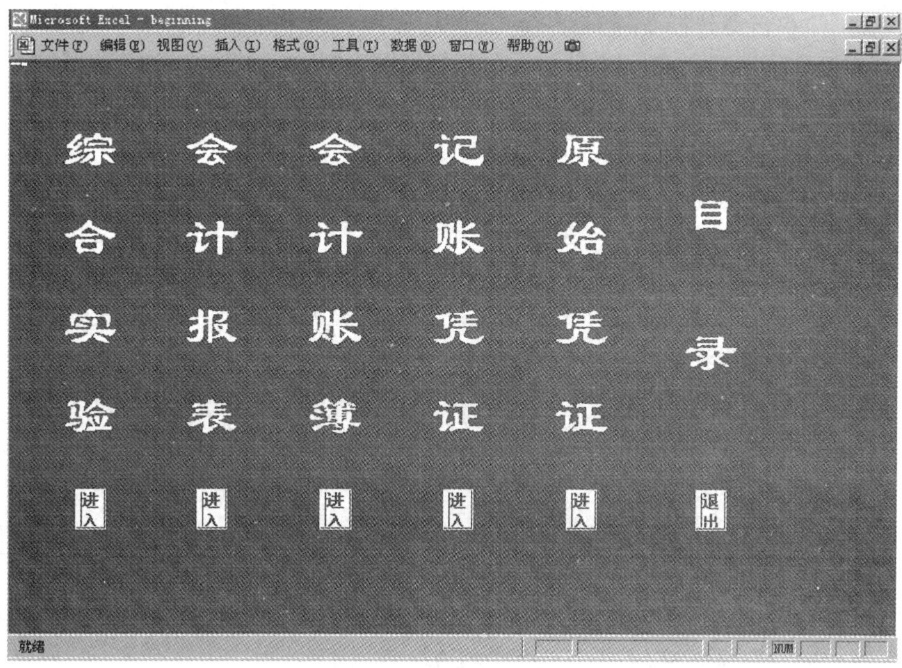

图 4—10

在每个项目的下方都设有“进入”按钮，点击相应的按钮便进入相应的会计技能训练项目。单击主界面中“会计账簿”下方的“进入”按钮，进入登记账簿技能训练相关的业务目录。在这里分别列出了“建立账簿”、“登记账簿”和“结记账簿”等项目，如图 4—11 所示。

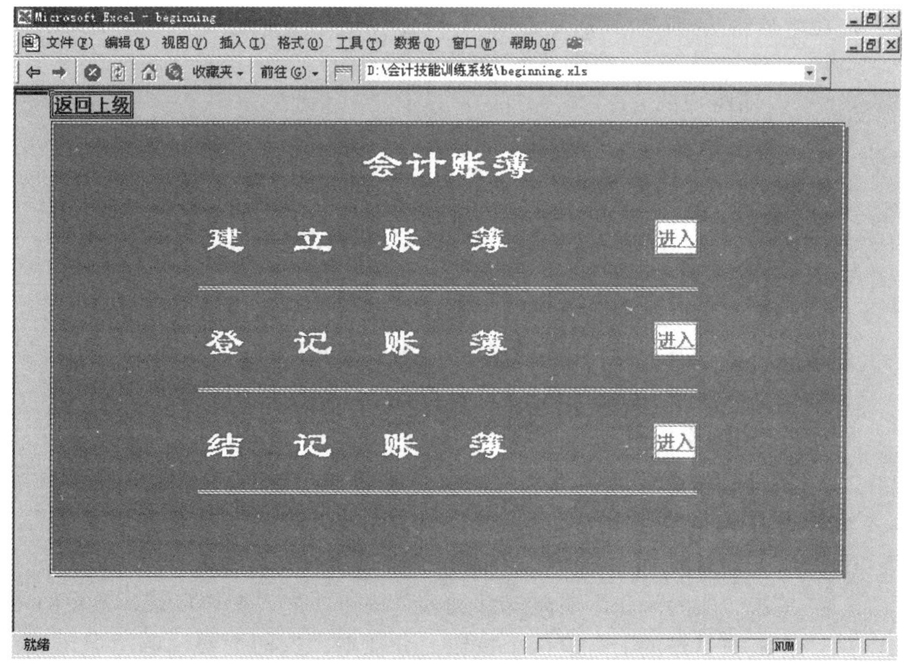

图 4—11

单击所选择业务右侧的“进入”按钮，就进入相应的登记账簿业务界面。

4.5.1 建立账簿

单击“建立账簿”右侧的“进入”按钮，列示出“建立账簿”的“实验说明”、“实验示范”、“实验操作”和“实验参考”四个项目，如图4—12所示。

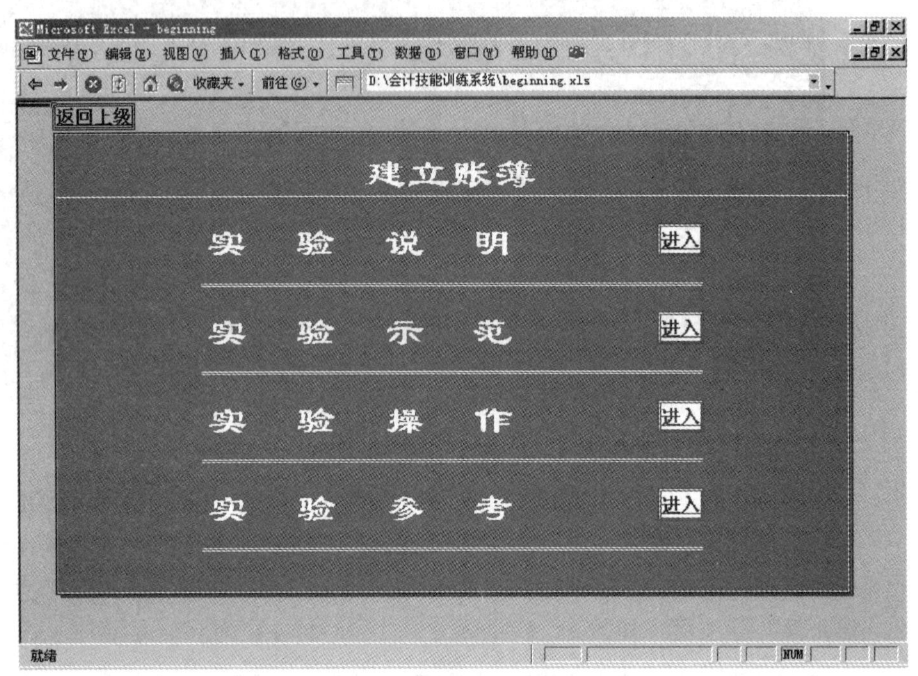

图4—12

1. **实验说明**

单击“实验说明”右侧的“进入”按钮，进入“实验说明”，显示登记账簿（主要是建账）技能训练的目的和要求。在了解了登记账簿的实验说明之后，点击左上角的“返回上级”就返回到建立账簿界面，参见图4—12。

2. **实验示范**

单击“实验示范”右侧的“进入”按钮，进入“实验示范”，播放介绍登记账簿基本内容的录像，以便为实际建账奠定基础。“实验示范”既可以在课堂上作为辅助教学手段来使用，也可以作为学生自学使用。

3. **实验操作**

在实验操作中提供了一个模拟建账的操作环境，要求在该环境下直接进行建账并过入期初账簿余额的技能训练，通过建账操作达到训练建账技能的目的。

单击“实验操作”右侧的“进入”按钮，进入账户目录，参见图4—3。

在账户目录的上方有两个按钮，分别是“返回上级”和“退出账簿”。单击“返回上级”返回账户目录。单击“退出账簿”即关闭账簿系统。在账户目录中列有与实验相关的账簿名称，单击账户名称右侧的“页码”代号，就进入该账户的相应账页。例如，单击“现金日记账”账户名称右侧的“页码”代号“R—1”，就进入“现金日记账”的账页，如图 4—13 所示。

现金日记账

第　　页

年		凭证		摘要	借方											贷方											借或贷	余额											核对
月	日	种类	号数		亿	千	百	十	万	千	百	十	元	角	分	亿	千	百	十	万	千	百	十	元	角	分		亿	千	百	十	万	千	百	十	元	角	分	

图 4—13

在各个账页上方有一排按钮，分别是“账户期初资料”、“对账符号”、“结账划线”、“封账划线”、“编制试算表”和“返回账簿目录”。有关登记账簿的各种操作都是在该环境下完成的。其中涉及“建账”业务主要是用到“账户期初资料”和“返回账簿目录”两个按钮。

(1)“账户期初资料”。

“账户期初资料”按钮是为了方便开设账户所设置的，点击“账户期初资料”按钮就会出现一个查询账户期初资料的“表格”，如图 4—14 所示。

在“表格”的“序号”栏输入某一账户的顺序号，就会出现相应账户的期初资料（包括会计科目编号、总账科目名称、明细科目名称、单位、数量、单价、借方余额和贷方余额等项目），以上资料为过入各个账户的期初余额提供了方便。例如，在序号栏内输入“现金日记账”的序号“2”，回车后就可得到“现金日记账”的期初余额，如图 4—15 所示。

注意：“序号”栏内所要输入的序号是账户目录表中的自然序号。例如，在账户目录表中，“现金日记账”的自然顺序号为“2”，点击“账户期初资料”并在“序号”栏输入“2”，即可查到“现金日记账”期初余额。

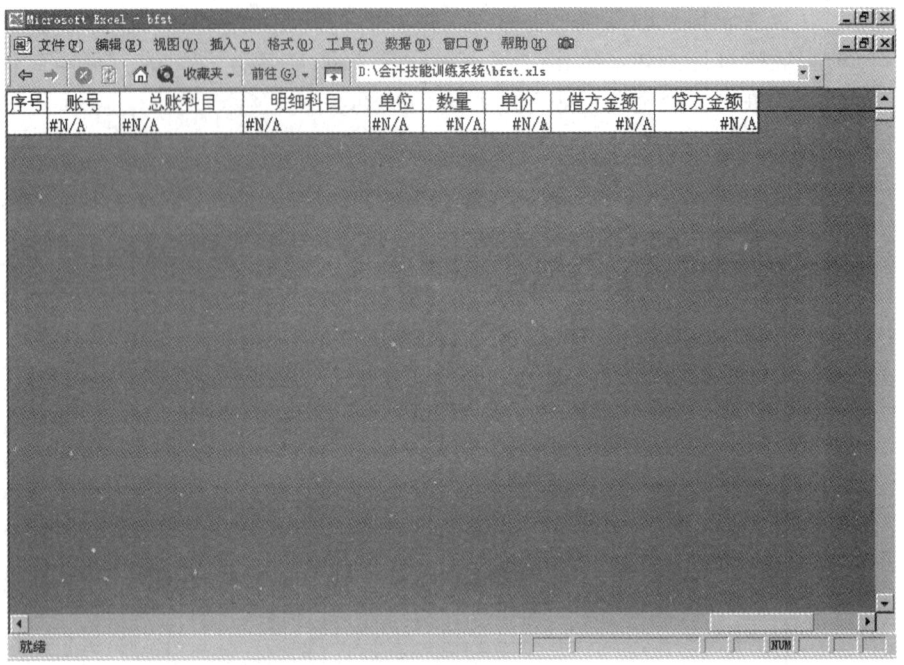

图 4—14

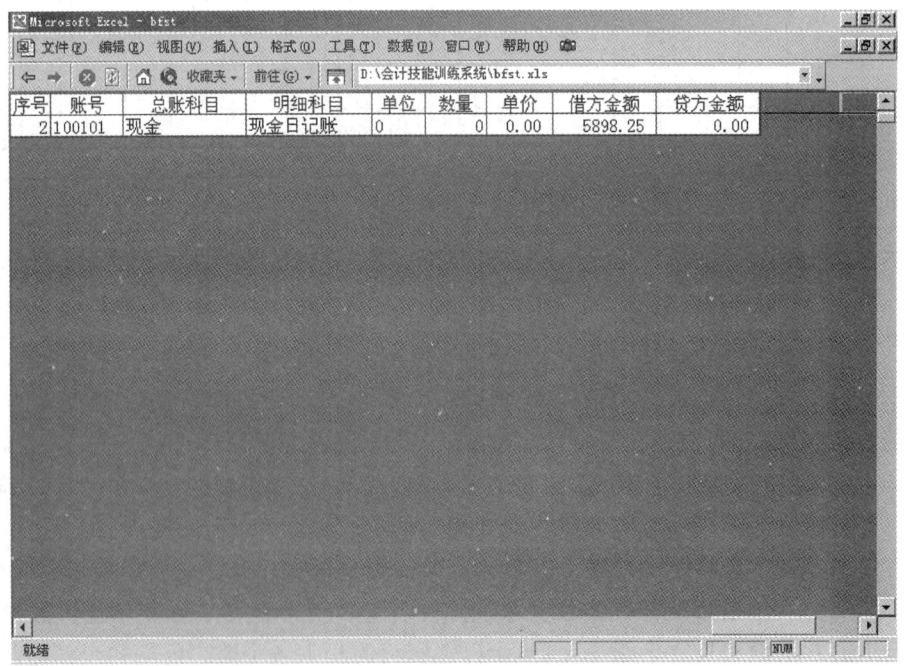

图 4—15

（2）“返回账簿目录”。

当开设一个账户并过入该账户的期初余额后，单击“水平滚动条”回到“实验操作”的初始界面，再单击“返回账簿目录”回到账户目录，再开设下一个账户并过入期初余额。依此类推就可以完成其他账户的建账工作。再单击“返回上

级”回到“建立账簿”界面，参见图4—12。

4. 实验参考

单击“实验参考”右侧的“进入”按钮，进入建账参考，如图4—16所示。

Microsoft Excel - bfstresult

返回上级 退出参考

账 户 目 录（建账参考）

序	账号	账户名称	页码	序	账号	账户名称	页码
1	1001	现金	z-1	17	2101	短期借款	Z-30
2	100101	现金日记账	R-1	18	210101	短期借款-流动资金借款	M-30
3	102	银行存款	Z-5	19	2121	应付帐款	Z-35
4	100201	银行存款日记账	R-2	20	212101	应付帐款—武钢贸易公	M-35
5	1131	应收帐款	Z-10	21	212102	应付帐款—宝钢工贸公	M-40
6	113101	应收帐款-大明公司	M-1	22	2151	应付工资	Z-40
7	113102	应收帐款-中华公司	M-5	23	3101	实收资本	Z-45
8	1211	原材料	Z-15	24	310101	实收资本-立功投资	M-45
9	121101	原材料——30m/m圆钢	M-10	25	310102	实收资本-个人投资	M-46
10	121102	原材料——20m/m圆钢	M-15	26	3111	资本公积	Z-48
11	1243	库存商品	Z-18	27	3121	盈余公积	Z-50
12	124301	库存商品——甲产品	M-18	28	3131	本年利润	Z-52
13	4101	生产成本	Z-20	29	5101	主营业务收入	Z-55
14	410101	基本生产成本*	M-20	30	5401	主营业务成本	Z-58
15	4105	制造费用	Z-25	31	5502	管理费用	Z-60

图4—16

在账户目录（建账参考）中列有与实验相关的账户名称，单击账户名称右侧的“页码”代号，就进入该账户的参考账页。例如，单击“现金日记账”账户名称右侧的“页码”代号“R—1”，就进入“现金日记账”的建账参考账页，如图4—17所示。

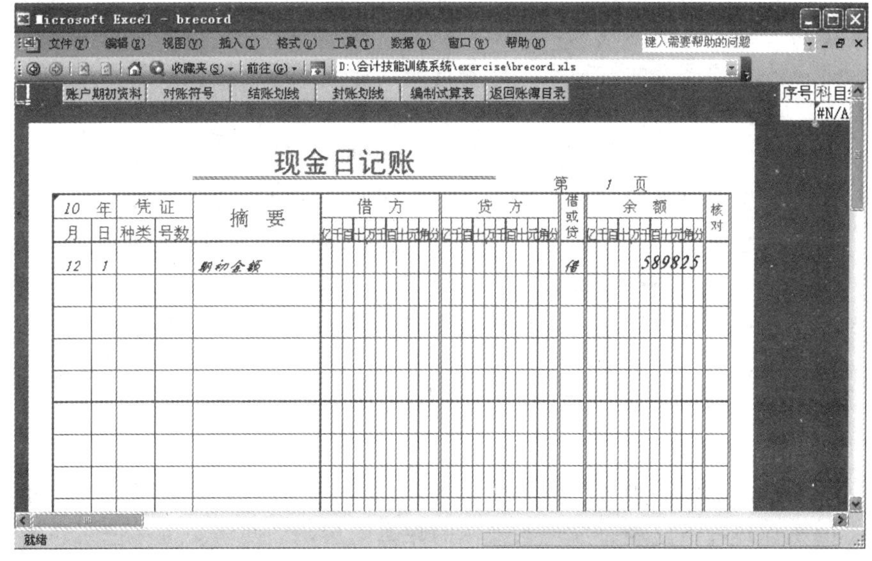

图4—17

这里提供了在模拟的操作环境下已经完成建账工作的账簿记录，以便实验者在建账遇到困难时参考或建账完成后进行核对时参考。

4.5.2 记账

与建账实验操作步骤相同，登记账簿技能训练界面参见图 4—16，单击“记账”右侧的“进入”按钮，就列示出“记账”的“实验说明”、“实验示范”、“实验操作”和“实验参考”四个项目。

1. 实验说明

单击“实验说明”右侧的“进入”按钮，进入“实验说明”，显示登记账簿技能训练的目的和要求。

2. 实验示范

单击“实验示范”右侧的“进入”按钮，进入“实验示范”，播放记账的操作录像，以便对记账的操作过程和方法有一个直观的印象。“实验示范”既可以在课堂上作为辅助教学手段来使用，也可以作为学生自学使用。

3. 实验操作

在实验操作中提供了一个登记账簿的模拟操作环境，要求在该环境下直接进行记账的操作，通过记账操作达到训练会计操作技能的目的。

单击“实验操作”右侧的“进入”按钮，进入账户目录。在账户目录的上方有两个按钮，分别是“返回上级”和“退出账簿”。单击“返回上级”按钮，系统返回账户目录。单击“退出账簿”即关闭账簿系统。账户目录中列有与实验相关的账户名称，根据记账凭证指明的应借和应贷科目的名称，单击对应账户名称右侧“页码”栏中的页码代号，就可以进入相关账户的账页，以便根据记账凭证的具体内容进行记账，参见图 4—17。

在账簿“实验操作”界面上方显示一排按钮，分别是“账户期初资料”、“对账符号”、“结账划线”、“封账划线”、“编制试算表”和“返回账簿目录”。记账业务中主要涉及的按钮是“对账符号”和“返回账簿目录”。

（1）“对账符号”。

“对账符号”按钮是为了“对账”而设置的。为了与未经核对的账户相区别，用鼠标选中已经核对过账簿记录那一行的“核对”栏，然后点击“对账符号”按钮，就会出现一个对账符号“√”，表明该账户记录的数字已经过核对。

（2）“返回账簿目录”。

根据会计凭证在一个账户内完成账簿登录后，单击“返回账簿目录”回到账户目录，再进入有对应关系的下一个账户记账。一笔会计分录登记完成后，再登记另一笔经济业务。依此类推就可以完成全部记账工作。

4. 实验参考

单击“实验参考”右侧的“进入”按钮，进入记账参考。这里提供了在模拟的操作环境下已经完成记账工作的账簿记录，以便实验者在记账遇到困难时参考或记账完成后进行核对时参考，如图 4—18 所示。

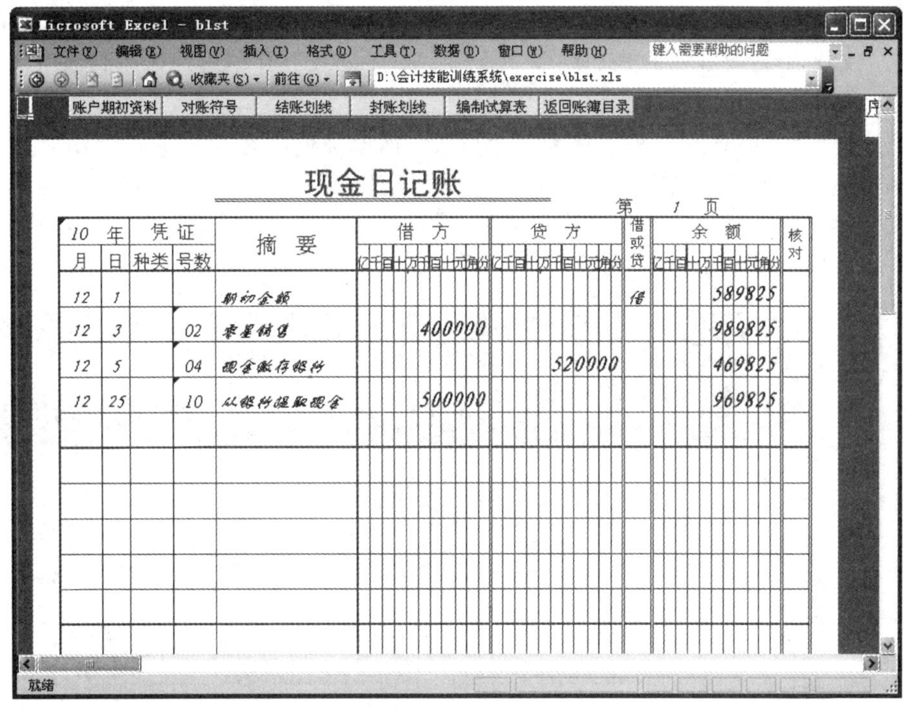

图 4—18

4.5.3　结账

单击“结账”右侧的“进入”按钮，列示出“结账”的“实验说明”、“实验示范”、“实验操作”和“实验参考”四个项目。

1. 实验说明

单击“实验说明”右侧的“进入”按钮，进入“实验说明”，显示结账技能训练的目的和要求。

2. 实验示范

单击“实验示范”右侧的“进入”按钮，进入“实验示范”，播放结账的操作录像，以便对结账的操作过程和方法有一个直观的印象。“实验示范”既可以在课堂上作为辅助教学手段来使用，也可以作为学生自学使用。

3. 实验操作

在实验操作中提供了一个结账的模拟操作环境，要求在该环境下直接进行结账，通过结账操作达到训练会计操作技能的目的。

单击“实验操作”右侧的“进入”按钮，进入账户目录。在账户目录的上方有两个按钮，分别是“返回上级”和“退出账簿”。单击“返回上级”返回账户目录。单击“退出账簿”即关闭账簿系统。在账户目录中列有与实验相关的账户名称，单击各账户名称右侧的“页码”栏中的页码代号，就可以进入相关的账户按照结账的要求开始结账。

在账簿“实验操作”界面上方显示一排按钮，分别是“账户期初资料”、“对账符号”、“结账划线”、“封账划线”、“编制试算表”和“返回账簿目录”。结账业务中主要涉及的是“结账划线”、“封账划线”和“返回账簿目录”。

（1）“结账划线”。

“结账划线”按钮是为了“结账”而设置的。在月末进行月结时，为了清楚地表明月结的数字，用鼠标将记载月结的合计数的该行通栏选中，然后点击“结账划线”按钮就会在选中行的下方划出一条红色的下划线，表明该账户已经做过月结，如图 4—19 所示。

现金日记账

第 1 页

10 年 月	日	凭证 种类	号数	摘要	借方	贷方	借或贷	余额	核对
12	1			期初余额			借	589825	
12	3		02	零星销售	400000			989825	
12	5		04	现金缴存银行		520000		469825	
12	25		10	从银行提取现金	500000			969825	
				本月合计	900000	520000	借	969825	

图 4—19

说明：该图中的“本月合计”栏上下各有一条通栏红线，表示月结。

（2）“封账划线”。

“封账划线”按钮是为了“封账”而设置的。在年末结账完毕后，需要划出年末封账线，用鼠标将本年账簿最后一行的记录通栏选中，然后点击“封账划线”按钮，即可在光标所在位置的下方划出一条通栏双红线，表示年末封账，如图 4—20 所示。

（3）“返回账簿目录”。

在一个账户内完成结账划线后，单击“返回账簿目录”回到账户目录，再进入下一个账户进行结账。依次类推就可以完成全部账户的结账工作。

4. 实验参考

单击“实验参考”右侧的“进入”按钮，进入结账参考，如图 4—21 所示。

这里提供了在模拟的操作环境下已经完成结账和封账的账簿记录，以便实验者在结账和封账遇到困难时参考或结账和封账完成后进行核对时参考。

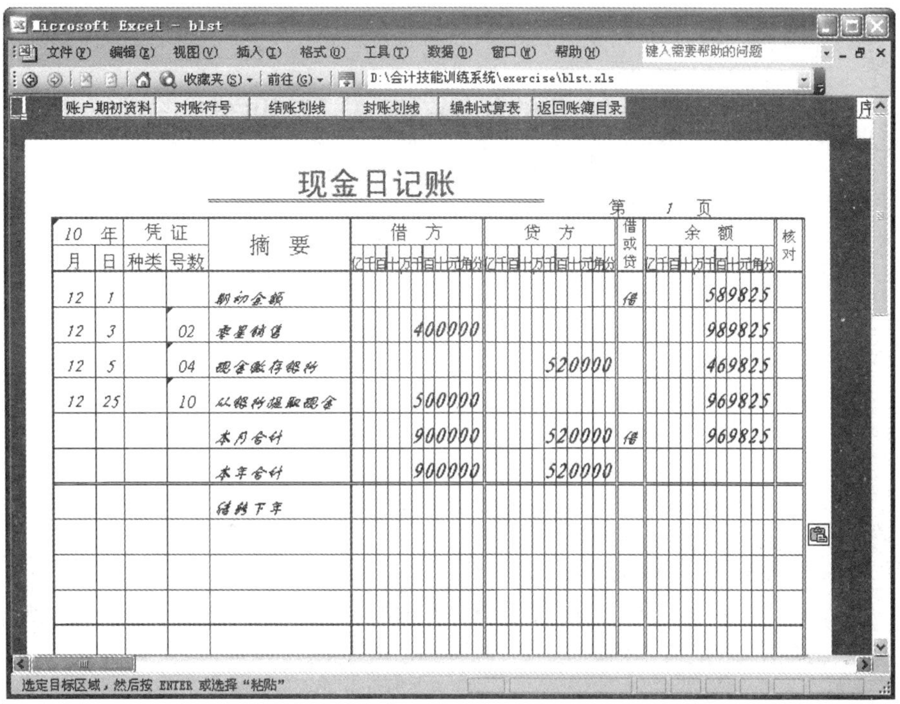

现金日记账

第 1 页

10 年 月	日	凭证 种类	凭证 号数	摘要	借方	贷方	借或贷	余额	核对
12	1			期初余额			借	589825	
12	3		02	零星销售	400000			989825	
12	5		04	现金缴存银行		520000		469825	
12	25		10	从银行提取现金	500000			969825	
				本月合计	900000	520000	借	969825	
				本年合计	900000	520000			
				结转下年					

图 4—20

说明：该图中的“本年合计”栏的下方有一条双红线，表示年末封账。

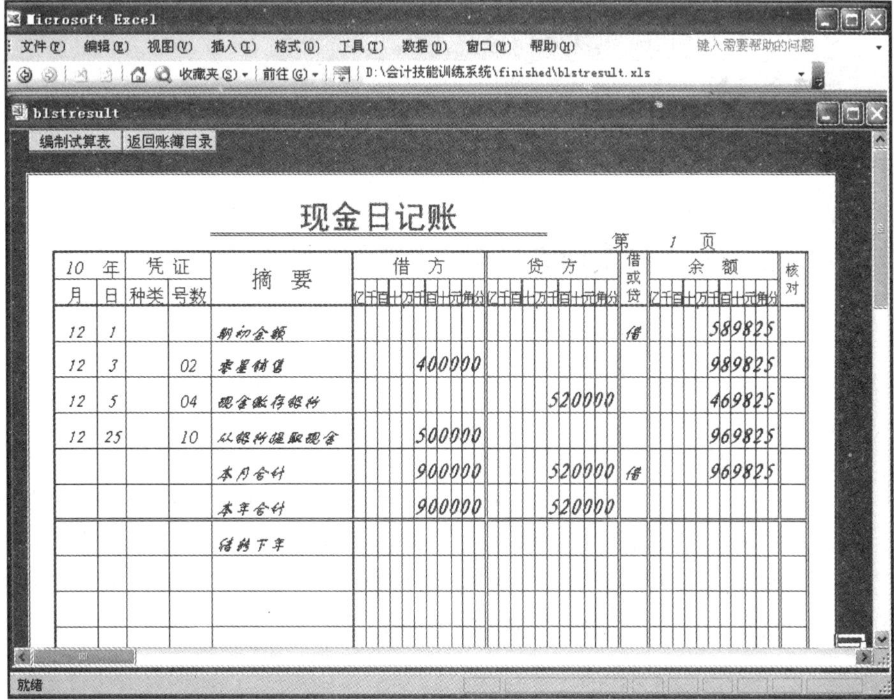

现金日记账

第 1 页

10 年 月	日	凭证 种类	凭证 号数	摘要	借方	贷方	借或贷	余额	核对
12	1			期初余额			借	589825	
12	3		02	零星销售	400000			989825	
12	5		04	现金缴存银行		520000		469825	
12	25		10	从银行提取现金	500000			969825	
				本月合计	900000	520000	借	969825	
				本年合计	900000	520000			
				结转下年					

图 4—21

第5章 编制会计报表模拟实验

Chapter 5

本章导引

实验名称：编制会计报表

实验内容：根据各会计账户余额先进行试算平衡，编制试算平衡表，以检查账簿记录的正确性，然后根据各账户余额编制会计报表，本实验主要包括资产负债表和利润表。

实验性质：模拟实验

实验目的与要求：理解会计账户余额与试算平衡表、会计报表各项目的关系，理解各报表之间项目内在的勾稽关系，要求掌握试算平衡表的编制方法、资产负债表和利润表各项目的具体填制方法。

实验条件：空白试算平衡表、资产负债表和利润表

实验参考主教材的章节：第9章会计报表。

5.1 认识会计报表

5.1.1 会计报表的概念

会计报表是综合反映企业某一特定日期的资产、负债和所有者权益状况，以及某一特定时期的经营成果和现金流动情况的书面文件。它是企业根据日常的会计核算资料归集、加工和汇总后编制而成的，是企业会计核算的最终成果。企业编制会计报表的目的，就是要为投资者、债权人、政府机构、企业管理者和社会公众等会计报表使用者进行决策提供信息。

5.1.2 会计报表的种类

会计报表可以按不同的分类标准进行分类。

1. **按编报主体划分**

按编报主体，会计报表可分为个别会计报表和合并会计报表。

2. **按编报时间划分**

按编报时间，会计报表可分为月度会计报表、季度会计报表和年度会计报表。

3. **按编报内容划分**

按编报内容，会计报表可分为资产负债表、利润表和现金流量表。

5.1.3 会计报表的编制要求

会计报表应当根据登记完整、核对无误的会计账簿记录和其他有关资料编制。为了保证会计报表的质量，企业编制会计报表必须符合数字真实、计算准确、内容完整、说明清楚的要求。

1. **数字真实**

企业应当根据真实的交易、事项以及完整、准确的账簿记录等资料，并按照国家统一的会计制度规定的编制基础、编制依据、编制原则和方法编制会计报表。企业不得违反国家统一的会计制度规定，随意改变财务会计报告的编制基础、编制依据、编制原则和方法。任何组织或者个人不得授意、指使、强令企业违反国家统一的会计制度规定，改变财务会计报告的编制基础、编制依据、编制原则和方法。会计报表所填列的数字必须真实可靠，准确地反映企业的财务状况和经营成果。不得以估计数字填列会计报表，更不得弄虚作假、篡改或伪造数字。为了使会计报表的数字真实准确，应做到以下几点：

(1) 企业应当依照有关法律、行政法规和规定的结账日进行结账，不得提前或者延迟。年度结账日为公历年度每年的12月31日；半年度、季度、月度结账日分别为公历年度每半年、每季、每月的最后一天。报告期内所有的经济业务必须全部登记入账，根据核对无误的账簿记录编制会计报表，不得用估计数字编制会计报表，不得弄虚作假，不得篡改数字。

(2) 在编制会计报表之前，应认真核对账簿记录，做到账实相符、账证相符、账账相符。发现有不符之处，应先查明原因，加以更正，然后再编制会计报表。

(3) 企业应定期进行财产清查，对各项财产物资、货币资金和往来款项进行盘点、核实，在账实相符的基础上编制会计报表。

2. **计算准确**

各单位对外报送的财务报告应当根据国家统一会计制度规定的格式和要求编制，不得任意删减或增加，凡需经计算填列的指标，应按以上规定的公式计算填列。会计报表之间、会计报表各项目之间，凡有对应关系的数字，应当相互一致。企业的会计核算应当按照规定的会计处理方法进行，会计指标应当口径一致、相互可比。本期会计报表与上期会计报表之间有关的数字应当相互衔接，本年度会计报表与上年度会计报表之间的相关指标数字应当相互衔接。

3. 内容完整

会计报表包括会计报表主表、会计报表附表、会计报表附注。会计报表必须按照统一规定的种类和内容填报，不得漏填漏报。每份会计报表应填列的指标，无论是表内项目，还是附注资料，都应填列齐全。对于汇总会计报表，应按项目汇总，不得遗漏，以提供完整的数据资料。对外报送的会计报表，应当依次编定页码，加具封面，装订成册，加盖公章。封面上应当注明：单位名称，单位地址，财务报告所属年度、季度、月度，送出日期，并由单位领导人、总会计师、会计机构负责人、会计主管人员签名或者盖章。

4. 说明清楚

各单位应当按照国家统一会计制度的规定，认真编写会计报表附注及其说明。会计报表附注是为便于会计报表使用者理解会计报表的内容而对会计报表的编制基础、编制依据、编制原则和方法及主要项目等所作的解释。企业的会计核算方法前后各期应当保持一致，不得随意变更。如果企业会计政策及不同会计年度会计报表中各项目的内容和核算方法有变更的，应当将变更的内容和理由、变更的累积影响数，以及累积影响数不能合理确定的理由等，在会计报表附注中予以说明。对资产、负债、损益等有较大影响，进而影响财务会计报告使用者据以作出合理判断的重要会计事项，必须按照规定的会计方法和程序进行处理，并在财务会计报告中予以充分、准确的披露。

5.2 会计报表的编制

5.2.1 资产负债表的编制

1. 资产负债表的概念

资产负债表是根据“资产＝负债＋所有者权益”的会计平衡原理编制的，总括反映企业一定日期（月末、季末或年末）全部资产、负债和所有者权益情况的会计报表。

2. 资产负债表的结构

资产负债表是以“资产＝负债＋所有者权益”这一会计基本等式为其编制原理，反映企业财务状况的报表。资产负债表的结构有账户式和报告式两种，在我国资产负债表通常采用账户式结构。账户式资产负债表的结构同账户一样，分为左右两方。左方列示企业所拥有的全部资产项目，右方列示企业的负债和所有者权益项目。根据会计等式的基本原理，左方的资产总额等于右方的负债和所有者权益总额。资产负债表左右两方各项目的先后顺序按其流动性的大小排列。资产负债表的格式如图 5—1 所示。

资 产 负 债 表

会工01表

编制单位：江海宏源机器有限公司　　2010 年 12 月 31 日　　单位：万元

资　　产	行次	年初数	期末数	负债及所有者权益	行次	年初数	期末数
流动资产				流动负债			
货币资金			917,618.27	短期借款			320,000.00
交易性金融资产				交易性金融负债			
应收票据				应付票据			
应收账款			330,640.00	应付账款			185,380.46
预付账款				预收账款			
应收利息				应付职工薪酬			150,575.00
应收股利				应付税费			
其他应收款				应付利息			
存货			721,598.60	应付股利			
一年内到期的非流动资产				其他应付款			
其他流动资产				一年内到期的非流动负债			
流动资产合计		0.00	1,969,856.87	其他流动负债			
非流动资产：				流动负债合计		0.00	655,955.46
可供出售的金融资产				非流动负债：			
持有至到期投资				长期借款			
长期应收款				应付债券			
长期股权投资				长期应付款			
投资性房地产				专项应付款			
固定资产				预计负债			
在建工程				递延所得税负债			
工程物资				其他非流动负债			
固定资产清理							
生产性生物资产				非流动负债合计		0.00	0.00
油气资产				负债合计		0.00	655,955.46
无形资产				所有者权益：			
开发支出				实收资本			1,300,000.00
商誉				资本公积			2,816.16
长期待摊费用				盈余公积			500.25
递延所得税资产				未分配利润			10,585.00
其他非流动资产							
非流动资产合计		0.00	0.00	所有者权益合计		0.00	1,313,901.41
资产总计		0.00	1,969,856.87	负债及所有者权益总计		0.00	1,969,856.87

图 5—1

3. 资产负债表的编制

资产负债表是反映企业某一特定日期（如月末、季末、年末）财务状况的会计报表，是静态会计报表。它是根据“资产＝负债＋所有者权益”这一会计等式，依照一定的分类标准和顺序，将企业在一定日期的全部资产、负债和所有者权益项目进行适当分类、汇总后编制而成的。通过资产负债表，可以帮助报表使用者全面了解企业的财务状况，分析企业的债务偿还能力，从而为未来的经济决策提供参考。

资产负债表反映的内容主要包括资产、负债和所有者权益三个方面。其中，资产反映企业在某一特定日期所拥有的经济资源总额，一般按照流动资产、非流动资产分类，并进一步分项列示；负债反映企业在某一特定日期企业所承担的债务总额，一般分为流动负债和长期负债两类；所有者权益反映企业在某一特定日期投资者拥有的净资产总额，它一般按照实收资本、资本公积、盈余公积和未分配利润分项列示。

我国企业的资产负债表采用账户式结构：左方为资产，全部项目按资产的流动性大小排列；右方为负债及所有者权益，负债类项目按其所承担经济义务期限的长短排列，所有者权益项目按其来源划分。

通常，资产负债表的各项目均需填列“年初数”和“期末数”两栏，其中“年初数”栏内各项数字，应根据上年末资产负债表的“期末数”栏内所列数字填列。如果本年度资产负债表规定的各项目的名称和内容与上年不一致，则应对上年年末资产负债表各项目的名称和数字按照本年度的规定进行调整，填入本表

“年初数”栏内。“期末数”则可为月末、季末或年末的数字。企业资产负债表各项目数字可根据以下几种方式填列：

（1）根据总账科目的余额直接填列。如应收票据、交易性金融资产、短期借款、应付票据、应付职工薪酬等科目。

（2）根据总账科目余额计算填列。如货币资金项目，按库存现金、银行存款、其他货币资金等科目期末余额的合计数填列；存货项目，按原材料、库存商品、低值易耗品等科目的余额合计填列。

（3）根据明细科目余额计算填列。如应收账款项目，应根据应收账款和预收账款科目所属相关明细科目的期末借方余额计算填列；应付账款项目，应根据应付账款、预付账款等科目所属相关明细科目的贷方余额计算填列。

（4）根据总账科目和明细科目的余额分析计算填列。如长期借款项目，应根据长期借款科目余额扣除长期借款科目所属明细科目中反映的将于一年内到期的长期借款部分分析计算填列。

（5）根据报表各项目数字抵消计算填列，以反映其净额。如固定资产、无形资产项目，应根据相关科目余额减去累计折扣，累计摊销后填列。已计提减值准备的，还应扣减相应的减值准备。

资产负债表各项目期末栏数字都是根据有关会计科目记录的本期期末余额数分别计算填列，具体计算填列方法如下：

（1）资产项目。

“货币资金”项目：反映企业会计报告期末货币资金的数额。本项目应根据“库存现金”和“银行存款”科目的期末借方余额合计数填列。

“应收账款”项目：反映企业由于销售商品和提供劳务等经营业务发生的各种应收未收款项。本项目应根据“应收账款”和“预收账款”两个总账科目所属明细科目的期末借方余额之和填列。

“存货”项目：反映企业期末结存在库的各项财产物资，包括材料、在产品和产成品等的实际成本。本项目应根据“材料”、“生产成本”和“产成品”科目的期末借方余额之和填列。

“流动资产合计”项目：将以上各项流动资产项目相加（遇负数则减）计算出的数额填入本项目。

“资产总计”项目：将“流动资产合计”和“非流动资产合计”的合计数填入本项目。

（2）负债及所有者权益项目的填制方法。

“短期借款”项目：反映企业借入尚未归还的一年内到期的各种借款，如从银行借入的款项。本项目应根据“短期借款”科目的期末贷方余额填列。

“应付账款”项目：反映企业由于购买材料及劳务等经营业务发生的各种应付未付款项。本项目应根据“应付账款”和“预付账款”两个总账科目所属明细科目的贷方余额之和填列。

“应付职工薪酬”项目：反映企业应付未付的职工工资。本项目应根据“应付职工薪酬”科目期末贷方余额填列。该科目期末如为借方余额，则以负数填列。

“流动负债合计”项目：将以上各流动负债项目的数额相加以合计数填入本项目。

“实收资本”项目：反映企业实际收到的资本总额，包括国家投入、法人投入、职工个人投入和外商投入的全部资本。本项目应根据“实收资本”科目的期末贷方余额填列。

“资本公积”项目：反映企业因股票溢价、接受捐赠等形成的准资本数额。本项目应根据“资本公积”科目的期末贷方余额填列。

“盈余公积”项目：反映企业按规定提取的盈余公积期末结存数额。本项目应根据“盈余公积”科目的期末贷方余额填列。

“未分配利润”项目：反映企业已实现而尚未分配的利润数额。1—11 月，本项目应根据“本年利润”科目的余额和“利润分配”科目的余额计算填列。如果以上两个科目都为贷方余额，则将二者之和填入本项目；如果“本年利润”科目为贷方余额，“利润分配”科目为借方余额，则以贷方余额减去借方余额的差额填列本科目；贷方余额大于借方余额的差用正数填列，贷方余额小于借方余额的差额用负数填列。年末，则根据“利润分配”科目的年末贷方余额直接填列本项目，该科目年末如为借方余额，则以负数填列。

“所有者权益合计”项目：将“实收资本”、“资本公积”、“盈余公积”和“未分配利润”等项目的合计数填入本项目。

“负债及所有者权益总计”项目：将“流动负债合计”、“非流动负债合计”和“所有者权益合计”三个项目的合计数填入本项目。

由于报表项目与会计账户提供的信息含义并不完全一致，因而资产负债表不同项目的期末数的填列方法有所不同。当报表项目与会计账户提供的信息含义完全相同时，应直接将账户的余额过入报表项目，如“短期借款”、“实收资本”等项目；当报表项目与会计账户提供的信息含义不完全相同时，应将有关账户余额进行分析和调整，然后过入报表项目，如“货币资金”、“存货”等项目。

5.2.2　利润表的编制

1. 利润表的概念

利润表是总括反映企业在一定时期（年度、季度或月份）内经营成果即利润（或亏损）的数额及形成情况的会计报表。通过利润表可以从总体上了解企业收入、费用及净利润（或亏损）的实现及构成情况。同时，通过利润表提供的不同时期的比较数字（本月数、本年累计数、上年数），可以分析企业的获利能力及利润的未来发展趋势，了解投资者投入资本的保值增值情况。

2. 利润表的结构

利润表的结构有单步式和多步式两种，通常采用多步式利润表格式，即分三步计算出净利润指标。

利润表的格式如图 5—2 所示。

利　润　表

2010 年 12 月 31 日　　　　会工02表

编制单位：信涵宏缘机器有限公司　　　　单位：元

项　　目	行次	本月数	本年累计数
一、营业收入		180000.00	180000.00
减：营业成本		135000.00	135000.00
主营业务税金及附加			
营业费用			
管理费用		34415.00	34415.00
财务费用			
资产减值损失			
加：公允价值变动收益			
投资收益			
二、营业利润		10585.00	10585.00
加：营业外收入			
减：营业外支出			
其中：非流动资产处置损失			
三、利润总额		10585.00	10585.00
减：所得税费用			
四、净利润		10585.00	10585.00
五、每股收益			
（一）基本每股收益			
（二）稀释每股收益			

图 5—2

第一步，计算营业利润。以营业收入为基础，减去营业成本、营业税金及附加、销售费用、管理费用、财务费用、资产减值损失，加公允价值变动收益（减公允价值变动损失），加投资收益（减投资损失）。具体公式如下：

营业利润＝营业收入－营业成本－营业税金及附加－销售费用－管理费用－财务费用－资产减值损失＋公允价值变动收益－公允价值变动损失＋投资收益－投资损失

第二步，计算利润总额。以营业利润为基础，加营业外收入，减营业外支出，计算出利润总额。具体公式如下：

利润总额＝营业利润＋营业外收入－营业外支出

第三步，计算净利润。以利润总额为基础，减去所得税费用，计算出净利润。具体公式如下：

净利润＝利润总额－所得税费用

为了清楚地反映各项指标的报告期数及从年初到报告期止的累计数，在利润表中分别设置“本月数”和“本年累计数”两栏，分别填列本月和本年的累计数。

3. **利润表的编制**

我国企业的利润表一般采用多步式，具体步骤包括：第一步，计算营业利润；第二步，计算利润总额；第三步，计算净利润（或亏损）。

利润表中的各个项目，都是根据有关会计科目记录的本期实际发生数和累计发生数分别填列，具体填列方法如下：

“营业收入”项目：反映企业销售产品或提供劳务等所取得的收入。本项目应根据“营业收入”科目的发生额填列，将该科目期末转入“本年利润”科目贷方的发生额填入本项目。

“营业成本”项目：反映企业所销售产品的制造成本。本项目应根据“营业成本”科目的发生额填列，将该科目期末转入“本年利润”科目借方的发生额填入本项目。

“销售费用”项目：反映企业在销售产品过程中所发生的费用。本项目应根据“销售费用”科目的发生额填列，将该科目期末转入“本年利润”科目借方的发生额填入本项目。

“营业税金及附加”项目：反映企业应缴纳的营业税、消费税、城市维护建设税和教育费附加。本项目应根据“营业税金及附加”科目的发生额填列，将该科目期末转入“本年利润”科目借方的发生额填入本项目。

“管理费用”项目：反映企业在经营过程中发生的管理费用。本项目应根据“管理费用”科目的发生额填列，将该科目期末转入“本年利润”科目借方的发生额填入本项目。

“财务费用”项目：反映企业在筹集资金过程中所发生的财务费用。本项目应根据“财务费用”科目的发生额填列，将该科目期末转入“本年利润”科目借方的发生额填入本项目。

“投资收益”项目：反映企业对外投资所获得的收益。本项目应根据“投资收益”科目的发生额填列，将该科目期末转入“本年利润”科目贷方的发生额填入本项目，如为投资损失则用负数填列。

“营业外收入”项目：反映企业所取得的生产经营活动以外的收入，如盘盈固定资产转入的净值。本项目应根据“营业外收入”科目的发生额填列，将该科目期末转入“本年利润”科目贷方的发生额填入本项目。

“营业外支出”项目：反映企业所支付的生产经营活动以外的支出，如盘亏固定资产转入的净损失。本项目应根据“营业外支出”科目的发生额填列，将该科目期末转入“本年利润”科目借方的发生额填入本项目。

“利润总额”项目：反映企业在报告期内实现的利润总数。本项目的“本期数”是根据以上各项目实际数字计算而得，“累计数”应为“本年利润”科目的期末余额，也应与根据以上各项目的累计数计算的结果相符。计算利润总额按上面的计算公式进行，如为亏损额则用负数填列。

“所得税费用”项目：反映企业在报告期内，按税法规定，根据实现的应纳税利润额和适用税率计算出的应纳所得税额。本项目根据“所得税费用”科目的发生额填列，将该科目期末余额转入“本年利润”科目借方的发生额填入本项目。

“净利润”项目：反映企业报告期内取得的净收益，是根据利润总数减所得税费用而得出的结果。

以上各项目的“本期数”根据各有关会计科目的本期发生额直接填列；“累计数”栏反映各项目自年初起到本报告期止的累计发生额，应根据上月“利润表”的累计数加上本月“利润表”的本月数之和填列。

年度“利润表”的“本月数”栏改为“上年数”栏，应根据上年末“利润表”的数字填列。如果上年末“利润表”与本年“利润表”的项目名称和内容不一致，应对上年的报表项目名称和数字按本年度的规定进行调整，然后填入“上年数”栏。

5.3 会计报表编制技能训练

进入“技能训练系统”，系统主界面显示的主要内容有“原始凭证”、“记账凭证”、“会计账簿”、“会计报表”以及“综合实验”等项目，如图5—3所示。

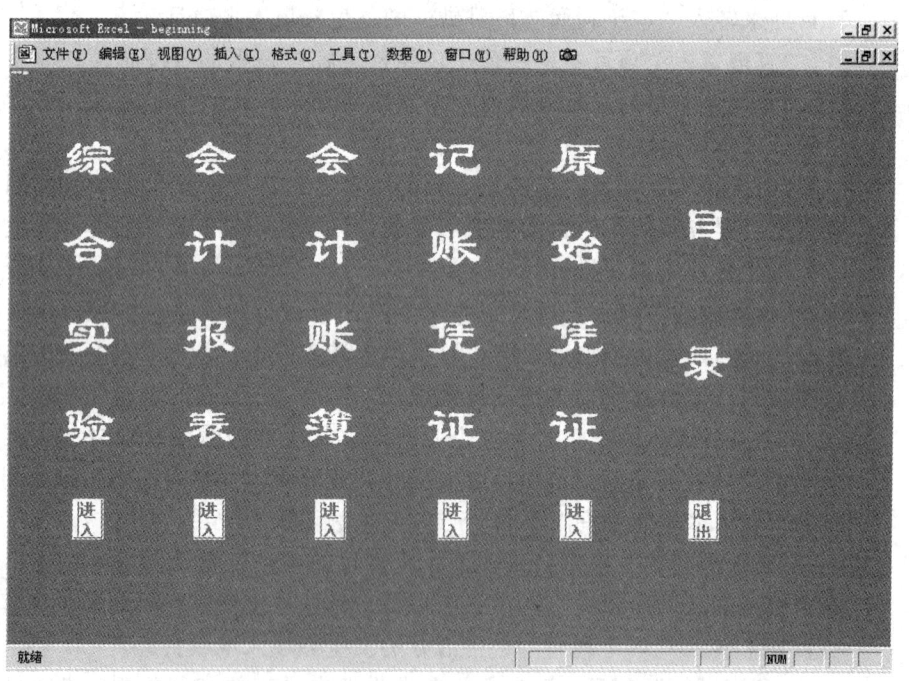

图 5—3

在每个项目的下方都设有“进入”按钮，点击相应的按钮便进入相应的会计技能训练项目。

单击主界面“会计报表”下方的“进入”按钮，进入会计报表。在这里分别列出了“试算表”、“资产负债表”和“利润表”等三张报表。单击所选择报表右侧的“进入”按钮，就进入相应的报表界面，如图5—4所示。

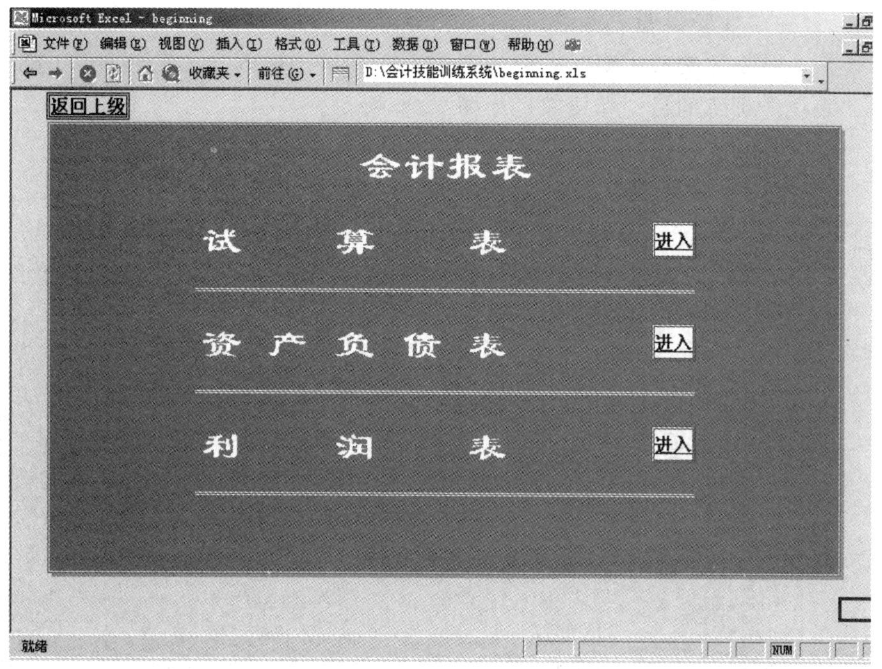

图 5—4

5.3.1　试算表

单击“试算表”右侧的“进入”按钮，列示出编制“试算表”技能训练的“实验说明”、“实验示范”、“实验操作”和“实验参考”四个选择项，如图 5—5 所示。

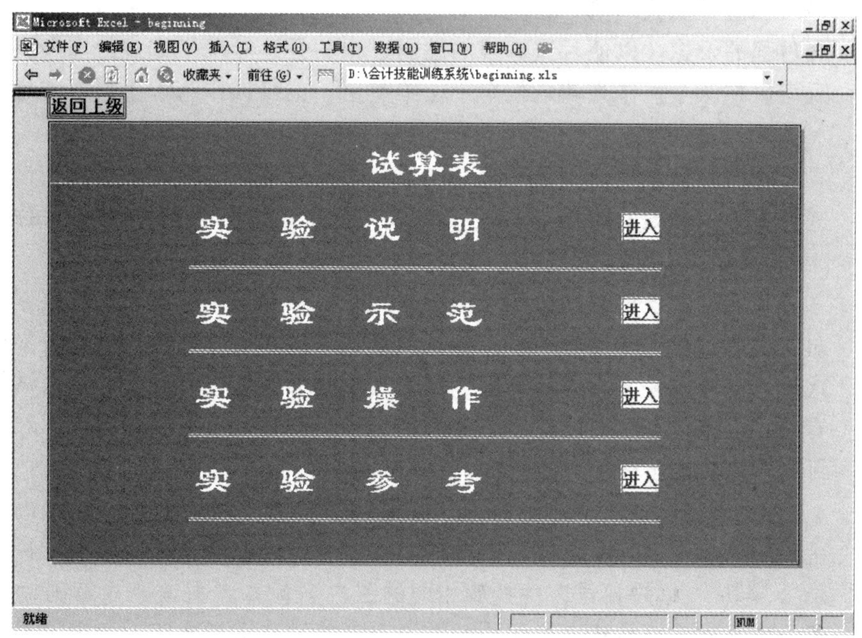

图 5—5

1. 实验说明

单击“实验说明”右侧的“进入”按钮，进入“实验说明”，显示编制试算表技能训练的目的和要求，如图 5—6 所示。

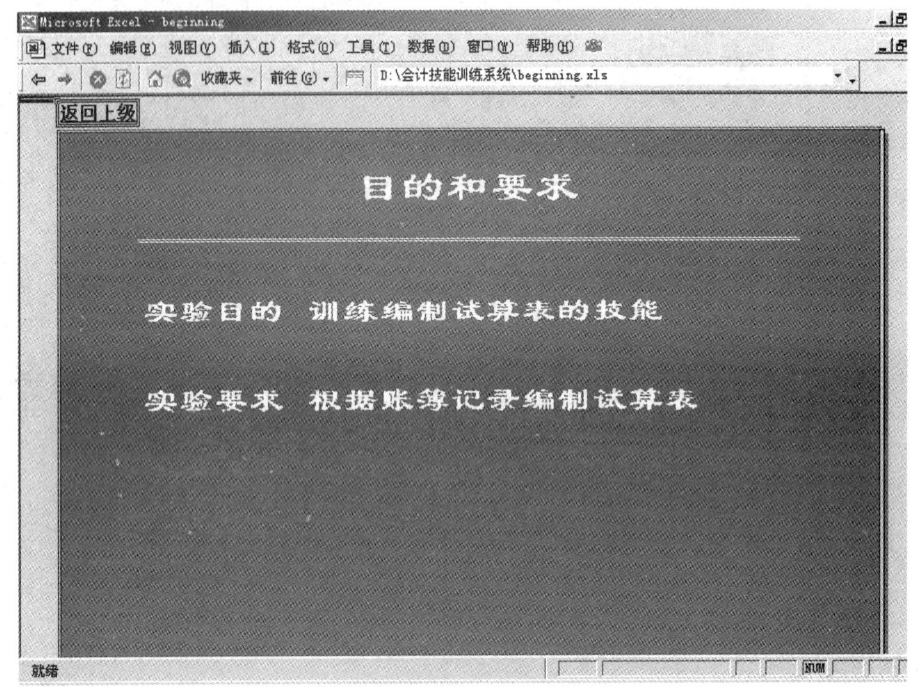

图 5—6

2. 实验示范

单击“实验示范”右侧的“进入”按钮，进入“实验示范”，播放编制试算表过程的录像，以便对试算表的编制过程和方法有一个直观的印象。“实验示范”既可以在课堂上作为辅助教学手段来使用，也可以作为学生自学使用。

3. 实验操作

在实验操作中提供了一个编制试算表的模拟操作环境，要求在该环境下直接进行编制试算表的操作，通过编制试算表达到训练会计操作技能的目的。单击“实验操作”右侧的“进入”按钮，进入试算表，如图 5—7 所示。

我们可能还记得在记账操作的界面中每个账页上方都设有“编制试算表”按钮。完成记账工作后，点击“编制试算表”按钮，就可进入试算表界面。两种方式进入试算表并无本质的不同，只是从不同的位置进入而已。进入试算表就可以看到在上方设有“对账符号”、“编制资产负债表”、“编制利润表”和“返回账簿目录”等功能按钮。

由于编制试算表需要从账户中获取相关数据，因此编制试算表的过程实际上是在试算表中填列一个账户名称后，点击“返回账簿目录”按钮，进入“账户目录”，再从“账户目录”中找到相应的账户名称并点击该账户页码栏内的账户代码，进入该账户并读取该账户的期末余额数，点击该账页上方的“编制试算表”

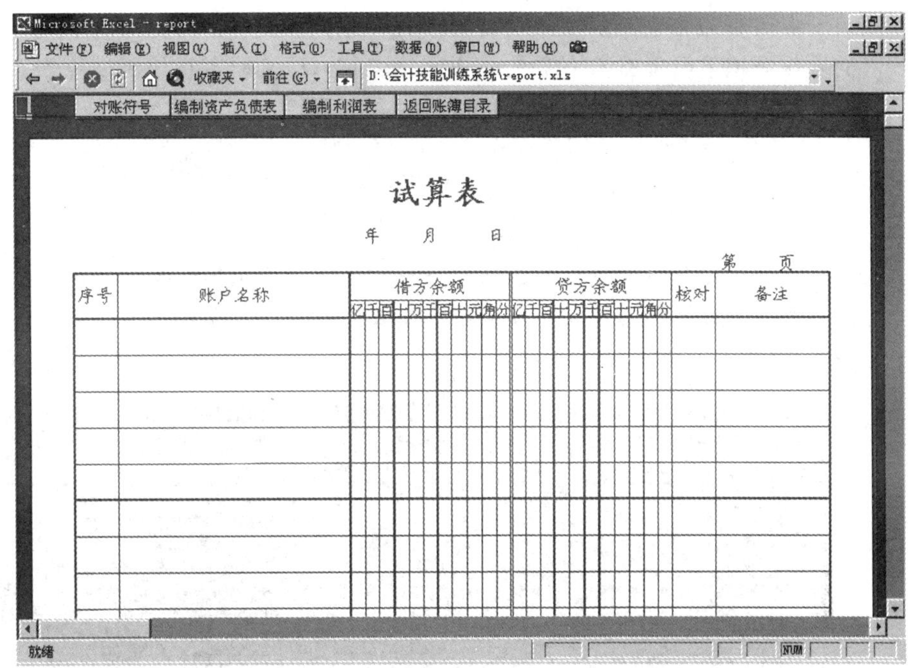

图 5—7

按钮，再次进入试算表，并将读取的期末余额填写在相应账户的借方或贷方余额栏内。循环进行直到将所有账簿余额全部过入试算表，并进行试算平衡。

4. **实验参考**

单击“实验参考”右侧的“进入”按钮，进入试算表参考，如图 5—8 所示。

Microsoft Excel - reportresult.xls

对账符号　编制资产负债表　编制利润表　返回账簿目录

试算表

2010 年 12 月 31 日

第 1 页

序号	账户名称	借方余额（亿千百十万千百十元角分）	贷方余额（亿千百十万千百十元角分）	核对	备注
1	现金	969825			
2	银行存款	90792002			
3	应收账款	33064000			
4	原材料	12113360			
5	库存商品	29280000			
6	生产成本	30766500			
7	短期借款		32000000		
8	应付账款		18538046		
9	应付工资		15057500		
10	实收资本		130000000		

图 5—8

点击右边的垂直滚动条，就可以看到试算表的下半部分。这里提供了在模拟的操作环境下已经编制完成的一张试算表，以便实验者在编制试算表遇到困难时参考或在试算表编制完成后进行核对时参考。

5.3.2 资产负债表

单击“资产负债表”右侧的“进入”按钮，列示出编制“资产负债表”技能训练的“实验说明”、“实验示范”、“实验操作”和“实验参考”四个选择项，如图 5—9 所示。

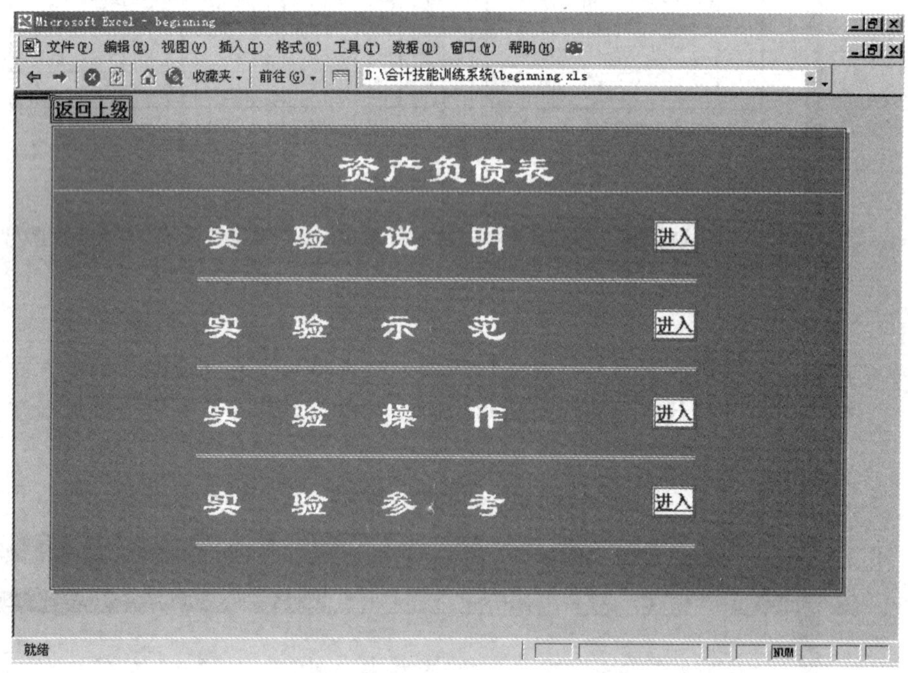

图 5—9

1. 实验说明

单击“实验说明”右侧的“进入”按钮，进入“实验说明”，显示编制资产负债表技能训练的目的和要求。

2. 实验示范

单击“实验示范”右侧的“进入”按钮，进入“实验示范”，播放编制资产负债表过程的录像，以便对资产负债表的编制过程和方法有一个直观的印象。“实验示范”既可以在课堂上作为辅助教学手段来使用，也可以作为学生自学使用。

3. 实验操作

在实验操作中提供了一个编制资产负债表的模拟操作环境，要求在该环境下直接编制资产负债表，通过编制资产负债表达到训练会计操作技能的目的。

单击“实验操作”右侧的“进入”按钮，进入资产负债表。在编制试算表时，我们可能已经注意到了在试算表的上方设有“编制资产负债表”和“编制利润表”的按钮。当试算表的编制完成后，点击“编制资产负债表”按钮，就进入了资产负债表界面。进入资产负债表就可以看到在上方设有“返回试算表”和“返回账簿目录”等按钮，如图 5—10 所示。

Microsoft Excel - report.xls

文件(F) 编辑(E) 视图(V) 插入(I) 格式(O) 工具(T) 数据(D) 窗口(W) 帮助(H) 键入需要帮助的问题

返回试算表 返回账户目录

资 产 负 债 表

编制单位： 年 月 日

资 产	行次	年初数	期末数	负债及所有者权益	行次	年初数
流动资产				流动负债		
货币资金				短期借款		
交易性金融资产				交易性金融负债		
应收票据				应付票据		
应收账款				应付账款		
预付账款				预收账款		
应收利息				应付职工薪酬		
应收股利				应付税费		
其他应收款				应付利息		
存货				应付股利		
一年内到期的非流动资产				其他应付款		
其他流动资产				一年内到期的非流动负债		
流动资产合计		0.00	0.00	其他流动负债		
非流动资产：				流动负债合计		0.
可供出售的金融资产				非流动负债：		
持有至到期投资				长期借款		
长期应收款				应付债券		
长期股权投资				长期应付款		
投资性房地产				专项应付款		

就绪

图 5—10

点击屏幕右边的垂直滚动条或屏幕下边的水平滚动条，就可以看到资产负债表的其他部分。由于编制资产负债表需要从试算表和账户记录中获取相关数据，因此编制资产负债表的过程实际上是根据资产负债表各个项目的经济含义，在试算表或相关的账户中读取填写该项目的相关数据，然后根据相关数据直接或加工后填列资产负债表的各个项目。如果资产负债表项目可根据总账账户余额直接填写，就点击“返回试算表”，读取该账户余额，然后点击“试算表”上方的“编制资产负债表”按钮，回到“资产负债表”填写该项目。如果资产负债表项目不可以直接根据总账账户余额填写，就需要点击“返回账簿目录”，从“账户目录”中找到相应的账户名称并点击该账户页码栏内的账户代码，进入该账户的账簿记录，读取该账户的期末余额数（有些项目不仅需要读取总账记录，而且还需要读取明细账记录，甚至需要读取几个总账及其明细账记录），然后点击该账页上方的“编制试算表”按钮，进入试算表，再点击试算表上方的“编制资产负债表”按钮回到资产负债表，填写在相关项目栏内。循环进行直到将资产负债表的相关项目填写完毕为止。

4. 实验参考

单击“实验参考”右侧的“进入”按钮，进入资产负债表参考。这里提供了在模拟的操作环境下已经编制完成的一张资产负债表，以便实验者在编制资产负债表遇到困难时参考或在资产负债表编制完成后进行核对时参考，如图 5—11 所示。

Microsoft Excel - reportresult.xls

文件(F) 编辑(E) 视图(V) 插入(I) 格式(O) 工具(T) 数据(D) 窗口(W) 帮助(H) 键入需要帮助的问题

资 产 负 债 表

编制单位：江海宏源机器有限公司 2010 年 12 月 31 日

资 产	行次	年初数	期末数	负债及所有者权益	行次	年初数
流动资产				流动负债		
货币资金			917,618.27	短期借款		
交易性金融资产				交易性金融负债		
应收票据				应付票据		
应收账款			330,640.00	应付账款		
预付账款				预收账款		
应收利息				应付职工薪酬		
应收股利				应付税费		
其他应收款				应付利息		
存货			721,598.60	应付股利		
一年内到期的非流动资产				其他应付款		
其他流动资产				一年内到期的非流动负债		
流动资产合计		0.00	1,969,856.87	其他流动负债		
非流动资产：				流动负债合计		0.00
可供出售的金融资产				非流动负债：		
持有至到期投资				长期借款		
长期应收款				应付债券		
长期股权投资				长期应付款		
投资性房地产				专项应付款		
固定资产				预计负债		
在建工程				递延所得税负债		
工程物资				其他非流动负债		
固定资产清理						

就绪

图 5—11

点击屏幕右边的垂直滚动条或屏幕下边的水平滚动条就可以看到资产负债表的其他部分。

5.3.3 利润表

单击“利润表”右侧的“进入”按钮，列示出编制“利润表”技能训练的“实验说明”、“实验示范”、“实验操作”和“实验参考”四个选择项，如图 5—12 所示。

1. 实验说明

单击“实验说明”右侧的“进入”按钮，进入“实验说明”，显示编制利润表技能训练的目的和要求。

2. 实验示范

单击“实验示范”右侧的“进入”按钮，进入“实验示范”，播放编制利润表过程的录像，以便对利润表的编制过程和方法有一个直观的印象。“实验示范”既可以在课堂上作为辅助教学手段来使用，也可以作为学生自学使用。

3. 实验操作

在实验操作中提供了一个编制利润表的模拟操作环境，要求在该环境下直接

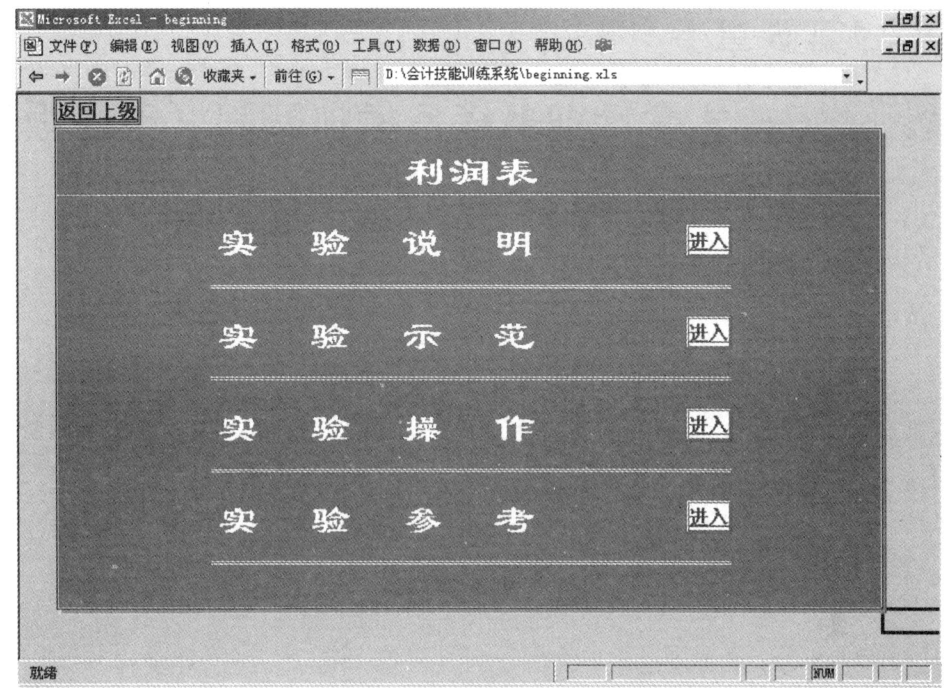

图 5—12

编制利润表，通过编制利润表达到训练会计操作技能的目的。

单击“实验操作”右侧的“进入”按钮，进入利润表。我们可能在编制试算表时，已经注意到了在试算表的上方设有“编制资产负债表”和“编制利润表”按钮。当试算表的编制完成后，点击“编制利润表”按钮，就进入了利润表界面。在利润表的上方设有“返回报表”和“返回账簿目录”等按钮。

由于编制利润表需要从相关的账户记录中获取编表数据，因此编制利润表的过程实际上是根据利润表各个项目的经济含义，在相关的账户中读取填写该项目的相关数据，然后根据相关数据直接或加工后填列。由于利润表项目主要根据相关账户的相关记录填写，所以需要点击“返回账簿目录”，从“账户目录”中找到相应的账户名称并点击该账户页码栏内的账户代码，进入该账户的账户记录，读取该账户的相关记录，然后点击该账页上方的“编制试算表”按钮，进入试算表，再点击试算表上方的“编制利润表”按钮回到利润表，将相关数据填写到利润表的相关项目栏内，循环进行直到将利润表的相关项目填写完毕为止。

4. 实验参考

单击“实验参考”右侧的“进入”按钮，进入利润表参考。这里提供了在模拟操作环境下编制完成的一张利润表，以便实验者在编制利润表遇到困难时参考或在利润表编制完成后进行核对时参考，参见图 5—2。

点击屏幕右边的垂直滚动条就可以看到利润表的其他部分。

第 6 章 Chapter 6 会计业务综合模拟实验（电子版）

本章导引

实验名称： 会计业务综合实验

实验方式： 本实验采用计算机方式进行。

实验内容： 按照记账凭证核算组织程序，完成经济业务从填制原始凭证、编制记账凭证、登记会计账簿到编制会计报表等会计业务操作流程。

实验性质： 模拟实验

实验目的与要求： 在掌握单项技能训练的基础上，理解记账凭证核算组织程序以及该程序内各步骤的衔接关系。要求掌握填制原始凭证、编制记账凭证、登记会计账簿、编制会计报表的全过程，从而达到掌握会计综合业务操作专业技能的目的。

实验条件： 安装本书所附光盘中的“会计技能训练系统”。

实验参考主教材的章节： 第 3 章会计科目与账户，第 5 章会计凭证，第 6 章会计账簿，第 8 章编制报表前的准备工作，第 9 章财务会计报告

6.1 综合模拟实验（电子版）概述

综合模拟实验（电子版）（以下简称“综合实验”）是在单项实验的基础上，按照会计凭证、会计账簿、会计报表和账务处理程序的特定结合方式进行的完整和系统的会计技能训练实验项目。“会计技能训练系统”主要利用计算机的图形显示功能，训练原始凭证的填制和审核、记账凭证的填制和审核、账簿的开设和登记等。会计期末的账项调整的内容安排在第 7 章中，特此说明。

进入“会计技能训练系统”，系统主界面显示的主要内容有“原始凭证”、“记账凭证”、“会计账簿”、“会计报表”以及“综合实验”等项目，如图 6—1 所示。

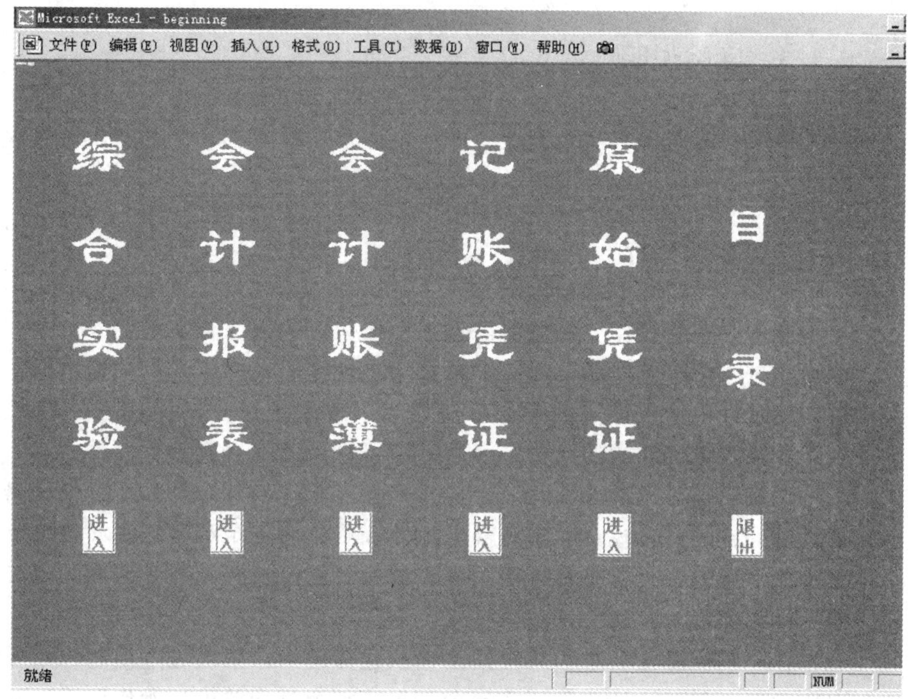

图 6—1

点击“综合实验”下方的“进入”按钮，即可进入“综合实验”技能训练项目。在“综合实验”的主界面上列示出了“实验说明”、“实验操作”和“实验参考”三个项目，如图 6—2 所示。

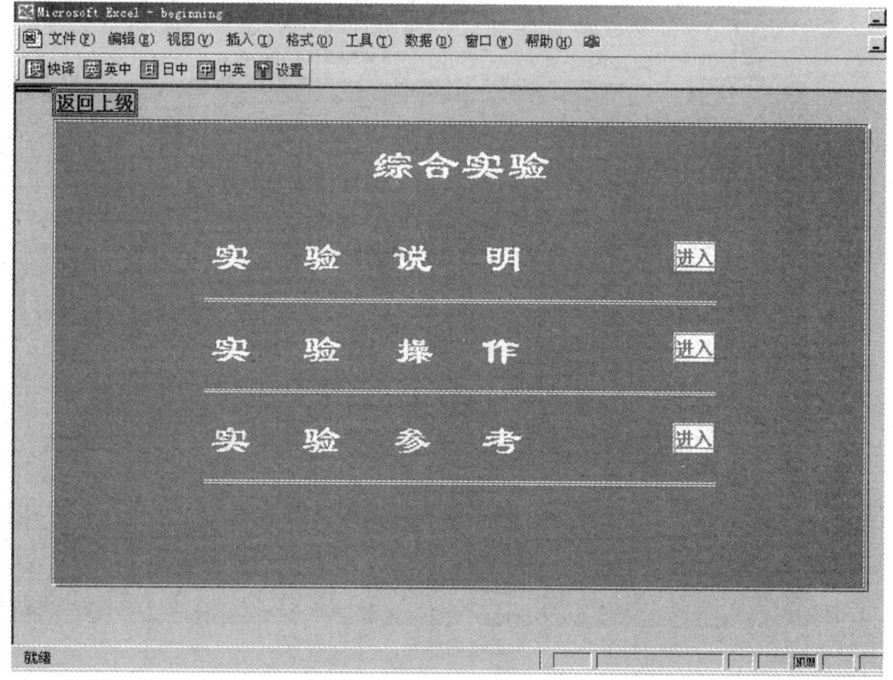

图 6—2

6.1.1 实验说明

单击“实验说明”右侧的“进入”按钮，进入“实验说明”，显示综合技能训练的目的和要求。

6.1.2 实验操作

单击“实验操作”右侧的“进入”按钮，进入综合实验业务目录。每次开机第一次进入“综合实验”时，屏幕都会出现“输入操作人员”提示框，系统要求在该提示框中输入设定的操作人员姓名（本系统设定的操作人员姓名为“马元驹”）。输入正确的操作人员姓名后，即可进入“综合实验”。

注意：进入“实验操作”时，系统要求验证操作人员姓名，当输错操作人员姓名时，系统会出现“非系统指定操作人员”的提示框，点击“确定”按钮，再次出现“输入操作人员提示框”时，输入正确的操作人员姓名即可运行系统。如果连续三次输入错误，系统将关闭。

在“实验操作”中，系统给出了从建账开始，依次经过填制原始凭证、编制记账凭证、登记会计账簿到编制会计报表整个过程的模拟操作环境，从而可以在该模拟环境下进行开立新账、填制原始凭证、编制记账凭证、登记会计账簿、编制会计报表的综合技能训练，通过综合实验达到掌握综合专业技能的目的。

进入综合实验业务目录后，可以看到业务目录的上方有两个按钮，分别是“返回上级”和“退出业务”，如图 6—3 所示。

江海宏源机器公司2010年12月份经济业务一览表

序	日期	业务编号	业务内容	备注
1	12.1	业务1	建账并过入期初余额。	进入
2	12.3	业务2	收到立功投资公司投资款500001元的支票，开出收据，支票交存银行，收到银行进账通知。	进入
3	12.3	业务3	销售给远东机器公司甲产品50件，单价80元，开出发票，货款已收到（现金）。	进入
4	12.5	业务4	从武钢贸易公司购买30mm圆钢2500千克，单价3.80元，材料验收入库，货款未付。	进入
5	12.5	业务5	零星销售收入现金4000元，交存银行。	进入
6	12.5	业务6	从银行取得流动资金贷款500000元。	进入
7	12.5	业务7	生产甲产品领用20mm圆钢10000千克，单价4.20元；30mm圆钢20000千克，单价3.80元。	进入
8	12.14	业务8	开出支票购买办公用品3180元。	进入
9	12.17	业务9	销售给中华机器公司甲产品1200件，单价80	进入

图 6—3

单击“返回上级”返回综合实验业务目录，单击“退出业务”则关闭综合实验的“实验操作”系统。

在经济业务一览表中列示了江海宏源机器公司 2001 年 12 月的全部会计业务，包括期初的建账业务、填制原始凭证业务、编制记账凭证、登记会计账簿和编制会计报表等业务。在会计业务目录中分别列出了从期初“建账”到期末“编制报表”所涉及的相关业务资料，单击各个会计业务右侧的“进入”按钮，就进入“实验操作”界面。

6.2 建账

单击经济业务一览表“业务 1（建账并过入期初余额）”右边备注栏内的“进入”，即可进入账簿系统的账户目录。

每次开机第一次进入“账簿系统”时，屏幕都会出现“输入操作人员”提示框，系统要求在该提示框中输入设定的操作人员姓名（本系统设定的操作人员姓名为“马元驹”）。输入正确的操作人员姓名后，即可进入“账簿系统”，如图 6—4 所示。

Microsoft Excel - A-books

返回业务　退出账簿

账　户　目　录

序	账号	账户名称	页码	序	账号	账户名称	页码
1	1001	现金	Z-1	17	2101	短期借款	Z-30
2	100101	现金日记账	R-1	18	210101	短期借款-流动资金借款	M-30
3	102	银行存款	Z-5	19	2121	应付账款	Z-35
4	100201	银行存款日记账	R-2	20	212101	应付账款—武钢贸易公	M-35
5	1131	应收账款	Z-10	21	212102	应付账款—宝钢工贸公	M-40
6	113101	应收账款-大明公司	M-1	22	2151	应付工资	Z-40
7	113102	应收账款-中华公司	M-5	23	3101	实收资本	Z-45
8	1211	原材料	Z-15	24	310101	实收资本-立动投资	M-45
9	121101	原材料——30m/m圆钢	M-10	25	310102	实收资本-个人投资	M-46
10	121102	原材料——20m/m圆钢	M-15	26	3111	资本公积	Z-48
11	1243	库存商品	Z-18	27	3121	盈余公积	Z-50
12	124301	库存商品——甲产品	M-18	28	3131	本年利润	Z-52
13	4101	生产成本	Z-20	29	5101	主营业务收入	Z-55
14	410101	生产成本-甲产品*	M-20	30	5401	主营业务成本	Z-58
15	4105	制造费用	Z-25	31	5502	管理费用	Z-60
16	410501	制造费用	M-28	32	550201	管理费用	M-48

*生产成本中，材料126820.30元，工资98375.00元，制造费用55129.70元。

就绪

图 6—4

注意： 当输错操作人员姓名时，系统会出现“非系统指定操作人员”的提示框，点击“确定”按钮，再次出现“输入操作人员提示框”时，输入正确的操作人员姓名即可运行系统。如果连续三次输入错误，系统将关闭。

在“账户目录”的上方有“返回业务”和“退出账簿”两个按钮。单击“返回业务”返回“综合实验”技能训练项目，单击“退出账簿”即关闭账簿系统。

在账户目录中列示了实验所需的相关总账和明细账的账户编号、账户名称和页码。点击各账户名称右侧的“页码”栏的页码代号，即可进入账簿系统并显示相应的空白账页（包括三栏式总账、三栏式明细账、多栏式明细账和数量金额式明细账）的界面。

同时按照建账的要求，在空白账页的账户名称栏内输入账户名称，开设相应的总账和明细账。在开新账时对上期有期末余额的账户还应过入期初余额，即在各账户中填入“日期”、“摘要”及“余额”等内容，如图6—5所示。

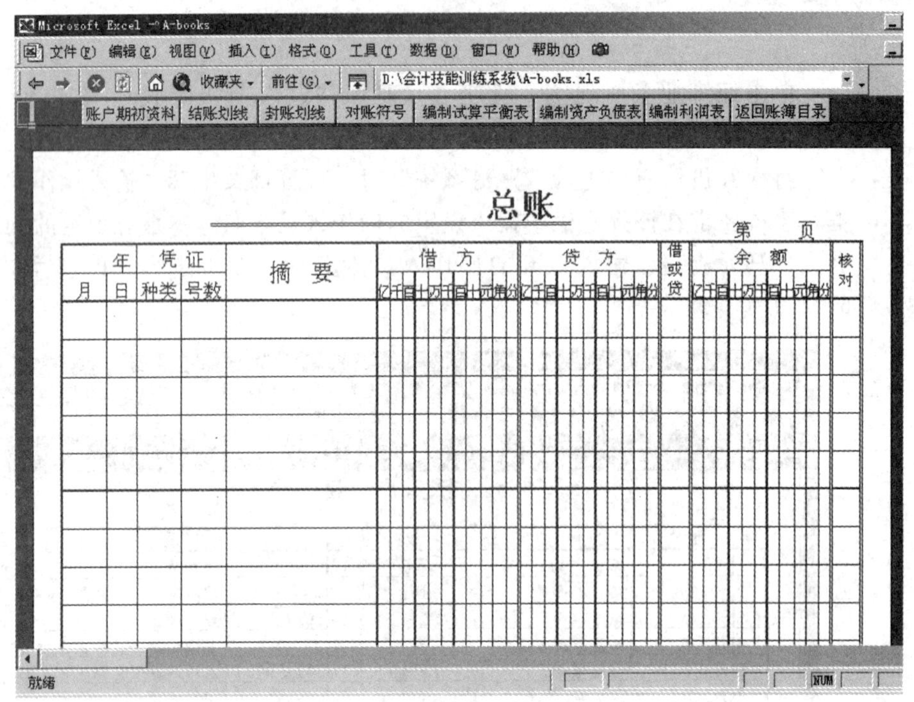

图6—5

在账簿系统里的各个账页的上方设有八个按钮，分别是“返回账簿目录”、“账户期初资料”、“结账划线”、“封账划线”、“对账符号”、“编制试算表”、“编制资产负债表”和“编制利润表”，在处理和账簿记录有关的建账、记账和编制报表中使用。这里先介绍前两个按钮的功能，即“返回账簿目录”、“账户期初资料”，其他按钮的功能以后陆续介绍。

1. “返回账簿目录”

点击“返回账簿目录”按钮，系统返回账簿系统的账户目录，参见图6—4。

2. “账户期初资料”

当需要过入期初余额时，在手工条件下是从上期的账簿或报表中取得。为了方便建账工作，系统提供查询账户期初余额的功能。点击“账户期初资料”按钮，界面显示一个账户期初余额查询表，如图6—6所示。

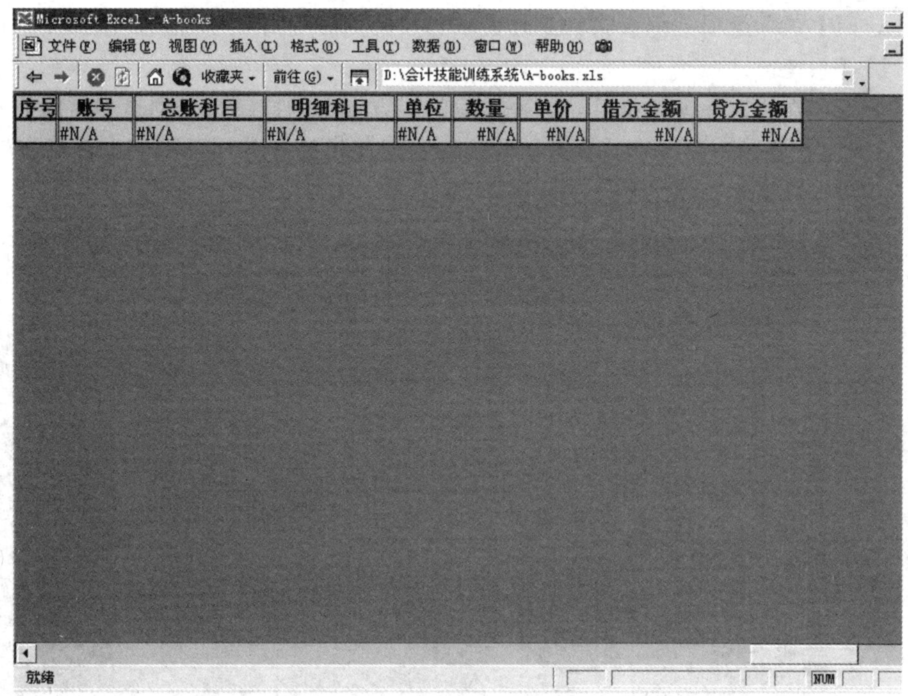

序号	账号	总账科目	明细科目	单位	数量	单价	借方金额	贷方金额
	#N/A	#N/A	#N/A	#N/A	#N/A	#N/A	#N/A	#N/A

图 6—6

在该表的“序号”栏内输入账户的顺序号，与该序号相对应的账户名称、单位、数量、单价、余额及借贷方向都会显示出来，在查阅该账户的相关资料后，点击屏幕下方的水平滚动条左侧的空当处，回到原账页界面，然后将刚才查阅账户的期初余额过入账户的期初余额栏内。然后点击账户目录界面上方的“返回账簿目录”，回到账户目录一览表，再开设下一个账户过入下一个账户的期初余额。

重复以上步骤，到所有账户开设完毕为止。

注意：在账户期初余额查询表的序号中输入的“序号”是账户目录中的自然顺序号。应当在进入某账户之前记住该账户的顺序号，以便按照账户的顺序号查询对应账户的期初余额。

单击“返回业务”返回“综合实验业务目录”。

6.3 填制和审核原始凭证

点击“综合实验业务目录”中的“业务2”右边备注栏内的“进入”，即可进入“凭证系统”。每次开机第一次进入“凭证系统”时，屏幕都会出现“输入操作人员”提示框，系统要求在该提示框中输入设定的操作人员姓名（本系统设定的操作人员姓名为“马元驹”）。输入正确的操作人员姓名后，即可进入“凭证系统”。

在“凭证系统”的上方有“返回上级”和“退出业务”两个按钮。单击“返回上级”返回“综合实验业务目录”技能训练项目，单击“退出业务”即关闭凭证系统。

在进入凭证系统后，屏幕界面的上方有六个按钮，分别是“返回业务目录”、“加盖业务公章”、“加盖经办名章”、“办理相关业务”、“编制记账凭证”和“登记会计账簿”，如图6—7所示。

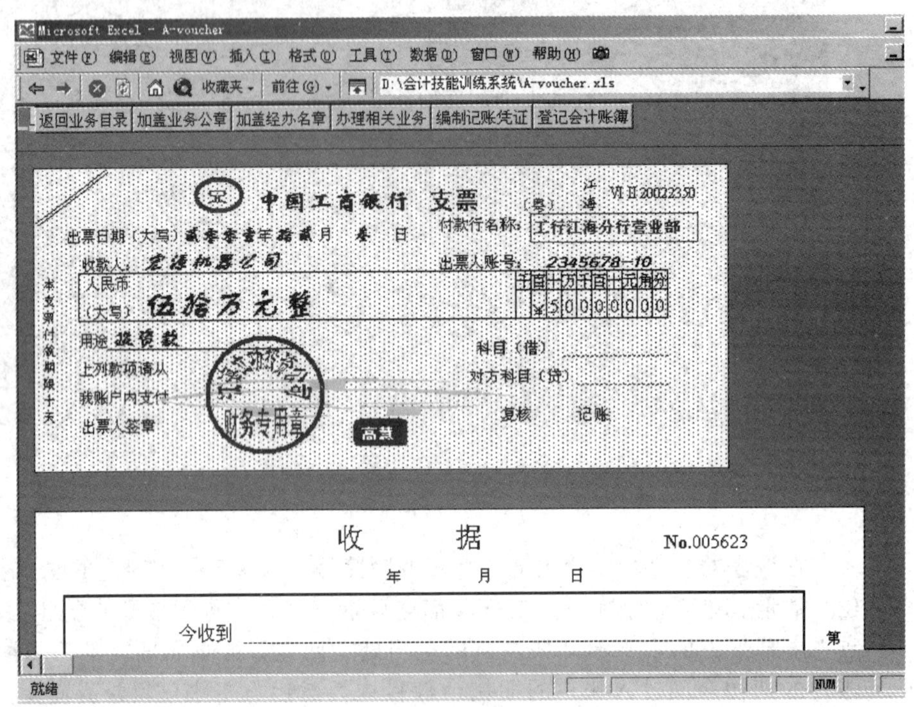

图6—7

在填制原始凭证时主要使用“返回业务目录”、“加盖业务公章”、“加盖经办名章”、“办理相关业务”等按钮。

1. 返回业务目录

点击“返回业务目录”按钮，系统返回“综合实验业务目录”一览表，参见图6—3。

2. 加盖业务公章

点击“加盖业务公章”按钮，即可在光标所选中的位置加盖业务公章。其功能是在自制原始凭证填制完成后加盖相应的公章，使自制原始凭证合法有效。

注意：由于点击“加盖业务公章”按钮后，印章就会出现在光标所在的位置，因此在点击“加盖业务公章”按钮之前，务必先用光标选中要加盖印章的位置，否则所加盖的印章位置就可能不在适当的位置。

3. 加盖经办名章

点击“加盖经办名章”按钮，即可在光标所选中的位置加盖经办人个人名章。其功能是在自制原始凭证填制完成后加盖经办人个人名章，使自制原始凭证合法有效，明确责任。

注意：由于点击“加盖经办名章”按钮后，个人名章就会出现在光标所在的位置，因此在点击“加盖经办名章”按钮之前，务必先用光标选中要加盖个人名章的位置，否则所加盖的印章位置就可能不在适当的位置。

4. 办理相关业务

在实际工作中原始凭证有若干联次，各联次用途不同。原始凭证填制完成后，应将不同联次的凭证传递给不同的单位或个人。因此点击“办理相关业务”按钮之后，“技能训练系统”将模拟原始凭证传递到相关单位或个人的过程。从会计核算的角度而言，剩下的原始凭证应当仅仅是编制记账凭证的依据。

注意：由于点击“办理相关业务”按钮后，系统将不同联次的凭证传递给不同的单位或个人，只剩下用于记账的原始凭证，因此以上四个菜单按钮应随着业务处理的进度按从左到右的顺序点击，以实现相关的功能。涉及开具收据和发票时，在收据和发票的三联次上都要盖上公章和私章。

当原始凭证的处理完成后，便可以进入编制记账凭证的处理程序。

6.4 编制和审核记账凭证

原始凭证的处理全部完成并审核无误后，点击“编制记账凭证”按钮，系统将插入一张空白的记账凭证，根据“办理相关业务”之后保留下来的原始凭证记载的经济业务，确定应借和应贷的会计科目及其金额，按照填制记账凭证的要求填制该记账凭证，填制完成后应当复核并加盖制证人的个人名章。

注意：由于点击“编制记账凭证”按钮后，就会插入一张记账凭证，如果一笔经济业务所涉及的应借应贷科目比较多，当一张记账凭证不够用时，可以再点击一次“编制记账凭证”按钮，这样就可以插入第二张记账凭证。所插入的记账凭证不能撤销，除非退出业务处理系统，并在是否保存文件的提示框内选择“否”。

当记账凭证的处理完成后，便可以进入登记账簿的处理程序。

6.5 登记账簿

6.5.1 记账

记账凭证的编制完成并审核无误后，点击“登记会计账簿”按钮，系统进入“账簿系统”的账户目录，参见图 6—4。根据记账凭证记载的账户名称、借贷方向及其金额，点击相应的账户名称右边的页码编号，进入相应的账户进行登记。登记借方金额后点击“返回账簿目录”，回到“账户目录”，然后选择进入对应账户，再登记贷方金额；同理总账账户登记完毕后返回账户目录，再进入明细账账户进行平行登记。

当一张记账凭证记载的内容在账簿中登记完毕后，返回“账户目录”，然后再点击“账户目录”界面上的“返回业务”按钮，回到“综合实验业务目录”一

览表，然后再进入下一笔业务，循环往复直到将所有需要填制原始凭证、记账凭证和登记账簿的业务全部处理完毕。

6.5.2 结账

在期末编制会计报表之前应当对各个账户做结账处理。结账处理所涉及的是"结账划线"、"封账划线"、"对账符号"三个按钮。

1. "结账划线"

当需要按月结出账簿余额时，将需要划出月结线的那一行账簿通栏选中，然后点击"结账划线"按钮，即可在光标所选中位置的下方画出一条通栏红线，表示月结。

注意：点击"结账划线"按钮后，红线就会出现在光标所在位置的下方，因此一定要选中通栏，同时所划红线不能撤销，除非退出账簿系统，并在是否保存文件的提示框内选择"否"。

2. "封账划线"

在年末结账结束后，需要划年末封账线时，将本年账簿最后一行通栏选中，然后点击"封账划线"按钮，即可在光标所选中位置的下方画出一条通栏双红线，表示年末封账。

注意：点击"封账划线"按钮后，双红线就会出现在光标所在位置的下方，因此一定要选中通栏，同时所划双红线不能撤销，除非退出账簿系统，并在是否保存文件的提示框内选择"否"。

结账之后的账户如图 6—8 所示。

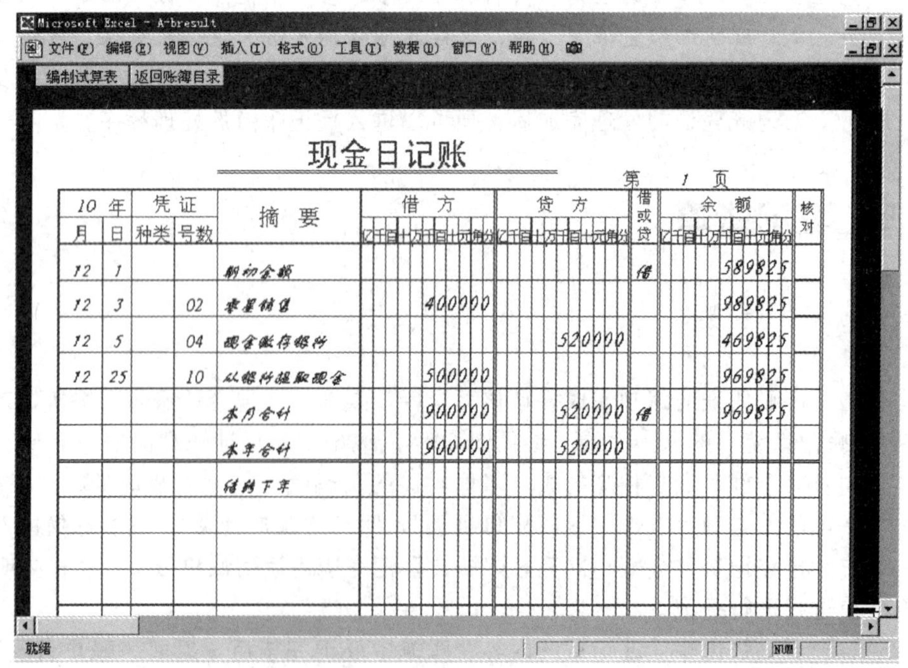

现金日记账

第 1 页

10年 月	日	凭证 种类	号数	摘要	借方	贷方	借或贷	余额	核对
12	1			期初余额			借	589825	
12	3		02	零星销售	400000			989825	
12	5		04	现金存入银行		520000		469825	
12	25		10	从银行提取现金	500000			969825	
				本月合计	900000	520000	借	969825	
				本年合计	900000	520000			
				结转下年					

图 6—8

3. **“对账符号”**

为了保证账簿记录的正确、完整和真实，在结账前一般都要进行对账。在账账核对时，为了区分已核对和未核对的账户记录，应用光标选中核对无误的账簿记录的“核对”栏，点击“对账符号”按钮就出现一个对账符号“√”，表示账簿记录核对完毕，如图6—9所示。

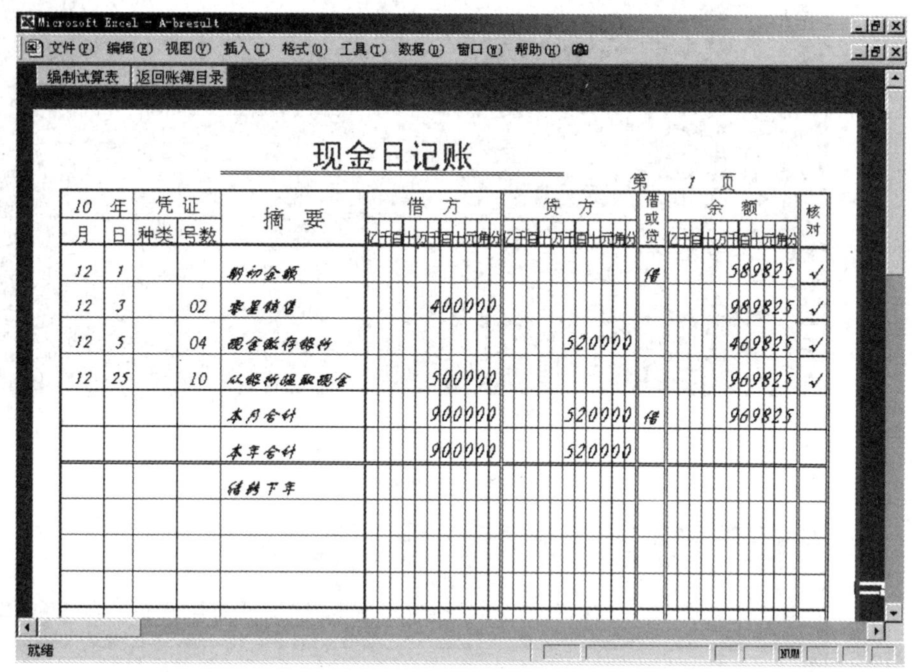

Microsoft Excel - A-bresult

文件(F) 编辑(E) 视图(V) 插入(I) 格式(O) 工具(T) 数据(D) 窗口(W) 帮助(H)

编制试算表　返回账簿目录

现金日记账

第 1 页

10年 月	日	凭证 种类	号数	摘要	借方	贷方	借或贷	余额	核对
12	1			期初余额			借	589825	√
12	3		02	零星销售	400000			989825	√
12	5		04	现金缴存银行		520000		469825	√
12	25		10	从银行提取现金	500000			969825	√
				本月合计	900000	520000	借	969825	
				本年合计	900000	520000			
				结转下年					

就绪

图 6—9

完成账簿登记、对账和结账之后，就可以进入会计报表的编制程序。

6.6 编制报表

完成账簿登记、对账和结账之后返回会计业务一览表，点击“业务17（编制会计报表）”右边的“进入”，就可以进入编制报表界面，这里需要编制的报表有三个，分别是“试算表”、“资产负债表”和“利润表”，如图6—10所示。

6.6.1 编制试算表

在编制报表界面单击“试算表”右侧的“进入”按钮，就可进入“试算表”。当然，我们也可以在记账完成后不退出账簿系统，在账页界面直接点击“编制试算表”进入试算表。在试算表的上方设有“对账符号”、“编制资产负债表”、“编制利润表”和“返回账簿目录”等按钮，如图6—11所示。

Microsoft Excel - A-books
文件(F) 编辑(E) 视图(V) 插入(I) 格式(O) 工具(T) 数据(D) 窗口(W) 帮助(H)
收藏夹 前往(G) D:\会计技能训练系统\A-books.xls
返回上级

江海宏源机器公司会计报表目录

1	试　算　表	进入
2	资　产　负　债　表	进入
3	利　润　表	进入

就绪 NUM

图 6—10

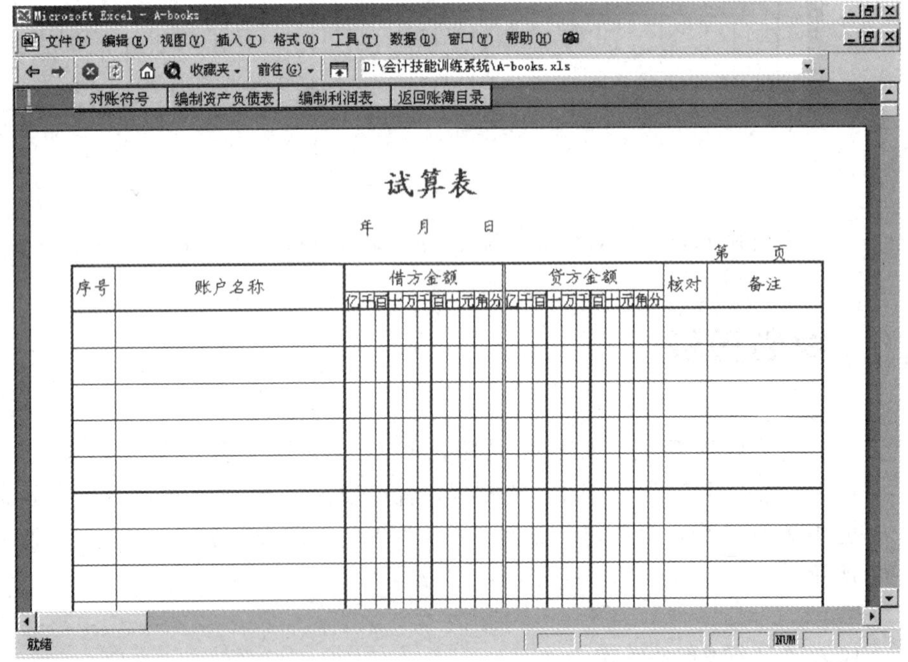

图 6—11

由于编制试算表需要从账户中获取相关数据，因此编制试算表的过程实际上是先在试算表中填列一个账户名称，然后点击“返回账簿目录”，从“账户目录”中找到相应的账户名称并点击该账户页码栏内的账户代码，进入该账户的账簿记录，并读取该账户的期末余额数，点击该账页上方的“编制试算表”

按钮，再次进入试算表，并将读取的某一账户的期末余额填在试算表相应账户的借方余额或贷方余额栏内。循环进行直到将所有账户余额全部过入试算表为止。然后分别合计借方金额和贷方金额，检查借方合计是否等于贷方合计，如果两者不相等，说明记账中存在错误，需要进一步检查记账的错误所在并更正。

6.6.2　编制资产负债表

在编制报表界面单击“资产负债表”右侧的“进入”按钮，进入资产负债表。当然，我们也可以在试算表编制完成后不退出试算表，在试算表界面上直接点击“编制资产负债表”进入资产负债表。在资产负债表上方设有“返回试算表”和“返回账簿目录”等按钮，如图 6—12 所示。

Microsoft Excel - report.xls

文件(F)　编辑(E)　视图(V)　插入(I)　格式(O)　工具(T)　数据(D)　窗口(W)　帮助(H)　键入需要帮助的问题

返回试算表　返回账户目录

资 产 负 债 表

编制单位:　　　　年　月　日

资　　产	行次	年初数	期末数	负债及所有者权益	行次	年初数
流动资产				流动负债		
货币资金				短期借款		
交易性金融资产				交易性金融负债		
应收票据				应付票据		
应收账款				应付账款		
预付账款				预收账款		
应收利息				应付职工薪酬		
应收股利				应付税费		
其他应收款				应付利息		
存货				应付股利		
一年内到期的非流动资产				其他应付款		
其他流动资产				一年内到期的非流动负债		
流动资产合计		0.00	0.00	其他流动负债		
非流动资产:				流动负债合计		0.
可供出售的金融资产				非流动负债:		
持有至到期投资				长期借款		
长期应收款				应付债券		
长期股权投资				长期应付款		
投资性房地产				专项应付款		

就绪

图 6—12

由于编制资产负债表需要从试算表和账户记录中获取相关数据，因此编制资产负债表的过程实际上是根据资产负债表各个项目的经济含义，在试算表或相关账户中读取填写该项目的相关数据，然后根据相关数据直接或加工后填列。如果资产负债表项目可根据总账账户余额直接填写，就点击“返回报表”，再点击试算表进入试算表读取该账户的余额，然后点击“试算表”上方的“编制资产负债表”按钮，回到“资产负债表”填写该项目。如果资产负债表项目不可以直接根据总账账户余额填写，就需要点击“返回账簿目录”从“账户目录”中找到相应的账户名称并点击该账户页码栏内的账户代码，进入该账户，读取该账户的相关记录（有些项目不仅需要读取总账记录，而且需要读取明细账记录，甚至需要读取几个总账及其明细账记录），然后点击该账页上方的“编制试算表”按钮，进入试算表，再点击试算表上方的“编制资产负债表”按钮回到资产负债表，填写相关项目。循环进行直到将资产负债表的相关项目填写完毕为止，然后利用会计方程恒等的平衡原理检查“资产”是否等于“负债和所有者权益”，以防差错。

资产负债表编制完成后点击“返回报表目录”，返回到编制报表界面。

6.6.3 编制利润表

在编制报表界面单击“利润表”右侧的“进入”按钮，进入利润表。在利润表的上方设有“返回试算表”和“返回账簿目录”等按钮，如图 6—13 所示。

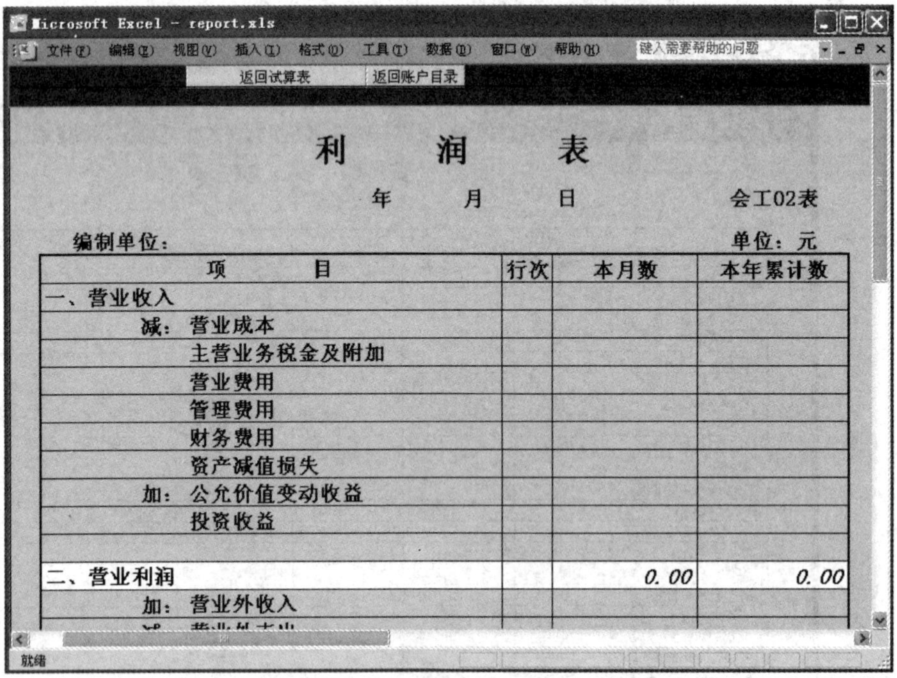

Microsoft Excel - report.xls

文件(F) 编辑(E) 视图(V) 插入(I) 格式(O) 工具(T) 数据(D) 窗口(W) 帮助(H) 键入需要帮助的问题

返回试算表 返回账户目录

利　　润　　表

年　　月　　日　　会工02表

编制单位：　　单位：元

项　　目	行次	本月数	本年累计数
一、营业收入			
减：营业成本			
主营业务税金及附加			
营业费用			
管理费用			
财务费用			
资产减值损失			
加：公允价值变动收益			
投资收益			
二、营业利润		0.00	0.00
加：营业外收入			

就绪

图 6—13

由于编制利润表需要从相关的账户记录中获取编表数据，因此编制利润表的过程实际上是根据利润表各个项目的经济含义，在相关的账户中读取填写该项目的相关数据，然后根据相关数据直接或加工后填列。由于利润表项目主要根据相关账簿记录填写，所以需要点击“返回账簿目录”，从“账户目录”中找到相应的账户名称并点击该账户页码栏内的账户代码进入该账户，读取该账户的相关记录，然后点击该账页上方的“编制试算表”按钮，进入试算表，再点击试算表上方的“编制利润表”按钮回到利润表，填写试算表的相关项目。循环以往直到将利润表的各个相关项目填写完毕为止，然后点击“返回报表目录”回到编制报表界面，再点击“返回上级”回到“综合实验”技能训练项目。

6.6.4　实验参考

在“综合实验”技能训练项目界面，单击“实验参考”右侧的“进入”按钮，进入宏源机器公司 2010 年 12 月经济业务（参考）目录。单击目录中相关业务右侧的“进入”按钮，就进入“操作业务参考”界面。这里提供了在模拟的操作环境下已经填制完成的原始凭证、编制完成的记账凭证、登记完成的账簿记录以及编制完成的会计报表等的参考答案，以便实验者在综合实验遇到困难时或在综合实验完成后进行核对时参考。查看各项业务实验参考的具体方法，与“实验操作”中所介绍的实验操作方法完全相同。

第7章 Chapter 7 会计业务综合实验（手工版）

本章导引

实验名称：会计业务综合实验

实验方式：本实验采用手工模拟方式进行。

实验内容：按照记账凭证核算组织程序，完成经济业务从填制原始凭证、编制记账凭证、登记会计账簿到编制会计报表等的会计操作流程。

实验性质：模拟手工会计操作流程实验

实验目的与要求：在掌握单项技能训练的基础上，理解记账凭证核算组织程序以及该程序内各步骤的衔接关系。要求掌握填制原始凭证、编制记账凭证、登记会计账簿、编制会计报表的全过程，从而达到掌握综合会计专业技能的目的。

实验条件：手工实验所需要的各种纸制原始凭证、记账凭证和报表（参见附录4和附录5）。条件允许的情况下配备单位公章和实验者的个人名章。

实验参考主教材的章节：第3章会计科目与账户，第5章会计凭证，第6章会计账簿，第8章编制报表前的准备工作，第9章财务会计报告

7.1 会计业务综合实验（手工版）概述

“综合实验”是在经过单项实验的基础上，按照会计凭证、会计账簿、会计报表和账务处理程序的特定结合方式进行的完整和系统的会计技能训练实验项目。会计综合实验是以会计主体——企业供产销活动发生的经济业务为模拟对象，按照会计循环的环节设计和组织实验内容，通过模拟实验巩固所学的基础会计的基本知识，掌握企业主要经济业务活动会计核算的技能，理解会计凭证、账簿和报表之间的逻辑关系和会计报告各项目数字的经济意义，为进一步应用财会知识，进行财务管理奠定基础。

第6章主要利用计算机的图形显示功能，着重训练原始凭证的填制和审核、记账凭证的填制和审核、账簿的开设和登记的技能，会计期末账项调整的内容没

有考虑在内。账项调整是为了合理反映各会计期间应得的收入和应负担的费用，使各期的收入和费用能够相互配比，从而正确计算各期的损益。由于企业存在大量的账项调整，故在本实验中加入了账项调整的会计业务，以便使会计实验更具完整性、实用性和典型性。也正因为如此，本章设计的综合实验资料和业务与第 6 章在完整性、实用性和典型性等方面有很大的不同，提醒读者注意。

为了方便实验，我们在附录 4 提供了综合实验用的原始凭证，在附录 5 提供了记账凭证、账簿和报表的式样。实验所用的记账凭证、账簿和报表可以到会计用品商店自行购置，也可按附录 5 提供的式样复印，或者直接进入会计业务综合实验（电子版）中调用并打印相关的空白凭证和账簿。

7.1.1　模拟企业的概况

模拟企业的基本情况如表 7—1 所示。

表 7—1

公司法定中文名称	江海宏源机器有限公司
公司法定中文名称缩写	宏源公司
公司法定代表人	李一一
公司注册资本	200 万元
公司注册地址	江海市石花路 123 号
公司办公地址	江海市石花路 123 号
企业法人营业执照编号	110113521539797
开户银行	工行江海分行营业部
开户银行账号	11084722545
税务登记号	110113671109483
纳税人识别号	440402632832331

7.1.2　模拟企业的会计政策和核算程序

1. 企业遵循的会计准则

公司所编制的财务报表符合《企业会计准则》的要求，真实、完整地反映了公司的财务状况、经营成果、股东权益变动和现金流量等有关信息。

2. 会计基础

公司以持续经营和权责发生制为会计基础，根据实际发生的交易和事项，按照《企业会计准则——基本准则》和其他各项会计准则的规定进行确认和计量，在此基础上编制财务报表。

3. 会计期间

自公历 1 月 1 日至 12 月 31 日止为一个会计年度。

4. **记账本位币**

采用人民币为记账本位币。

5. **计量属性**

公司在对会计报表项目进行计量时，一般采用历史成本。

6. **其他**

（1）会计核算组织形式。会计核算组织程序也称会计核算形式，规定了凭证、账簿的种类、格式和登记方法，以及各种凭证之间、账簿之间和各种凭证与账簿之间，以及各种报表之间、各种账簿与报表之间的相互关系及编制程序。会计凭证、会计账簿和会计报表之间不同的结合方式，形成了不同的账务处理程序。我国的会计核算工作在长期的实践中，总结出了五种账务处理程序：记账凭证核算组织程序，汇总记账凭证核算组织程序，科目汇总表核算组织程序，日记总账核算组织程序，分录日记账核算组织程序。企业根据特定的生产经营情况和管理要求选择相应的会计账务处理程序，对于科学地进行会计核算工作具有重要的意义。

为了便于理解和操作，假定模拟公司采用的会计核算组织形式是“记账凭证会计核算组织形式”。记账凭证会计核算组织形式如图 7—1 所示。

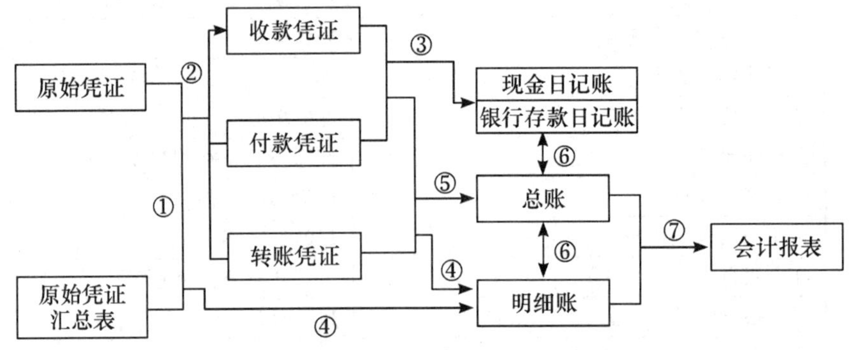

图 7—1　记账凭证会计核算组织形式图

记账凭证会计核算组织程序是会计核算中最基本的一种账务处理程序，是其他核算组织程序的基础，它要求直接根据记账凭证逐笔登记总分类账。记账凭证会计核算组织程序具有两个优点：第一，会计凭证和账簿的格式及核算方式程序简单明了，易于理解和运用；第二，通过总分类账可以较详细地反映经济业务的发生情况及完成情况，便于利用会计信息进行经营管理。其缺点是：由于根据记账凭证逐笔登记总分类账，所以，登记总分类账的工作量较大。在手工条件下，这一会计核算形式适用于小规模企业。

（2）记账凭证、账簿和报表。公司采用通用记账凭证，记账凭证逐月按顺序连续编号。手工环境下填制的记账凭证应当按月装订成册。公司根据管理需要和核算要求开设总分类账、明细分类账和日记账。总分类账和日记账均采用借方、贷方和余额三栏式账页；明细分类账根据反映的内容和提供信息的不同，分别选用三栏式、数量金额式和多栏式账页。公司根据有关规定采用符合制度要求的资产负债表、利润表和现金流量表等报表格式。

（3）资产、负债、权益、收入和费用的核算。

1）原材料收发和结存按实际成本核算。

2）坏账损失按备抵法处理。每年按应收账款期末余额的5%计提坏账准备，计入资产减值损失，等到发生坏账时冲减坏账准备。

3）固定资产按分类折旧率计算提取，房屋及建筑物类年折旧率为1.8%，月折旧率为0.15%；通用设备类年折旧率为6%，月折旧率0.5%；办公设备年折旧率为19.8%，月折旧率为1.65%。

4）医疗保险、养老保险、失业保险和住房公积金分别按10%，12%，2%和10.5%的比例按月计提。

5）已销售产品的成本结转按先进先出法计价。

6）税金的核算。公司的增值税税率为17%，所得税税率为25%（其他税金省略）。

7）利润及利润分配。按税后利润的10%提取法定盈余公积金，按税后利润的5%提取任意盈余公积金。按税后利润的30%向投资者分配利润（投资者之间按出资比例分享利润）。

7.1.3 模拟企业的期初资料

模拟企业的期初资料如表7—2所示。

表7—2 账户期初余额表

序	账号	总账科目	明细科目	单位	数量	单价	借方金额	贷方金额
1	1001	现金					5 898.25	
2	100101	现金	现金日记账				5 898.25	
3	1002	银行存款					40 940.02	
4	100201	银行存款	银行存款日记账				40 940.02	
		其他货币资金	银行汇票存款				50 000.00	
5	1131	应收账款					154 640.00	
6	113101	应收账款	大明公司				118 360.00	
7	113102	应收账款	中华公司				35 000.00	
	113103	应收账款	华凌公司				1 280.00	
		坏账准备						7 500
8	1211	原材料					60 133.60	
9	121101	原材料	30mm圆钢	千克	1 202	3.8	4 567.60	
10	121102	原材料	20mm圆钢	千克	13 230	4.2	55 566.00	
11	1243	库存商品					217 800.00	
12	124301	库存商品	甲产品	件	2 722	80	217 760.00	
13	4101	生产成本					280 325.00	
14	410101	生产成本	甲产品				280 325.00	
15	4105	制造费用						
16	410501	制造费用	制造费用					
		固定资产					1 200 000.00	

续前表

序	账号	总账科目	明细科目	单位	数量	单价	借方金额	贷方金额
		固定资产	建筑物				800 000.00	
		固定资产	设备				400 000.00	
		累计折旧						200 000.00
17	2101	短期借款						0
18	210101	短期借款	流动资金借款					20 000.00
19	2121	应付账款						6 380.46
20	212101	应付账款	武钢贸易公司					4 580.46
21	212102	应付账款	宝钢工贸公司					1 800.00
22	2151	应付工资						0.00
23	3101	实收资本						1 800 000.00
24	310101	实收资本	立功投资公司					1 000 000.00
25	310102	实收资本	个人投资					800 000.00
26	3111	资本公积						2 816.16
27	3121	盈余公积						8 000.25
28	3131	本年利润						
29	5101	主营业务收入						
30	5401	主营业务成本						
31	5502	管理费用						
32	550201	管理费用	管理费用					
							1 459 697	1 459 697

7.1.4 模拟企业2010年12月发生的经济业务

(1) 12月1日，从开户银行工商银行江海分行营业部取得期限为6个月的短期流动资金贷款100 000元，年利率为4.86%。

(2) 12月1日，公司与江海光明机械厂签订固定资产租赁协议，将一台设备出租给对方，年租金为12 000元，期限是2010年12月1日至2011年11月30日。对方已将全年的固定资产租赁费以支票方式支付公司，已办妥银行进账手续。

(3) 12月1日，公司与江海晚报广告部签订刊登3个月招聘营销人员的广告合同，期限是2010年12月1日至2011年2月28日，并预付广告费现金900元。

(4) 12月2日，公司从上海宝钢工贸公司购买20mm圆钢20 000千克，单价4.20元，材料验收入库，用银行汇票支付货款5万元，余款暂欠。

(5) 12月4日，收到江海立功投资公司投资款500 000元的支票，开出收据，支票交存银行，已办妥进账手续。该款项是股东江海立功投资公司按照公司章程和相关投资协议应缴纳的投资款，该投资款到位后，各投资方的出资全部到位。

(6) 12月4日，归还武汉武钢贸易公司应付账款124 580.46元，款项通过银行以电汇方式结算。汇兑手续已办妥，银行收取汇费及手续费 12 元。

(7) 12 月 7 日，开出支票从银行提取现金 20 000 元，以备采购员出差之用。

(8) 12 月 8 日，生产甲产品领用 20mm 圆钢 10 000 千克，单价 4.20 元；30mm 圆钢 20 000 千克，单价 3.80 元。

(9) 12 月 14 日，开出支票购买办公用品 3 180 元。

(10) 12 月 17 日，销售给中华机器公司甲产品 1 200 件，单价 80 元，开出发票，货款尚未收到。

(11) 12 月 21 日，现金 2 000 元，交存银行。同日，向北京甲足球队捐款现金 1 425 元。

(12) 12 月 24 日，销售给江海大明机器公司甲产品 3 000 件，单价 80 元，开出发票，收到对方签发的期限为 60 天的商业承兑汇票一张（注：本月完工产品陆续完工并验收入库，有一定的库存不影响销售）。

(13) 12 月 27 日，应收江海华凌公司 1 280.00 元的款项已超过 3 年，确认无法收回，经批准予以注销。

(14) 12 月 28 日，从武钢贸易公司购买 30mm 圆钢 25 000 千克，单价 3.80 元，材料验收入库，货款未付。

(15) 12 月 31 日，根据工资汇总表发放本月工资 130 000 元。分配本月工资费用，并按比例计提医疗保险、养老保险、失业保险和住房公积金。个人所得税略。

(16) 12 月 31 日，计提固定资产折旧。

(17) 12 月 31 日，结转制造费用。

(18) 12 月 31 日，本月投产甲产品 3 438 件，全部完工并已验收入库，根据产品成本结算单结转本月完工产品成本。

(19) 12 月 31 日，结转本月产品销售成本。

(20) 12 月 31 日，按规定计提坏账准备。

(21) 12 月 31 日，计提属于本月短期借款的利息费用。

(22) 12 月 31 日，计算并摊销属于本月的广告费用。

(23) 12 月 31 日，计算并结转属于本月的固定资产租赁费收入。

(24) 12 月 31 日，结转收入和费用账户余额至本年利润账户。

(25) 12 月 31 日，只涉及企业所得税，计算应纳所得税费用（假定没有发生纳税调整事项），结平所得税费用账户。

(26) 12 月 31 日，缴纳应纳税金，假定只涉及企业所得税。

(27) 12 月 31 日，将税后利润转入利润分配账户。

(28) 12 月 31 日，按规定计提法定盈余公积金、任意盈余公积和向投资者分配利润。

(29) 12 月 31 日，将“利润分配”各明细账户的余额转入“利润分配——未分配利润”明细分类账户。

要求：根据模拟企业——江海宏源机器有限公司的资料，按照会计循环的步骤完成从记账、算账到报账的实验训练。

提示：参考主教材第1章总论，第2章会计处理方法第5节会计循环，第4章复式记账原理及其应用，第7章成本计算，第10章会计核算组织程序第1节会计核算组织程序概述、第2节记账凭证会计核算组织程序，第11章会计工作组织等相关章节的内容，为江海宏源机器有限公司设计规划会计核算组织程序。

7.2 设置会计科目及账户

设置会计科目及账户是对会计对象具体内容进行分类核算的方法，也称建账。原有企业在新会计年度开始时或新注册成立企业时，会计人员均应根据会计核算工作和企业管理工作的需要，按规定分类核算的项目，设置应用账簿，以取得所需要的核算指标。因此，建账是会计的日常工作，也是会计人员应当掌握的基本技能。

7.2.1 设置会计科目及账户的基本程序

第一步：按照会计核算工作和企业管理工作的需要，准备不同账页格式的订本式或活页式账簿，以满足不同的建账需要。

第二步：在账簿“启用表”中，写明单位名称、账簿名称、册数、编号、起止页数、启用日期以及记账人员和会计主管人员姓名，并加盖名章和单位公章。记账人员或会计主管人员在本年度调动工作时，应注明交接日期、接办人员和监交人员姓名，并由交接双方签名或盖章，以明确经济责任。

第三步：按照会计科目表的顺序、名称，在总账账页上建立总账账户；根据总账账户明细核算的要求，在相关总账下建立相应的明细账户，并将相关总账和明细账户的上年余额结转过来。

第四步：启用订本式账簿，应从第一页起到最后一页按顺序编号，不得跳页、缺号；使用活页式账簿，应按账户顺序编页次号码。各账户编排序号后，应将账户名称页次填入“账户目录”页内，并粘贴账户标签，写明账户名称，以方便记账和查账时检索。

7.2.2 建账的依据

企业建立新账应以经合法中介机构审验评估的审计报告、资产评估报告（须经有关部门确认或备案）、验资报告为基础，以评估调整（即资产评估机构的评估报告，并经有关部门确认的资产评估基准日评估价值，与资产评估基准日的账面价值的差额调整）和会计调整（即资产评估基准日与会计建账基准日之间的会计账项调整）后的财务账项作为建账依据。

原有企业在新会计年度建新账时，一般以上年各账户的期末余额作为建账依据。

7.2.3　建账应注意的问题

首先，与企业会计核算工作量和企业管理工作的需要量相适应。建立账簿是为了满足企业管理的需要，为企业管理者提供有用的会计信息，所以在建账时以满足管理需要为前提，避免重复设账、记账。

其次，与企业会计核算组织形式相适应。企业业务量大小不同，所采用的账务处理程序也不同。企业一旦确定了会计核算组织形式，也就决定了账簿的设置。如果企业采用的是记账凭证会计核算组织形式，企业的总账就要根据记账凭证会计核算组织形式序时登记，应按照会计核算组织形式准备序时登记的总账。

7.2.4　建立日记账

无论企业的性质和组织形式有多么不同，都存在货币资金核算问题，因此现金日记账和银行存款日记账这两种账簿是必须建立的。现金日记账和银行存款日记账应选用三栏式的订本式账簿。根据账簿的启用要求填制扉页的内容，并分别过入现金日记账的期初余额和银行存款日记账的期初余额，然后根据现金和银行存款收付款业务凭证逐日逐笔分别登记现金日记账和银行存款日记账。

7.2.5　建立总分类账

企业可根据经济活动和会计事项涉及的会计科目设置总账。企业经济业务涉及的所有会计科目都要有相应的总账账簿（账页）与之对应。会计人员估计每一总账业务量的大小，为每一总账预留若干账页，并在总账第 1 页第 1 行过入期初余额，总账就建好了。为了方便登记总账，在总账账页分页使用时，应按资产、负债、所有者权益、收入、费用等会计要素的顺序来分页建立总账。

企业通常要设置的总账业务有现金、银行存款、其他货币资金、短期投资、应收票据、应收账款、其他应收款、存货、长期投资、固定资产、累计折旧、无形资产、短期借款、应付票据、应付账款、其他应付款、应付职工薪酬、应交税费、应付利润、长期借款、应付债券、长期应付款、实收资本（股本）、资本公积、盈余公积、本年利润、利润分配、主营业务收入、主营业务成本、营业税金及附加、销售费用、财务费用、管理费用、其他业务收入、其他业务成本、营业外收入、营业外支出、所得税费用、投资收益等。

7.2.6　建立明细分类账

明细分类账的设置是根据企业自身管理需要和为提供比较详细资料的需要建立的账簿。企业可根据自身的需要建立明细账。由于明细分类账反映的内容比较复杂，需要根据明细分类账反映的内容选择不同账页格式的明细分类账账簿。明细账的格式主要有三栏式、数量金额式和多栏式三种。一般来讲，反映债权债务的往来明细账采用三栏式明细账，反映材料收发结存的明细账采用数量金额式明细账，反映费用各个项目的明细账采用多栏式明细账。明细账无论按怎样的方法分类，各个账户明细账的期末余额之和应与其总账的期末余额相等。

企业可根据经济活动和管理需要在总账科目下设置明细科目，并根据核算的内容选择相适应账页格式的明细账，并在明细账第 1 页第 1 行过入各明细账的期初余额，明细账就建好了。

要求：根据本综合实验的经济业务、账簿记录，为江海宏源机器有限公司开设 2010 年 12 月的总账、日记账以及明细账。

提示：

1. 参考主教材第 3 章会计科目与账户。

2. 综合实验涉及总账科目 32 个，需要借贷余三栏式总账账页 33 面、借贷余三栏式明细账账页 12 面、数量金额式明细账账页 3 面、多栏式明细账账页 3 面、现金日记账和银行存款日记账账页各 1 面、增值税明细账账页 1 面。准备比科目数量略多的总账和明细账账页数。

7.3 填制和审核原始凭证、记账凭证

会计凭证是用来记录经济业务、明确经济责任的书面证明，是登记账簿的重要依据。企业对于任何一项经济业务都要按照实际执行或完成的情况填制有关凭证。所有凭证都要经过会计部门和有关职能部门的审核，同时只有经过审核无误的凭证，才能作为记账的依据。在凭证的审核过程中，最重要的是审核经济业务是否合法，是否合理，是否符合财经制度的规定，是否执行了财经纪律。只有对各种凭证进行合法性、合理性审核，才能确保会计资料的真实性。会计凭证包括原始凭证和记账凭证。

7.3.1 原始凭证的填制和审核

原始凭证是经济业务发生或完成时取得或填制的，用来证明经济业务发生或完成的情况，并作为记账的原始依据。按其来源不同，分为自制原始凭证和外来原始凭证。原始凭证的填制与审核主要从填制和审核两方面进行。

1. 填制的基本内容

原始凭证的名称、填制凭证的日期、填制凭证单位名称或者填制人姓名、经办人员的签名或者盖章、接受凭证单位名称、经济业务内容。

2. 审核的基本要求

原始凭证反映的经济业务必须合法，符合国家有关部门法律的规定；凭证填写的内容和数字要真实可靠；各种凭证内容逐项填写齐全，不得遗漏和省略；填制要及时；凭证书写要规范；各种凭证不得随意更改；大小写要符合规定；各种

凭证必须连续编号，以便查证。应审核原始凭证是否合法、合理；审核原始凭证是否真实、完整；审查原始凭证是否正确、清楚。

7.3.2　记账凭证的填制和审核

记账凭证是指由会计人员根据审核无误的原始凭证或汇总原始凭证编制的，用来确定会计分录，作为登记账簿直接依据的会计凭证。

1. 记账凭证的填制内容

记账凭证的填制日期；记账凭证的种类与编号；经济业务摘要；会计科目；所附原始凭证的张数；填制人员、稽核人员、记账人员、会计主管人员的签章。

2. 记账凭证的填制要求

（1）填制记账凭证必须以审核无误的原始凭证为依据。

（2）摘要栏是对经济业务的简要说明。

（3）填制收付凭证的日期应按货币资金的实际收付日期填写，与原始凭证所记载的日期不一定相同。

（4）摘要既要简明，又要确切。

（5）会计科目必须正确。

（6）凭证要连续编号。

（7）除结账和更正错误的记账凭证可以不附原始凭证，其他记账凭证必须附原始凭证。

（8）如果在填制记账凭证时发生差错，应当重新填制。

（9）在同一项经济业务中，如果既有现金和银行存款的收付款业务，又有转账业务，相应地应分别填制收、付、转凭证。

（10）记账凭证填写完毕，应进行复核与检查，并按所使用的记账方法进行试算平衡。

3. 记账凭证的审核

（1）审核记账凭证是否附有原始凭证，原始凭证的构成是否齐全，内容是否合法、真实，记账凭证所记录的经济业务与所附原始凭证所反映的经济业务是否相符。

（2）审核记账凭证应借、应贷的会计科目是否正确，账户的关系是否清楚，所使用的会计科目及其核算内容是否符合会计制度的规定，金额计算是否准确。

（3）审核摘要是否填写清楚，项目填写是否完整，以及有关人员签章是否齐全。

7.3.3　模拟企业2010年12月发生经济业务的有关原始凭证

根据综合实验的以下经济业务，为江海宏源机器有限公司编制2010年12月发生的经济业务的记账凭证并过账。相关凭证参见附录 4。

要求： 根据本综合实验的经济业务，为江海宏源机器有限公司编制 2010 年 12 月发生经济业务的原始凭证和记账凭证。

提示：

(1) 参考主教材第 5 章会计凭证，第 7 章成本计算。会计业务原始凭证参见本书附录 4。

(2) 综合实验全部经济业务 29 笔，其中收款业务 3 笔，付款业务 7 笔，转账业务 20 笔。根据需要选用通用记账凭证或收付转专用凭证。准备比业务数量略多的记账凭证。

7.4 过账

按照复式记账的记账规则，根据记账凭证中记载的会计科目、借贷方向及其金额，分别记入总分类账和有关明细账户借方或贷方，这个记账步骤通常称为“过账”，或称为“记账”。日记账指按照经济业务发生时间的先后顺序做出分录并登记账簿。分类账是对各项经济业务按照其所涉及的账户进行分类登记的账簿，每个账户一般在分类账里都设有独立的账页。

要求： 根据本综合实验经济业务所编制的原始凭证和记账凭证，将江海宏源机器有限公司 2010 年 12 月的记账凭证过账。

提示： 参考主教材第 6 章会计账簿。

7.5 编制调整前试算平衡表

所谓试算平衡，就是根据借贷记账法“有借必有贷，借贷必相等”的平衡原理，检查和验证账户记录正确性的一种常用的会计方法。试算平衡工作是通过编制试算平衡表完成的。编制账项调整前试算平衡表，是为了在将全部会计分录过账之后、账项调整之前及时发现记账错误。试算不平衡就可以发现借贷不平衡，当然平衡也不一定就没有问题，因为在漏记、重记、记账方向颠倒和用错会计科目的情况下，仍然不能通过试算平衡来发现。

试算平衡表是列有总分类账中所有账户及其余额的表格，一般设为六栏，既可以进行总分类账户本期发生额的试算平衡，又可以进行总分类账户期初余额和期末余额的试算平衡，参见附录 4。

要求： 根据本综合实验的经济业务、账簿记录，为江海宏源机器有限公司编制 2010 年 12 月的账项调整前试算平衡表。

提示： 参考主教材第 8 章编制报表前的准备工作第 5 节工作底稿。试算平衡表参见本书附录 4。

7.6　期末账项调整及过账

期末结账前，按照权责发生制原则，确定本期应得收入和应负担的费用，并据以对账簿记录的有关账项做出必要调整的会计处理方法，即为账项调整。账项调整的目的是按照应收应付这一标准，合理地反映各会计期间应得的收入和应负担的费用，使各期的收入和费用能够相互配比，从而正确计算各期的损益。期末进行账项调整，主要是为了在利润表中正确反映本期的经营成果，但是，在收入和费用的调整过程中，必然会影响到资产负债表有关项目的增减变动。账项调整是指将属于本期已经发生而尚未入账的收入和费用，按照权责发生制的原则进行账项调整。主要有预收收入、应计收入、预付费用和应计费用四方面的内容。

江海宏源机器有限公司 2010 年 12 月的期末账项调整业务参见附录 4 会计业务综合实验业务 20～23 及其原始凭证。

要求：根据本综合实验的经济业务和账簿记录进行账项调整，为江海宏源机器有限公司编制 2010 年 12 月的账项调整分录并过账。

提示：参考主教材第 8 章编制报表前的准备工作第 2 节期末账项调整。账项调整业务原始凭证参见本书附录 4。

7.7　编制调整后的试算平衡表

编制账项调整后的试算平衡表，是因为企业在期末都有相当数量的调整事项。为了在调整账项过账之后，编制报表之前及时发现记账错误，应当编制调整后试算平衡表。经试算平衡后便可以结计本期利润，编制会计报表，参见附录 4。

要求：根据本综合实验的经济业务、账簿记录和调整分录，为江海宏源机器有限公司编制 2010 年 12 月的账项调整后试算平衡表。

提示：参考主教材第 8 章编制报表前的准备工作第 5 节工作底稿。试算平衡表参见本书附录 4。

7.8　利润分配

净利润是指在利润总额中按规定缴纳了所得税以后企业的利润留存，一般也称为税后利润或净收入。净利润的计算公式为：

净利润＝利润总额×(1－所得税税率)

利润是一个企业经营业绩的最终成果，利润越多，表示企业的经营业绩越好；利润越少，表示企业的经营业绩越差，它是衡量一个企业经营效益的主要指标。

利润分配，是将企业实现的净利润，按照国家财务制度规定的分配形式和分配顺序，在国家、企业和投资者之间进行的分配。利润分配的过程与结果，是关系到所有者的合法权益能否得到保护，企业能否长期、稳定发展的重要问题，为此，企业必须加强利润分配的管理和核算。

企业利润分配的主体一般有国家、投资者、企业和企业内部职工；利润分配的对象主要是企业实现的净利润。

根据《中华人民共和国公司法》等有关法规的规定，企业当年实现的净利润，一般应按照下列顺序进行分配：

第一，提取法定盈余公积金。法定盈余公积金按照税后净利润的10%提取。法定盈余公积金已达注册资本的50%时可不再提取。提取的法定盈余公积金用于弥补以前年度亏损或转增资本金，但转增资本金后留存的法定盈余公积金不得低于注册资本的25%。

第二，提取法定公益金。法定公益金按税后利润的5%～10%提取。提取的公益金用于企业职工的集体福利设施。

第三，向投资者分配利润。企业以前年度未分配的利润可以并入本年度分配。

江海宏源机器有限公司2010年12月进行利润分配的原始凭证，参见附录4会计业务综合实验业务24～29。

要求：根据国家的有关制度规定和企业章程，对江海宏源机器有限公司2010年12月实现的利润进行分配。

提示：参考主教材第7章成本计算第4节负债和所有者权益成本的计算。

7.9 结账

结账，是指把一定时期内应记入账簿的经济业务全部登记入账后，计算本期发生额及期末余额，并将余额结转至下期或新的账簿。按照规定，对现金、银行存款日记账按日结账，对其他账户按月、季、年结账。结账的具体方法如下：

第一，日结或月结时，应在该日、该月最后一笔经济业务下面划一条通栏单红线，在红线下摘要栏内注明“本日合计”或“本月合计”、“本月发生额及余额”字样，在借方栏、贷方栏或余额栏分别填入本日、本月合计数和月末余额，同时在“借或贷”栏内注明借贷方向。然后，在这一行下面再划一条通栏红线，以便与下日、下月发生额划清。

第二，季结时，通常在每季度最后一个月月结的下一行，在摘要栏内注明“本季合计”或“本季度发生额及余额”，同时结出借贷方发生总额及季末余额。然后，在这一行下面划一条通栏单红线，表示季结的结束。

第三，年结时，在第四季度“季结”的下一行，在摘要栏注明“本年合计”

或“本年发生额及余额”，同时结出借贷方发生额及期末余额。然后，在这一行下面划通栏双红线，以示封账。

第四，年度结账后，总账和日记账应当更换新账，明细账一般也应更换。但有些明细账，如固定资产明细账等可以连续使用，不必每年更换。年终时，要把各账户的余额结转到下一会计年度，只在摘要栏注明“结转下年”字样，结转金额不再抄写。如果账页的“结转下年”行以下还有空行，应当自余额栏的右上角至日期栏的左下角用红笔划对角斜线注销。在下一会计年度新建有关会计账簿的第一行余额栏内填写上年结转的余额，并在摘要栏注明“上年结转”字样。凡涉及债权、债务及待处理事项的账户，填写“上年结转”时，还应在摘要栏填写金额的发生日期及主要经济业务内容说明，摘要栏写不完的，可以在次行摘要栏继续填写，最后一行的余额栏填写上年度余额。

第五，编制会计报表前，必须把总账和明细账登记齐全，试算平衡。应先登记账簿和办理结账，后编制会计报表，以保证报表资料的准确性和完整性。

要求：根据本综合实验的经济业务和账簿记录，对江海宏源机器有限公司2010年12月的会计账簿进行结账。

提示：参考主教材第8章编制报表前的准备工作第3节对账和结账。

7.10 编制会计报表

会计报表是企业财务报告的主要部分，是企业向外传递会计信息的主要手段。会计报表是根据日常会计核算资料定期编制的，综合反映企业某一特定日期财务状况和某一会计期间经营成果、现金流量的总结性书面文件。我国现行制度规定，企业对外提供的会计报表包括资产负债表、利润表、现金流量表和其他有关附表。企业编制财务会计报告，应根据真实的交易、事项以及登记完整、核对无误的会计账簿记录和其他有关资料，按照国家统一会计制度规定的编制基础、编制依据、编制原则和方法，做到内容完整、数字真实、计算准确、编报及时。

编制会计报表是会计循环的最后一个环节，也是会计核算工作的总结。

根据《初级会计学》主教材介绍的内容和本综合实验的经济业务、账簿记录，为江海宏源机器有限公司编制2010年12月的会计报表，主要包括资产负债表和利润表（指导老师可根据技能训练的需要和可能安排编制现金流量表）。

要求：根据本综合实验的经济业务和账簿记录，为江海宏源机器有限公司编制2010年12月的资产负债表和利润表。

提示：参考主教材第9章财务会计报告。资产负债表和利润表参见本书附录4。

附录 1

Appendix 1 会计基础工作规范

会计基础工作规范

中华人民共和国财政部制定

一九九六年六月十七日

第一章　总　则

第一条　为了加强会计基础工作，建立规范的会计工作秩序，提高会计工作水平，根据《中华人民共和国会计法》的有关规定，制定本规范。

第二条　国家机关、社会团体、企业、事业单位、个体工商户和其他组织的会计基础工作，应当符合本规范的规定。

第三条　各单位应当依据有关法规、法规和本规范的规定，加强会计基础工作，严格执行会计法规制度，保证会计工作依法有序地进行。

第四条　单位领导人对本单位的会计基础工作负有领导责任。

第五条　各省、自治区、直辖市财政厅（局）要加强对会计基础工作的管理和指导，通过政策引导、经验交流、监督检查等措施，促进基层单位加强会计基础工作，不断提高会计工作水平。

国务院各业务主管部门根据职责权限管理本部门的会计基础工作。

第二章　会计机构和会计人员

第一节　会计机构设置和会计人员配备

第六条　各单位应当根据会计业务的需要设置会计机构；不具备单独设置会计机构条件的，应当在有关机构中配备专职会计人员。

事业行政单位会计机构的设置和会计人员的配备，应当符合国家统一事业行政单位会计制度的规定。

设置会计机构，应当配备会计机构负责人；在有关机构中配备专职会计人员，应当在专职会计人员中指定会计主管人员。

会计机构负责人、会计主管人员的任免，应当符合《中华人民共和国会计法》和有关法律的规定。

第七条 会计机构负责人、会计主管人员应当具备下列基本条件：

（一）坚持原则，廉洁奉公；

（二）具有会计专业技术资格；

（三）主管一个单位或者单位内一个重要方面的财务会计工作时间不少于二年；

（四）熟悉国家财经法律、法规、规章和方针、政策，掌握本行业业务管理的有关知识；

（五）有较强的组织能力；

（六）身体状况能够适应本职工作的要求。

第八条 没有设置会计机构和配备会计人员的单位，应当根据《代理记账管理暂行办法》委托会计师事务所或者持有代理记账许可证书的其他代理记账机构进行代理记账。

第九条 大、中型企业、事业单位、业务主管部门应当根据法律和国家有关规定设置总会计师。总会计师由具有会计师以上专业技术资格的人员担任。

总会计师行使《总会计师条例》规定的职责、权限。

总会计师的任命（聘任）、免职（解聘）依照《总会计师条例》和有关法律的规定办理。

第十条 各单位应当根据会计业务需要配备持有会计证的会计人员。未取得会计证的人员，不得从事会计工作。

第十一条 各单位应当根据会计业务需要设置会计工作岗位。

会计工作岗位一般可分为：会计机构负责人或者会计主管人员，出纳，财产物资核算，工资核算，成本费用核算，财务成果核算，资金核算，往来结算，总账报表，稽核，档案管理等。开展会计电算化和管理会计的单位，可以根据需要设置相应工作岗位，也可以与其他工作岗位相结合。

第十二条 会计工作岗位，可以一人一岗、一人多岗或者一岗多人。但出纳人员不得兼管稽核、会计档案保管和收入、费用、债权债务账目的登记工作。

第十三条 会计人员的工作岗位应当有计划地进行轮换。

第十四条 会计人员应当具备必要的专业知识和专业技能，熟悉国家有关法律、法规、规章和国家统一会计制度，遵守职业道德。

会计人员应当按照国家有关规定参加会计业务的培训。各单位应当合理安排会计人员的培训，保证会计人员每年有一定时间用于学习和参加培训。

第十五条 各单位领导人应当支持会计机构、会计人员依法行使职权；对忠于职守，坚持原则，做出显著成绩的会计机构、会计人员，应当给予精神的和物质的奖励。

第十六条 国家机关、国有企业、事业单位任用会计人员应当实行回避制度。

单位领导人的直系亲属不得担任本单位的会计机构负责人、会计主管人员。会计机构负责人、会计主管人员的直系亲属不得在本单位会计机构中担任出纳工作。

需要回避的直系亲属为：夫妻关系、直系血亲关系、三代以内旁系血亲以及配偶亲关系。

第二节　会计人员职业道德

第十七条　会计人员在会计工作中应当遵守职业道德，树立良好的职业品质、严谨的工作作风，严守工作纪律，努力提高工作效率和工作质量。

第十八条　会计人员应当热爱本职工作，努力钻研业务，使自己的知识和技能适应所从事工作的要求。

第十九条　会计人员应当熟悉财经法律、法规、规章和国家统一会计制度，并结合会计工作进行广泛宣传。

第二十条　会计人员应当按照会计法规、法规和国家统一会计制度规定的程序和要求进行会计工作，保证所提供的会计信息合法、真实、准确、及时、完整。

第二十一条　会计人员办理会计事务应当实事求是、客观公正。

第二十二条　会计人员应当熟悉本单位的生产经营和业务管理情况，运用掌握的会计信息和会计方法，为改善单位内部管理、提高经济效益服务。

第二十三条　会计人员应当保守本单位的商业秘密。除法律规定和单位领导人同意外，不能私自向外界提供或者泄露单位的会计信息。

第二十四条　财政部门、业务主管部门和各单位应当定期检查会计人员遵守职业道德的情况，并作为会计人员晋升、晋级、聘任专业职务、表彰奖励的重要考核依据。

会计人员违反职业道德的，由所在单位进行处罚；情节严重的，由会计证发证机关吊销其会计证。

第三节　会计工作交接

第二十五条　会计人员工作调动或者因故离职，必须将本人所经管的会计工作全部移交给接替人员。没有办清交接手续的，不得调动或者离职。

第二十六条　接替人员应当认真接管移交工作，并继续办理移交的未了事项。

第二十七条　会计人员办理移交手续前，必须及时做好以下工作：

（一）已经受理的经济业务尚未填制会计凭证的，应当填制完毕。

（二）尚未登记的账目，应当登记完毕，并在最后一笔余额后加盖经办人员印章。

（三）整理应该移交的各项资料，对未了事项写出书面材料。

（四）编制移交清册，列明应当移交的会计凭证、会计账簿、会计报表、印章、现金、有价证券、支票簿、发票、文件、其他会计资料和物品等内容；实行会计电算化的单位，从事该项工作的移交人员还应当在移交清册中列明会计软件及密码、会计软件数据磁盘（磁带等）及有关资料、实物等内容。

第二十八条　会计人员办理交接手续，必须有监交人负责监交。一般会计人员交接，由单位会计机构负责人、会计主管人员负责监交；会计机构负责人、会计主管人员交接，由单位领导人负责监交，必要时可由上级主管部门派人会同监交。

第二十九条　移交人员在办理移交时，要按移交清册逐项移交；接替人员要逐项核对点收。

（一）现金、有价证券要根据会计账簿有关记录进行点交。库存现金、有价证券必须与会计账簿记录保持一致。不一致时，移交人员必须限期查清。

（二）会计凭证、会计账簿、会计报表和其他会计资料必须完整无缺。如有短缺，必须查清原因，并在移交清册中注明，由移交人员负责。

（三）银行存款账户余额要与银行对账单核对，如不一致，应当编制银行存款余额调节表调节相符，各种财产物资和债权债务的明细账户余额要与总账有关账户余额核对相符；必要时，要抽查个别账户的余额，与实物核对相符，或者与往来单位、个人核对清楚。

（四）移交人员经管的票据、印章和其他实物等，必须交接清楚；移交人员从事会计电算化工作的，要对有关电子数据在实际操作状态下进行交接。

第三十条　会计机构负责人、会计主管人员移交时，还必须将全部财务会计工作、重大财务收支和会计人员的情况等，向接替人员详细介绍。对需要移交的遗留问题，应当写出书面材料。

第三十一条　交接完毕后，交接双方和监交人员要在移交注册上签名或者盖章。并应在移交注册上注明：单位名称，交接日期，交接双方和监交人员的职务、姓名，移交清册页数以及需要说明的问题和意见等。

移交清册一般应当填制一式三份，交接双方各执一份，存档一份。

第三十二条　接替人员应当继续使用移交的会计账簿，不得自行另立新账，以保持会计记录的连续性。

第三十三条　会计人员临时离职或者因病不能工作且需要接替或者代理的，会计机构负责人、会计主管人员或者单位领导人必须指定有关人员接替或者代理，并办理交接手续。

临时离职或者因病不能工作的会计人员恢复工作的，应当与接替或者代理人员办理交接手续。

移交人员因病或者其他特殊原因不能亲自办理移交的，经单位领导人批准，可由移交人员委托他人代办移交，但委托人应当承担本规范第三十五条规定的责任。

第三十四条　单位撤销时，必须留有必要的会计人员，会同有关人员办理清理工作，编制决算。未移交前，不得离职。接收单位和移交日期由主管部门确定。

单位合并、分立的，其会计工作交接手续比照上述有关规定办理。

第三十五条　移交人员对所移交的会计凭证、会计账簿、会计报表和其他有关资料的合法性、真实性承担法律责任。

第三章　会计核算

第一节　会计核算一般要求

第三十六条　各单位应当按照《中华人民共和国会计法》和国家统一会计制度的规定建立会计账册，进行会计核算，及时提供合法、真实、准确、完整的会计信息。

第三十七条　各单位发生的下列事项，应当及时办理会计手续、进行会计核算：

（一）款项和有价证券的收付；

（二）财物的收发、增减和使用；

（三）债权债务的发生和结算；

（四）资本、基金的增减；

（五）收入、支出、费用、成本的计算；

（六）财务成果的计算和处理；

（七）其他需要办理会计手续、进行会计核算的事项。

第三十八条　各单位的会计核算应当以实际发生的经济业务为依据，按照规定的会计处理方法进行，保证会计指标的口径一致、相互可比和会计处理方法的前后各期相一致。

第三十九条　会计年度自公历 1 月 1 日起至 12 月 31 日止。

第四十条　会计核算以人民币为记账本位币。

收支业务以外国货币为主的单位，也可以选定某种外国货币作为记账本位币，但是编制的会计报表应当折算为人民币反映。

境外单位向国内有关部门编报的会计报表，应当折算为人民币反映。

第四十一条　各单位根据国家统一会计制度的要求，在不影响会计核算要求、会计报表指标汇总和对外统一会计报表的前提下，可以根据实际情况自行设置和使用会计科目。

事业行政单位会计科目的设置和使用，应当符合国家统一事业行政单位会计制度的规定。

第四十二条　会计凭证、会计账簿、会计报表和其他会计资料的内容和要求必须符合国家统一会计制度的规定，不得伪造、变造会计凭证和会计账簿，不得设置账外账，不得报送虚假会计报表。

第四十三条　各单位对外报送的会计报表格式由财政部统一规定。

第四十四条　实行会计电算化的单位，对使用的会计软件及其生成的会计凭证、会计账簿、会计报表和其他会计资料的要求，应当符合财政部关于会计电算化的有关规定。

第四十五条　各单位的会计凭证、会计账簿、会计报表和其他会计资料，应当建立档案，妥善保管。会计档案建档要求、保管期限、销毁办法等依据《会计档案管理办法》的规定进行。

实行会计电算化的单位，有关电子数据、会计软件资料等应当作为会计档案进行管理。

第四十六条　会计记录的文字应当使用中文，少数民族自治地区可以同时使用少数民族文字。中国境内的外商投资企业、外国企业和其他外国经济组织也可以同时使用某种外国文字。

第二节　填制会计凭证

第四十七条　各单位办理本规范第三十七条规定的事项，必须取得或者填制原始凭证，并及时送交会计机构。

第四十八条　原始凭证的基本要求是：

（一）原始凭证的内容必须具备：凭证的名称；填制凭证的日期；填制凭证单位名称或者填制人姓名；经办人员的签名或者盖章；接受凭证单位名称；经济业务内容；数量、单价和金额。

（二）从外单位取得的原始凭证，必须盖有填制单位的公章；从个人取得的原始凭证，必须有填制人员的签名或者盖章。自制原始凭证必须有经办单位领导人或者其指定的人员签名或者盖章。对外开出的原始凭证，必须加盖本单位公章。

（三）凡填有大写和小写金额的原始凭证，大写与小写金额必须相符。购买实物的原始凭证，必须有验收证明。支付款项的原始凭证，必须有收款单位和收款人的收款证明。

（四）一式几联的原始凭证，应当注明各联的用途，只能以一联作为报销凭证。

一式几联的发票和收据，必须用双面复写纸（发票和收据本身具备复写纸功能的除外）套写，并连续编号。作废时应当加盖“作废”戳记，连同存根一起保存，不得撕毁。

（五）发生销货退回的，除填制退货发票外，还必须有退货验收证明；退款时，必须取得对方的收款收据或者汇款银行的凭证，不得以退货发票代替收据。

（六）职工公出借款凭据，必须附在记账凭证之后。收回借款时，应当另开收据或者退还借据副本，不得退还原借款收据。

（七）经上级有关部门批准的经济业务，应当将批准文件作为原始凭证附件。如果批准文件需要单独归档的，应当在凭证上注明批准机关名称、日期和文件字号。

第四十九条　原始凭证不得涂改、挖补。发现原始凭证有错误的，应当由开出单位重开或者更正，更正处应当加盖开出单位的公章。

第五十条　会计机构、会计人员要根据审核无误的原始凭证填制记账凭证。

记账凭证可以分为收款凭证、付款凭证和转账凭证，也可以使用通用记账凭证。

第五十一条　记账凭证的基本要求是：

（一）记账凭证的内容必须具备：填制凭证的日期；凭证编号；经济业务摘要；会计科目；金额；所附原始凭证张数；填制凭证人员、稽核人员、记账人员、会计机构负责人、会计主管人员签名或者盖章。收款和付款记账凭证还应当由出纳人员签名或者盖章。

以自制的原始凭证或者原始凭证汇总表代替记账凭证的，也必须具备记账凭证应有的项目。

（二）填制记账凭证时，应当对记账凭证进行连续编号。一笔经济业务需要填制两张以上记账凭证的，可以采用分数编号法编号。

（三）记账凭证可以根据每一张原始凭证填制，或者根据若干张同类原始凭证汇总填制，也可以根据原始凭证汇总表填制。但不得将不同内容和类别的原始凭证汇总填制在一张记账凭证上。

（四）除结账和更正错误的记账凭证可以不附原始凭证外，其他记账凭证必须附有原始凭证。如果一张原始凭证涉及几张记账凭证，可以把原始凭证附在一张主要的记账凭证后面，并在其他记账凭证上注明附有该原始凭证的记账凭证的编号或者附原始凭证复印机。

一张复始凭证所列支出需要几个单位共同负担的，应当将其他单位负担的部分，开给对方原始凭证分割单，进行结算。原始凭证分割单必须具备原始凭证的基本内容：凭证名称、填制凭证日期、填制凭证单位名称或者填制人姓名、经办人的签名或者盖章、接受凭证单位名称、经济业务内容、数量、单价、金额和费用分摊情况等。

（五）如果在填制记账凭证时发生错误，应当重新填制。

已经登记入账的记账凭证，在当年内发现填写错误时，可以用红字填写一张与原内容相同的记账凭证，在摘要栏注明“注销某月某日某号凭证”字样，同时再用蓝字重新填制一张正确的记账凭证，注明“订正某月某日某号凭证”字样。如果会计科目没有错误，只是金额错误，也可以将正确数字与错误数字之间的差额，另编一张调整的记账凭证，调增金额用蓝字，调减金额用红字。发现以前年度记账凭证有错误的，应当用蓝字填制一张更正的记账凭证。

（六）记账凭证填制完经济业务事项后，如有空行，应当自金额栏最后一笔金额数字下的空行处至合计数上的空行处划线注销。

第五十二条 填制会计凭证，字迹必须清晰、工整，并符合下列要求：

（一）阿拉伯数字应当一个一个地写，不得连笔写。阿拉伯金额数字前面应当书写货币币种符号或者货币名称简写和币种符号。币种符号与阿拉伯金额数字之间不得留有空白。凡阿拉伯数字前写有币种符号的，数字后面不再写货币单位。

（二）所有以元为单位（其他货币种类为货币基本单位，下同）的阿拉伯数字，除表示单价等情况外，一律填写到角分；无角分的，角位和分位可写“00”，或者符号“—”；有角无分的，分位应当写“0”，不得用符号“—”代替。

（三）汉字大写数字金额如零、壹、贰、叁、肆、伍、陆、柒、捌、玖、拾、佰、仟、万、亿等，一律用正楷或者行书体书写，不得用0、一、二、三、四、五、六、七、八、九、十等简化字代替，不得任意自造简化字。大写金额数字到元或者角为止的，在“元”或者“角”字之后应当写“整”字或者“正”字；大写金额数字有分的，分字后面不写“整”或者“正”字。

（四）大写金额数字前未印有货币名称的，应当加填货币名称，货币名称与金额数字之间不得留有空白。

（五）阿拉伯金额数字中间有“0”时，汉字大写金额要写“零”字；阿拉伯数字金额中间连续有几个“0”时，汉字大写金额中可以只写一个“零”字；阿拉伯金额数字元位是“0”，或者数字中间连续有几个“0”、元位也是“0”但角位不是“0”时，汉字大写金额可以只写一个“零”字，也可以不写“零”字。

第五十三条　实行会计电算化的单位，对于机制记账凭证，要认真审核，做到会计科目使用正确，数字准确无误。打印出的机制记账凭证要加盖制单人员、审核人员、记账人员及会计机构负责人、会计主管人员印章或者签字。

第五十四条　各单位会计凭证的传递程序应当科学、合理，具体办法由各单位根据会计业务需要自行规定。

第五十五条　会计机构、会计人员要妥善保管会计凭证。

（一）会计凭证应当及时传递，不得积压。

（二）会计凭证登记完毕后，应当按照分类和编号顺序保管，不得散乱丢失。

（三）记账凭证应当连同所附的原始凭证或者原始凭证汇总表，按照编号顺序，折叠整齐，按期装订成册，并加具封面，注明单位名称、年度、月份和起讫日期、凭证种类、起讫号码，由装订人在装订线封签外签名或者盖章。

对于数量过多的原始凭证，可以单独装订保管，在封面上注明记账凭证日期、编号、种类，同时在记账凭证上注明“附件另订”和原始凭证名称及编号。

各种经济合同、存出保证金收据以及涉外文件等重要原始凭证，应当另编目录，单独登记保管，并在有关的记账凭证和原始凭证上相互注明日期和编号。

（四）原始凭证不得外借，其他单位如因特殊原因需要使用原始凭证时，经本单位会计机构负责人、会计主管人员批准，可以复制。向外单位提供的原始凭证复制件，应当在专设的登记簿上登记，并由提供人员和收取人员共同签名或者盖章。

（五）从外单位取得的原始凭证如有遗失，应当取得原开出单位盖有公章的证明，并注明原来凭证的号码、金额和内容等，由经办单位会计机构负责人、会计主管人员和单位领导人批准后，才能代作原始凭证。如果确实无法取得证明的，如火车、轮船、飞机票等凭证，由当事人写出详细情况，由经办单位会计机构负责人、会计主管人员和单位领导人批准后，代作原始凭证。

第三节　登记会计账簿

第五十六条　各单位应当按照国家统一会计制度的规定和会计业务的需要设置会计账簿。会计账簿包括总账、明细账、日记账和其他辅助性账簿。

第五十七条　现金日记账和银行存款日记账必须采用订本式账簿。不得用银行对账单或者其他方法代替日记账。

第五十八条　实行会计电算化的单位，用计算机打印的会计账簿必须连续编号，经审核无误后装订成册，并由记账人员和会计机构负责人、会计主管人员签字或者盖章。

第五十九条　启用会计账簿时，应当在账簿封面上写明单位名称和账簿名称。在账簿扉页上应当附启用表，内容包括：启用日期、账簿页数、记账人员和会计机构负责人、会计主管人员姓名，并加盖名章和单位公章。记账人员或者会计机构负责人、会计主管人员调动工作时，应当注明交接日期、接办人员或者监交人员姓名，并由交接双方人员签名或者盖章。

启用订本式账簿，应当从第一页到最后一页顺序编定页数，不得跳页、缺号。使用活页式账页，应当按账户顺序编号，并须定期装订成册。装订后再按实际使用的账页顺序编定页码。另加目录，记明每个账户的名称和页次。

第六十条 会计人员应当根据审核无误的会计凭证登记会计账簿。登记账簿的基本要求是：

（一）登记会计账簿时，应当将会计凭证日期、编号、业务内容摘要、金额和其他有关资料逐项记入账内，做到数字准确、摘要清楚、登记及时、字迹工整。

（二）登记完毕后，要在记账凭证上签名或者盖章，并注明已经登账的符号，表示已经记账。

（三）账簿中书写的文字和数字上面要留有适当空格，不要写满格，一般应占格距的二分之一。

（四）登记账簿要用蓝黑墨水或者碳素墨水书写，不得使用圆珠笔（银行的复写账簿除外）或者铅笔书写。

（五）下列情况，可以用红色墨水记账：

1. 按照红字冲账的记账凭证，冲销错误记录；

2. 在不设借贷等栏的多栏式账页中，登记减少数；

3. 在三栏式账户的余额栏前，如未印明余额方向的，在余额栏内登记负数余额；

4. 根据国家统一会计制度的规定可以用红字登记的其他会计记录。

（六）各种账簿按页次顺序连续登记，不得跳行、隔页。如果发生跳行、隔页，应当将空行、空页划线注销，或者注明“此行空白”、“此页空白”字样，并由记账人员签名或者盖章。

（七）凡需要结出余额的账户，结出余额后，应当在“借或贷”等栏内写明“借”或者“贷”等字样。没有余额的账户，应当在“借或贷”等栏内写“平”字，并在余额栏内用“0”表示。

现金日记账和银行存款日记账必须逐日结出余额。

（八）每一账页登记完毕结转下页时，应当结出本页合计数及余额，写在本页最后一行和下页第一行有关栏内，并在摘要栏内注明“过次页”和“承前页”字样；也可以将本页合计数及金额只写在下页第一行有关栏内，并在摘要栏内注明“承前页”字样。

对需要结计本月发生额的账户，结计“过次页”的本页合计数应当为自本月初起至本页末止的发生额合计数；对需要结计本年累计发生额的账户，结计“过次页”的本页合计数应当为自年初起至本页末止的累计数；对既不需要结计本月发生额也不需要结计本年累计发生额的账户，可以只将每页末的余额结转次页。

第六十一条 实行会计电算化的单位，总账和明细账应当定期打印。

发生收款和付款业务的，在输入收款凭证和付款凭证的当天必须打印出现金日记账和银行存款日记账，并与库存现金核对无误。

第六十二条 账簿记录发生错误，不准涂改、挖补、刮擦或者用药水消除字迹，不准重新抄写，必须按照下列方法进行更正：

（一）登记账簿时发生错误，应当将错误的文字或者数字划红线注销，但必须使原有字迹仍可辨认；然后在划线上方填写正确的文字或者数字，并由记账人员在更正处盖章。对于错误的数字，应当全部划红线更正，不得只更正其中的错误数字。对于文字错误，可只划去错误的部分。

（二）由于记账凭证错误而使账簿记录发生错误，应当按更正的记账凭证登记账簿。

第六十三条 各单位应当定期对会计账簿记录的有关数字与库存实物、货币资金、有价证券、往来单位或者个人等进行相互核对，保证账证相符、账账相符、账实相符。对账工作每年至少进行一次。

（一）账证核对。核对会计账簿记录与原始凭证、记账凭证的时间、凭证字号、内容、金额是否一致，记账方向是否相符。

（二）账账核对。核对不同会计账簿之间的账簿记录是否相符，包括：总账有关账户的余额核对，总账与明细账核对，总账与日记账核对，会计部门的财产物资明细账与财产物资保管和使用部门的有关明细账核对等。

（三）账实核对。核对会计账簿记录与财产等实有数额是否相符。包括：现金日记账账面余额与现金实际库存数相核对；银行存款日记账账面余额定期与银行对账单相核对；各种财物明细账账面余额与财物实存数额相核对；各种应收、应付款明细账账面余额与有关债务、债权单位或者个人核对等。

第六十四条 各单位应当按照规定定期结账。

（一）结账前，必须将本期内所发生的各项经济业务全部登记入账。

（二）结账时，应当结出每个账户的期末余额。需要结出当月发生额的，应当在摘要栏内注明“本月合计”字样，并在下面通栏划单红线。需要结出本年累计发生额的，应当在摘要栏内注明“本年累计”字样，并在下面通栏划单红线；12月末的“本年累计”就是全年累计发生额。全年累计发生额下面应当通栏划双红线。年度终了结账时，所有总账账户都应当结出全年发生额和年末余额。

（三）年度终了，要把各账户的余额结转到下一会计年度，并在摘要栏注明“结转下年”字样；在下一会计年度新建有关会计账簿的第一行余额栏内填写上年结转的余额，并在摘要栏注明“上年结转”字样。

第四节 编制财务报告

第六十五条 各单位必须按照国家统一会计制度的规定，定期编制财务报告。

财务报告包括会计报表及其说明。会计报表包括会计报表主表、会计报表附表、会计报表附注。

第六十六条 各单位对外报送的财务报告应当根据国家统一会计制度规定的

格式和要求编制。

单位内部使用的财务报告，其格式和要求由各单位自行规定。

第六十七条 会计报表应当根据登记完整、核对无误的会计账簿记录和其他有关资料编制，做到数字真实、计算准确、内容完整、说明清楚。

任何人不得篡改或者授意、指使、强令他人篡改会计报表的有关数字。

第六十八条 会计报表之间、会计报表各项目之间，凡有对应关系的数字，应当相互一致。本期会计报表与上期会计报表之间有关的数字应当相互衔接。如果不同会计年度会计报表中各项目的内容和核算方法有变更的，应当在年度会计报表中加以说明。

第六十九条 各单位应当按照国家统一会计制度的规定认真编写会计报表附注及其说明，做到项目齐全，内容完整。

第七十条 各单位应当按照国家规定的期限对外报送财务报告。

对外报送的财务报告，应当依次编定页码，加具封面，装订成册，加盖公章。封面上应当注明：单位名称，单位地址，财务报告所属年度、季度、月度，送出日期，并由单位领导人、总会计师、会计机构负责人、会计主管人员签名或者盖章。

单位领导人对财务报告的合法性、真实性负法律责任。

第七十一条 根据法律和国家有关规定应当对财务报告进行审计的，财务报告编制单位应当先行委托注册会计师进行审计，并将注册会计师出具的审计报告随同财务报告按照规定的期限报送有关部门。

第七十二条 如果发现对外报送的财务报告有错误，应当及时办理更正手续。除更正本单位留存的财务报告外，并应同时通知接受财务报告的单位更正。错误较多的，应当重新编报。

第四章 会计监督

第七十三条 各单位的会计机构、会计人员对本单位的经济活动进行会计监督。

第七十四条 会计机构、会计人员进行会计监督的依据是：

（一）财经法律、法规、规章；

（二）会计法律、法规和国家统一会计制度；

（三）各省、自治区、直辖市财政厅（局）和国务院业务主管部门根据《中华人民共和国会计法》和国家统一会计制度制定的具体实施办法或者补充规定；

（四）各单位根据《中华人民共和国会计法》和国家统一会计制度制定的单位内部会计管理制度；

（五）各单位内部的预算、财务计划、经济计划、业务计划等。

第七十五条 会计机构、会计人员应当对原始凭证进行审核和监督。

对不真实、不合法的原始凭证，不予受理。对弄虚作假、严重违法的原始凭证，在不予受理的同时，应当予以扣留，并及时向单位领导人报告，请求查明原因，追究当事人的责任。

对记载不准确、不完整的原始凭证，予以退回，要求经办人员更正、补充。

第七十六条 会计机构、会计人员对伪造、变造、故意毁灭会计账簿或者账外设账行为，应当制止和纠正；制止和纠正无效的，应当向上级主管单位报告，请求作出处理。

第七十七条 会计机构、会计人员应当对实物、款项进行监督，督促建立并严格执行财产清查制度。发现账簿记录与实物、款项不符时，应当按照国家有关规定进行处理。超出会计机构、会计人员职权范围的，应当立即向本单位领导报告，请求查明原因，作出处理。

第七十八条 会计机构、会计人员对指使、强令编造、篡改财务报告行为，应当制止和纠正；制止和纠正无效的，应当向上级主管单位报告，请求处理。

第七十九条 会计机构、会计人员应当对财务收支进行监督。

（一）对审批手续不全的财务收支，应当退回，要求补充、更正。

（二）对违反规定不纳入单位统一会计核算的财务收支，应当制止和纠正。

（三）对违反国家统一的财政、财务、会计制度规定的财务收支，不予办理。

（四）对认为是违反国家统一的财政、财务、会计制度规定的财务收支，应当制止和纠正；制止和纠正无效的，应当向单位领导人提出书面意见请求处理。

单位领导人应当在接到书面意见起十日内作出书面决定，并对决定承担责任。

（五）对违反国家统一的财政、财务、会计制度规定的财务收支，不予制止和纠正，又不向单位领导人提出书面意见的，也应当承担责任。

（六）对严重违反国家利益和社会公众利益的财务收支，应当向主管单位或者财政、审计、税务机关报告。

第八十条 会计机构、会计人员对违反单位内部会计管理制度的经济活动，应当制止和纠正；制止和纠正无效的，向单位领导人报告，请求处理。

第八十一条 会计机构、会计人员应当对单位制定的预算、财务计划、经济计划、业务计划的执行情况进行监督。

第八十二条 各单位必须依照法律和国家有关规定接受财政、审计、税务等机关的监督，如实提供会计凭证、会计账簿、会计报表和其他会计资料以及有关情况、不得拒绝、隐匿、谎报。

第八十三条 按照法律规定应当委托注册会计师进行审计的单位，应当委托注册会计师进行审计，并配合注册会计师的工作，如实提供会计凭证、会计账簿、会计报表和其他会计资料以及有关情况，不得拒绝、隐匿、谎报，不得示意注册会计师出具不当的审计报告。

第五章 内部会计管理制度

第八十四条 各单位应当根据《中华人民共和国会计法》和国家统一会计制度的规定，结合单位类型和内容管理的需要，建立健全相应的内部会计管理制度。

第八十五条 各单位制定内部会计管理制度应当遵循下列原则：

（一）应当执行法律、法规和国家统一的财务会计制度。

（二）应当体现本单位的生产经营、业务管理的特点和要求。

（三）应当全面规范本单位的各项会计工作，建立健全会计基础，保证会计工作的有序进行。

（四）应当科学、合理，便于操作和执行。

（五）应当定期检查执行情况。

（六）应当根据管理需要和执行中的问题不断完善。

第八十六条 各单位应当建立内部会计管理体系。主要内容包括：单位领导人、总会计师对会计工作的领导职责；会计部门及其会计机构负责人、会计主管人员的职责、权限；会计部门与其他职能部门的关系；会计核算的组织形式等。

第八十七条 各单位应当建立会计人员岗位责任制度。主要内容包括：会计人员的工作岗位设置；各会计工作岗位的职责和标准；各会计工作岗位的人员和具体分工；会计工作岗位轮换办法；对各会计工作岗位的考核办法。

第八十八条 各单位应当建立账务处理程序制度。主要内容包括：会计科目及其明细科目的设置和使用；会计凭证的格式、审核要求和传递程序；会计核算方法；会计账簿的设置；编制会计报表的种类和要求；单位会计指标体系。

第八十九条 各单位应当建立内部牵制制度。主要内容包括：内部牵制制度的原则；组织分工；出纳岗位的职责和限制条件；有关岗位的职责和权限。

第九十条 各单位应当建立稽核制度。主要内容包括：稽核工作的组织形式和具体分工；稽核工作的职责、权限；审核会计凭证和复核会计账簿、会计报表的方法。

第九十一条 各单位应当建立原始记录管理制度。主要内容包括：原始记录的内容和填制方法；原始记录的格式；原始记录的审核；原始记录填制人的责任；原始记录签署、传递、汇集要求。

第九十二条 各单位应当建立定额管理制度。主要内容包括：定额管理的范围；制定和修订定额的依据、程序和方法；定额的执行；定额考核和奖惩办法等。

第九十三条 各单位应当建立计量验收制度。主要内容包括：计量检测手段和方法；计量验收管理的要求；计量验收人员的责任和奖惩办法。

第九十四条 各单位应当建立财产清查制度。主要内容包括：财产清查的范围；财产清查的组织；财产清查的期限和方法；对财产清查中发现问题的处理办法；对财产管理人员的奖惩办法。

第九十五条 各单位应当建立财务收支审批制度。主要内容包括：财务收支审批人员和审批权限；财务收支审批程序；财务收支审批人员的责任。

第九十六条 实行成本核算的单位应当建立成本核算制度。主要内容包括：成本核算的对象；成本核算的方法和程序；成本分析等。

第九十七条 各单位应当建立财务会计分析制度。主要内容包括：财务会计分析的主要内容；财务会计分析的基本要求和组织程序；财务会计分析的具体方法；财务会计分析报告的编写要求等。

第六章　附　　则

第九十八条　本规范所称国家统一会计制度，是指由财政部制定、或者财政部与国务院有关部门联合制定、或者经财政部审核批准的在全国范围内统一执行的会计规章、准则、办法等规范性文件。

本规范所称会计主管人员，是指不设置会计机构、只在其他机构中设置专职会计人员的单位行使会计机构负责人职权的人员。

本规范第三章第二节和第三节关于填制会计凭证、登记会计账簿的规定，除特别指出外，一般适用于手工记账。实行会计电算化的单位，填制会计凭证和登记会计账簿的有关要求，应当符合财政部关于会计电算化的有关规定。

第九十九条　各省、自治区、直辖市财政厅（局）、国务院各业务主管部门可以根据本规范的原则，结合本地区、本部门的具体情况，制定具体实施办法，报财政部备案。

第一百条　本规范由财政部负责解释、修改。

第一百零一条　本规范自公布之日起实施。1984 年 4 月 24 日财政部发布的《会计人员工作规则》同时废止。

附录 2

Appendix 2 正确填写票据和结算凭证的基本规定

银行、单位和个人填写的各种票据和结算凭证是办理支付结算和现金收付的重要依据，直接关系到支付结算的准确、及时和安全。票据和结算凭证是银行、单位和个人凭以记载账务的会计凭证，是记载经济业务和明确经济责任的一种书面证明。因此，填写票据和结算凭证，必须做到标准化、规范化，要要素齐全、数字正确、字迹清晰、不错漏、不潦草，防止涂改。

一、中文大写金额数字应用正楷或行书填写，如壹（壹）、贰（贰）、叁、肆（肆）、伍（伍）、陆（陆）、柒、捌、玖、拾、佰、仟、万（万）、亿、元、角、分、零、整（正）等字样。不得用一、二（两）、三、四、五、六、七、八、九、十、念、毛、另（或 0）填写，不得自造简化字。如果金额数字书写中使用繁体字，如貳、陸、億、萬、圓的，也应受理。

二、中文大写金额数字到“元”为止的，在“元”之后，应写“整”（或“正”）字，在“角”之后可以不写“整”（或“正”）字。大写金额数字有“分”的，“分”后面不写“整”（或“正”）字。

三、中文大写金额数字前应标明“人民币”字样，大写金额数字应紧接“人民币”字样填写，不得留有空白。大写金额数字前未印“人民币”字样的，应加填“人民币”三字。在票据和结算凭证大写金额栏内不得预印固定的“仟、佰、拾、万、仟、佰、拾、元、角、分”字样。

四、阿拉伯小写金额数字中有“0”时，中文大写应按照汉语语言规律、金额数字构成和防止涂改的要求进行书写。举例如下：

（一）阿拉伯数字中间有“0”时，中文大写金额要写“零”字。如￥1 409.50，应写成人民币壹仟肆佰零玖元伍角。

（二）阿拉伯数字中间连续有几个“0”时，中文大写金额中间可以只写一个“零”字。如￥6 007.14，应写成人民币陆仟零柒元壹角肆分。

（三）阿拉伯金额数字万位或元位是“0”，或者数字中间连续有几个“0”，万位、元位也是“0”，但千位、角位不是“0”时，中文大写金额中可以只写一个零字，也可以不写“零”字。如￥1 680.32，应写成人民币壹仟陆佰捌拾元零叁角贰分，或者写成人民币壹仟陆佰捌拾元叁角贰分；又如￥107 000.53，应写成人民币壹拾万柒仟元零伍角叁分，或者写成人民币壹拾万零柒仟元伍角叁分。

（四）阿拉伯金额数字角位是“0”，而分位不是“0”时，中文大写金额“元”后面应写“零”字。如￥16 409.02，应写成人民币壹万陆仟肆佰零玖元零贰分；又如￥325.04，应写成人民币叁佰贰拾伍元零肆分。

五、阿拉伯小写金额数字前面，均应填写人民币符号“￥”（或草写：￥）。阿拉伯小写金额数字要认真填写，不得连写分辨不清。

六、票据的出票日期必须使用中文大写。为防止变造票据的出票日期，在填写月、日时，月为壹、贰和壹拾的，日为壹至玖和壹拾、贰拾和叁拾的，应在其前加“零”；日为拾壹至拾玖的，应在其前加“壹”。如 1 月 15 日，应写成零壹月壹拾伍日。再如 10 月 20 日，应写成零壹拾月零贰拾日。

七、票据出票日期使用小写填写的，银行不予受理。大写日期未按要求规范填写的，银行可予受理，但由此造成损失的，由出票人自行承担。

附录 3

Appendix 3

会计业务综合实验（手工版）会计分录参考答案

1. 12 月 1 日，从开户银行工商银行江海分行营业部取得期限为 6 个月的短期流动资金贷款 100 000 元，年利率为 4.86%。

借：银行存款　100 000

　贷：短期借款　100 000

2. 12 月 1 日，公司与江海光明机械厂签订固定资产租赁协议，将一台设备出租给对方，年租金为 12 000 元，期限是 2010 年 12 月 1 日至 2011 年 11 月 30 日。对方已将全年的固定资产租赁费以支票方式支付公司，已办妥银行进账手续。

借：银行存款　12 000

　贷：预收账款——预收租赁费　12 000

3. 12 月 1 日，公司与江海晚报广告部签订刊登 3 个月招聘营销人员的广告合同，期限是 2010 年 12 月 1 日至 2011 年 2 月 28 日，并预付广告费现金 900 元。

借：预付账款——广告费　900

　贷：现金　900

4. 12 月 2 日，公司从上海宝钢工贸公司购买 20mm 圆钢 20 000 千克，单价 4.20 元，材料验收入库，用银行汇票支付货款，余款暂欠。

借：原材料　84 000

　　应交税费——应交增值税——进项税额　14 280

　贷：其他货币资金——银行汇票存款　50 000

　　　应付账款——上海宝钢工贸公司　48 280

5. 12 月 4 日，收到江海立功投资公司投资款 500 000 元的支票，开出收据，支票交存银行，已办妥进账手续。该款项是股东江海立功投资公司按照公司章程和相关投资协议应缴纳的投资款，该投资款到位后，各投资方的出资全部到位。

借：银行存款　500 000

　贷：实收资本——立功投资公司　500 000

6. 12 月 4 日，归还武汉武钢贸易公司应付账款 124 580.46 元，款项通过银行以电汇方式结算。汇兑手续已办妥，银行收取汇费及手续费 12 元。

借：应付账款——武钢贸易公司　124 580.46

财务费用　　12

贷：银行存款　　124 592.46

7. 12月7日，开出支票从银行提取现金20 000元，以备采购员出差之用。

借：现金　　20 000

贷：银行存款　　20 000

8. 12月8日，生产甲产品领用20mm圆钢10 000千克，单价4.20元；30mm圆钢20 000千克，单价3.80元。

借：生产成本——甲产品　　118 000

贷：原材料——20mm圆钢　　42 000

——30mm圆钢　　76 000

9. 12月14日，开出支票购买办公用品3 180元。

借：管理费用　　3 180

贷：银行存款　　3 180

10. 12月17日，销售给中华机器公司甲产品1 200件，单价80元，开出发票，货款尚未收到。

借：应收账款——中华机器公司　　112 320

贷：主营业务收入　　96 000

应交税费——应交增值税——销项税额　　16 320

11. 12月21日，现金2 000元，交存银行。同日，向北京甲足球队捐款现金1 425元。

借：银行存款　　2 000

贷：现金　　2 000

借：营业外支出　　1 425

贷：现金　　1 425

12. 12月24日，销售给江海大明机器公司甲产品3 000件，单价80元，开出发票，收到对方签发的期限为60天的商业承兑汇票一张（注：本月完工产品陆续完工并验收入库，有一定的库存不影响销售）。

借：应收票据　　280 800

贷：主营业务收入　　240 000

应交税费——应交增值税——销项税额　　40 800

13. 12月27日，应收江海华凌公司1 280.00元的款项已超过3年，确认无法收回，经批准予以注销。

借：坏账准备　　1 280

贷：应收账款——江海华凌公司　　1 280

14. 12月28日，从武钢贸易公司购买30mm圆钢25 000千克，单价3.80元，材料验收入库，货款未付。

借：原材料——30mm圆钢　　95 000

应交税费——应交增值税——进项税额　　16 150

贷：应付账款——武汉武钢贸易公司　　111 150

15. 12 月 31 日，根据工资汇总表发放本月工资 130 000 元。分配本月工资费用，并按比例计提医疗保险、养老保险、失业保险和住房公积金。个人所得税略。

(1) 借：应付职工薪酬 130 000
　　贷：银行存款 130 000

(2) 借：生产成本——甲产品 100 000
　　　　制造费用 15 000
　　　　管理费用 10 000
　　　　销售费用 5 000
　　贷：应付职工薪酬 130 000

(3) 借：生产成本 34 500
　　　　制造费用 5 175
　　　　管理费用 3 450
　　　　销售费用 1 725
　　贷：其他应付款——医疗保险 13 000
　　　　　　　　　——养老保险 15 600
　　　　　　　　　——失业保险 2 600
　　　　　　　　　——住房公积金 13 650

16. 12 月 31 日，计提固定资产折旧。

借：制造费用 2 400
　　管理费用 1 125
　　销售费用 365
　贷：累计折旧 3 890

17. 12 月 31 日，结转制造费用。

借：生产成本 22 575
　贷：制造费用 22 575

18. 12 月 31 日，本月投产甲产品 3 438 件全部完工，并已验收入库，根据产品成本结算单结转本月完工产品成本。

借：库存商品——甲产品 275 075
　贷：生产成本——甲产品 275 075

19. 12 月 31 日，结转本月产品销售成本。

借：主营业务成本 173 635.56
　贷：库存商品——甲产品 173 635.56

20. 12 月 31 日，按规定计提坏账准备。

借：资产减值损失 7 064
　贷：坏账准备 7 064

21. 12 月 31 日，计提属于本月短期借款的利息费用。

借：财务费用 405
　贷：应付利息 405

22. 12 月 31 日，计算并摊销属于本月的广告费用。

借：销售费用　300
　贷：预付账款——广告费　300

23. 12月31日，计算并结转属于本月的固定资产租赁费收入。

借：预收账款——预收租赁费　1 000
　贷：其他业务收入——固定资产租赁收入　1 000

24. 12月31日，结转收入和费用账户余额至本年利润账户。

借：主营业务收入　336 000
　　其他业务收入　1 000
　贷：本年利润　337 000

借：本年利润　206 261.56
　贷：主营业务成本　173 635.56
　　　财务费用　417
　　　销售费用　7 090
　　　管理费用　16 630
　　　资产减值损失　7 064
　　　营业外支出　1 425

25. 12月31日，只涉及企业所得税，计算应交所得税费用（假定没有发生纳税调整事项），结平所得税费用账户。

借：所得税费用　32 684.61
　贷：应交税费——应交所得税　32 684.61

借：本年利润　32 684.61
　贷：所得税费用　32 684.61

26. 12月31日，缴纳应交的税金。

借：应交税费——应交所得税　32 684.61
　贷：银行存款　32 684.61

27. 12月31日，将税后利润转入利润分配账户。

借：本年利润　98 053.83
　贷：利润分配——未分配利润　98 053.83

28. 12月31日，按固定比例计提法定盈余公积金、任意盈余公积和向投资者分配利润。

借：利润分配——提取法定盈余公积　9 805.38
　　　　　　——提取任意盈余公积　4 902.69
　　　　　　——向投资者分配利润　29 416.15
　贷：盈余公积——法定盈余公积　9 805.38
　　　盈余公积——任意盈余公积　4 902.69
　　　应付利润——向投资者分配利润　29 416.15

29. 12月31日，将“利润分配”各明细账户的余额转入“利润分配——未分配利润”明细分类账户。

借：利润分配——未分配利润　44 124.22

贷：利润分配——提取法定盈余公积 9 805.38

——提取任意盈余公积 4 902.69

——向投资者分配利润——立功投资公司 17 649.69

——向投资者分配利润——新民投资公司 11 766.46

附录 4 Appendix 4 会计业务综合实验（手工版）原始凭证和表格

模拟企业 2010 年 12 月发生的经济业务的有关原始凭证如下：

1. 12 月 1 日，从开户银行工商银行江海分行营业部取得期限为 6 个月的短期流动资金贷款 100 000 元，年利率为 4.86%（借款申请书略）。

中国工商银行　借款借据（收账通知） ④

No 0000348

科目　　2010 年 12 月 1 日　银行编号：字　号

借款人	江海宏远机器有限公司	利率 ‰	4.86	放款账号	
				结算账号	11084722545
借款金额（大写）	壹拾万元整				万千百十万千百十元角分 10000000
用途	补充流动资金		约定偿还日期	2011 年 6 月 1 日	

上列借款已核准发放，并已转入账户。

此致

单位

银行签章 中国工商银行江海市分行营业部 转讫章　马元驹　2010 年 12 月 日

此联由银行盖章后退回借款单位收执

2. 12月1日，公司与江海光明机械厂签订固定资产租赁协议，将一台设备出租给对方，年租金为12 000元，期限是2010年12月1日至2011年11月30日。对方已将全年的固定资产租赁费以支票方式支付公司，已办妥银行进账手续（租赁协议略）。

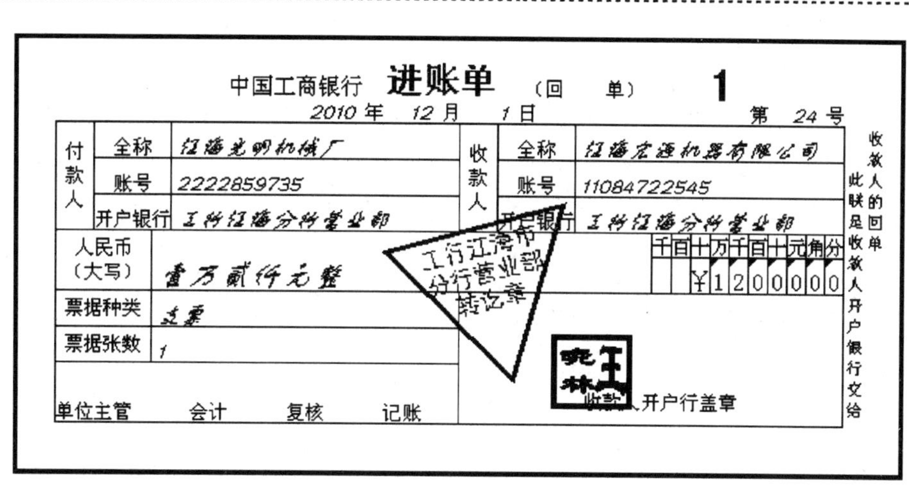

中国工商银行 进账单 （回 单） 1

2010年 12月 1日 第 24 号

付款人		收款人	
全称	江海光明机械厂	全称	江海宏源机器有限公司
账号	2222859735	账号	11084722545
开户银行	工行江海分行营业部	开户银行	工行江海分行营业部
人民币（大写）	壹万贰仟元整	千百十万千百十元角分	¥1200000
票据种类	支票		
票据张数	1		
单位主管 会计 复核 记账		收款人开户行盖章	

此联是收款人开户银行交给收款人的回单

工行江海市分行营业部转讫章

3. 12月1日，公司与江海晚报广告部签订刊登3个月招聘营销人员的广告合同，期限是2010年12月1日至2011年2月28日，并预付广告费现金900元（广告合同略）。

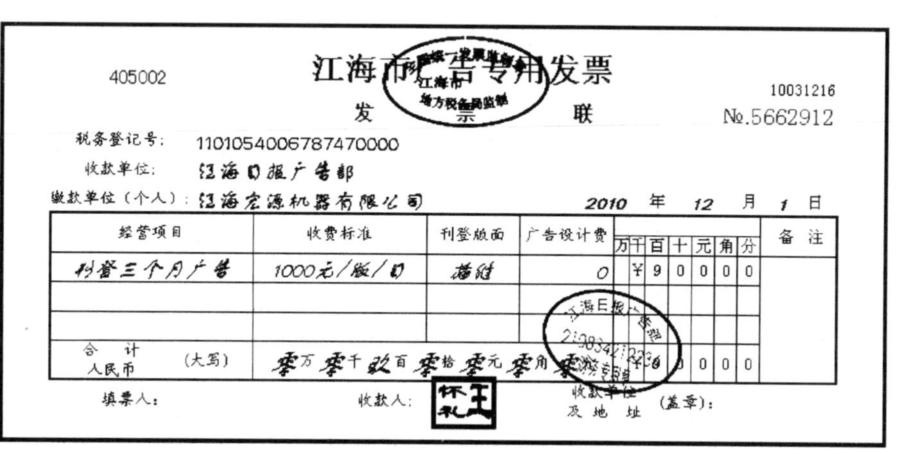

405002 江海市广告专用发票 10031216

发 票 联 №.5662912

税务登记号：110105400678747000

收款单位：江海日报广告部

缴款单位（个人）：江海宏源机器有限公司 2010年 12月 1日

经营项目	收费标准	刊登版面	广告设计费	万千百十元角分	备注
刊登三个月广告	1000元/版/日	插页	0	¥90000	
合计 人民币（大写）	零万零千玖百零拾零元零角零分			¥90000	

填票人： 收款人： 收款单位及地址（盖章）：

4．12 月 2 日，公司从上海宝钢工贸公司购买 20mm 圆钢 20 000 千克，单价 4.20 元，材料验收入库，用银行汇票支付货款 5 万元，余款暂欠。

材料入库单

发票号码：2256084　　　　编号：1202

供货单位：宝钢贸易公司　　　　20 10 年 12 月 2 日

材料名称	规格	等级	计量单位	实收数量	单位成本	总成本
圆钢	20mm		千克	20000	4.20	84000.00
合　计						84000.00

仓库主管：史洁　　　验收人：张大卫　　　审核人：

2101215　　　上海市增值税专用发票　　　NO.20563872

开票日期：2010 年 11 月 22 日

购货单位		密码区
名　　称：	江海宏源机器有限公司	
纳税人识别号：	440402632832331	
电话、地址：	江海市石龙路123号	
开户账号：	工行江海分行营业部11084722545	

货物应税劳务名称	规格型号	单位	数量	单价	金额	税率	税额
圆钢	20mm	公斤	20000	4.2	¥84,000.00	0.17	¥14,280.00
合　计					¥84,000.00		¥14,280.00
价税合计（大写）	玖万捌仟贰佰捌拾元整				（小写）	¥98,280.00	

销货单位		备注
名　　称：	上海宝钢贸易公司	
纳税人识别号：	13902533800	
电话、地址：	上海宝山路485号	
开户账号：	工行上海分行营业部21110101	

收款人：　　复核：　　开票人：张二明　　销货单位：（章）

第二联 发票联 购货方记账凭证

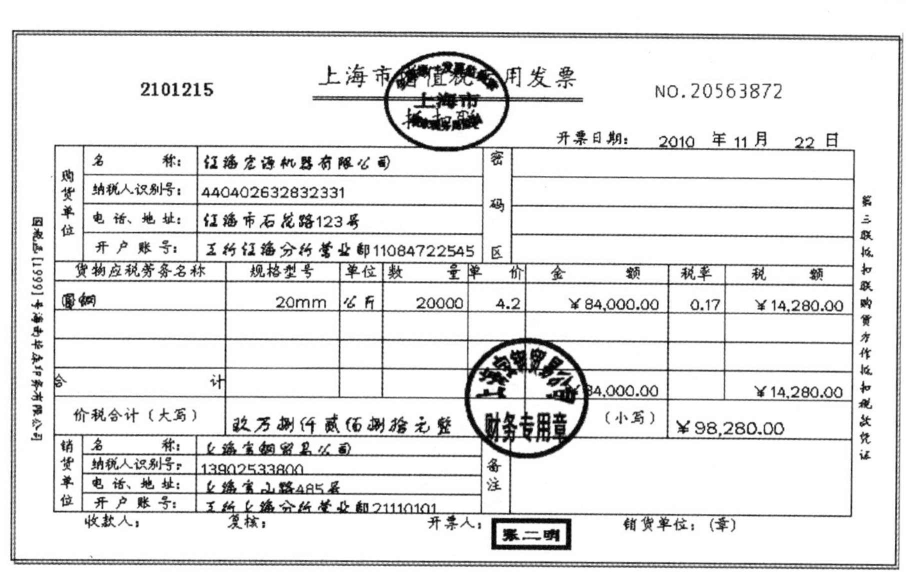

上海市增值税专用发票

2101215　　NO.20563872

开票日期：2010 年 11 月 22 日

购货单位	名称：江海宏源机器有限公司							密码区
	纳税人识别号：440402632832331							
	电话、地址：江海市石龙路123号							
	开户账号：工行江海分行营业部11084722545							
货物应税劳务名称	规格型号	单位	数量	单价	金额	税率	税额	
圆钢	20mm	公斤	20000	4.2	¥84,000.00	0.17	¥14,280.00	
合计					¥84,000.00		¥14,280.00	
价税合计（大写）	玖万捌仟贰佰捌拾元整				（小写）	¥98,280.00		
销货单位	名称：上海宝钢贸易公司							备注
	纳税人识别号：13902533800							
	电话、地址：上海宝山路485号							
	开户账号：工行上海分行营业部21110101							

收款人：　复核：　开票人：张二明　销货单位：（章）

第三联 抵扣联 购货方作抵扣税款凭证

财务专用章

5. 12 月 4 日，收到江海立功投资公司投资款 500 000 元的支票，开出收据，支票交存银行，已办妥进账手续。该款项是大股东江海立功投资公司按照公司章程和相关投资协议，应缴纳的最后一笔投资款。

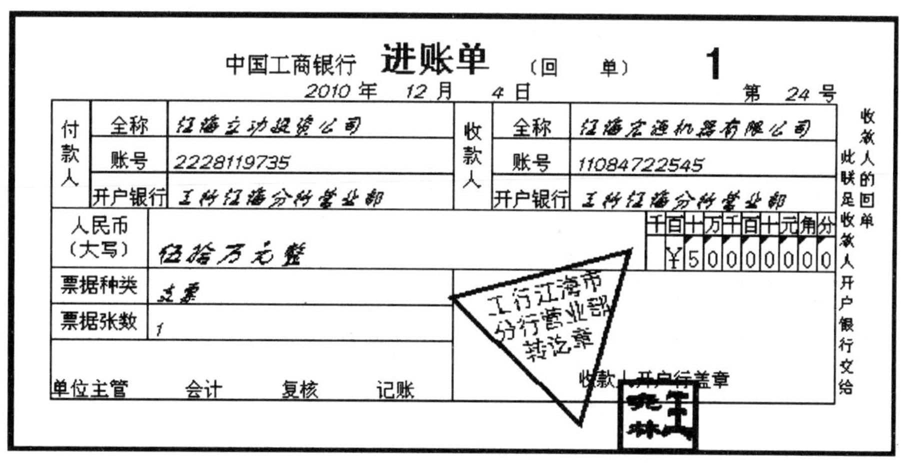

中国工商银行　进账单　（回　单）　1

2010 年 12 月 4 日　第 24 号

付款人	全称	江海立功投资公司	收款人	全称	江海宏源机器有限公司
	账号	2228119735		账号	11084722545
	开户银行	工行江海分行营业部		开户银行	工行江海分行营业部
人民币（大写）	伍拾万元整			千百十万千百十元角分	¥50000000
票据种类	支票				
票据张数	1				
单位主管　会计　复核　记账			收款人开户行盖章		

此联是收款人开户银行交给收款人的回单

工行江海市分行营业部转讫章

收　　据　　No.005623

年　月　日

今收到

金额　十　万　仟　百　拾　元　角　分（¥　　　）

会计　出纳　记账

第一联：存根联

收　　据　　No.005623

年　月　日

今收到

金额　十　万　仟　百　拾　元　角　分（¥　　　）

会计　出纳　记账

第二联：收据联

收　　据　　No.005623

年　月　日

今收到

金额　十　万　仟　百　拾　元　角　分（¥　　　）

会计　出纳　记账

第三联：记账联

6. 12月4日，归还武汉武钢贸易公司应付账款124 580.46元，款项通过银行电汇方式结算。汇兑手续已办妥，银行收取汇费及手续费12元。

异1

中国工商银行电汇凭证（回　单） 1

凭证号码：6234357

委托日期 2010年12月4日　　第11号

汇款人	全称	江海宏源机器有限公司	收款人	全称	武汉武钢贸易公司
	账号或住址	11084722545		账号或住址	23951273321
	汇出地点	江海 省 市县　汇出行名称 分行营业部		汇入地点	湖北 省 武汉 市县　汇出行名称 分行营业部
金额	人民币（大写）	壹拾贰万肆仟伍佰捌拾元肆角陆分		千百十万千百十元角分	¥12458046
汇款用途	支付前欠材料款		汇出行盖章		
上列款项已根据委托办理，如需查询，请持此回单来行面洽。			年　月　日		
单位主管　会计　复核　记账					

此联是汇出行给汇款人的回单

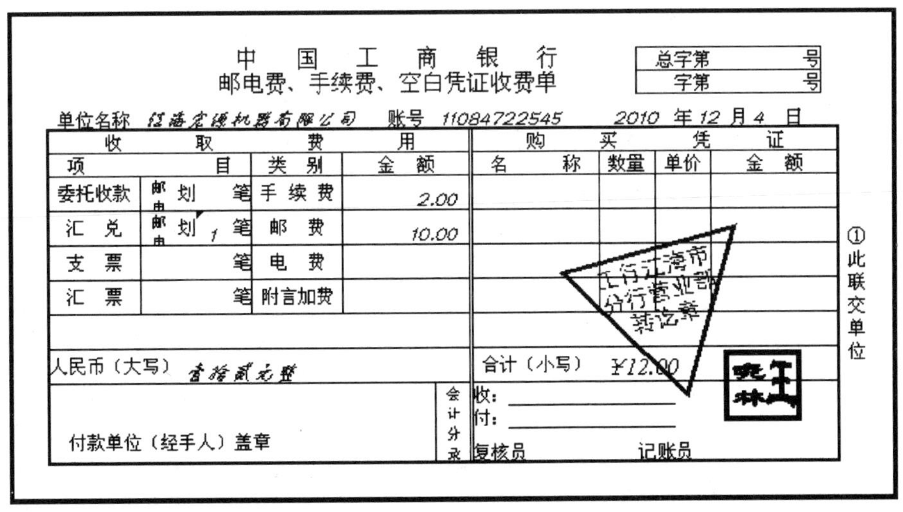
中国工商银行
邮电费、手续费、空白凭证收费单

总字第　号
字第　号

单位名称 江海宏源机器有限公司　账号 11084722545　2010年12月4日

收取费用				购买凭证			
项目		类别	金额	名称	数量	单价	金额
委托收款	邮 划 笔	手续费	2.00				
汇兑	邮 划 1 笔	邮费	10.00				
支票	笔	电费					
汇票	笔	附言加费					
人民币（大写） 壹拾贰元整				合计（小写） ¥12.00			
付款单位（经手人）盖章			会计分录	收： 付： 复核员　记账员			

①此联交单位

7. 12 月 7 日，开出支票从银行提取现金 20 000 元，以备采购员出差之用。

中国工商银行支票存根（粤）
VI II 20011668
科目：
对方科目：
出票日期　　年　月　日
收款人
金额：
用途：
单位主管　　会计

中国工商银行　支票（粤）　江海　VI II 20011668
出票日期（大写）：　　年　　月　　日　付款行名称：
收款人：　　出票人账号：
本支票付款期限十天
人民币（大写）　千 百 十 万 千 百 十 元 角 分
用途
科目（借）
上列款项请从我账户内支付　对方科目（贷）
出票人签章　　复核　　记账

8. 12 月 8 日，生产甲产品领用 20mm 圆钢 10 000 千克，单价 4.20 元；30mm 圆钢 20 000 千克，单价 3.80 元。

领　料　单

领用部门：一车间　　编号：1218
20 10 年 12 月 8 日

用　途	材料编号	材料名称及规格	单 位	数　量	单　价	金 额
生产甲产品	50121	30mm 圆钢	千克	20000	3.8	76000
生产甲产品	50131	20mm 圆钢	千克	10000	4.2	42000
合　计						¥ 118,000.00

领料人：张小明　　发料人：王林　　审核人：

9. 12月14日，开出支票购买办公用品3 180元。

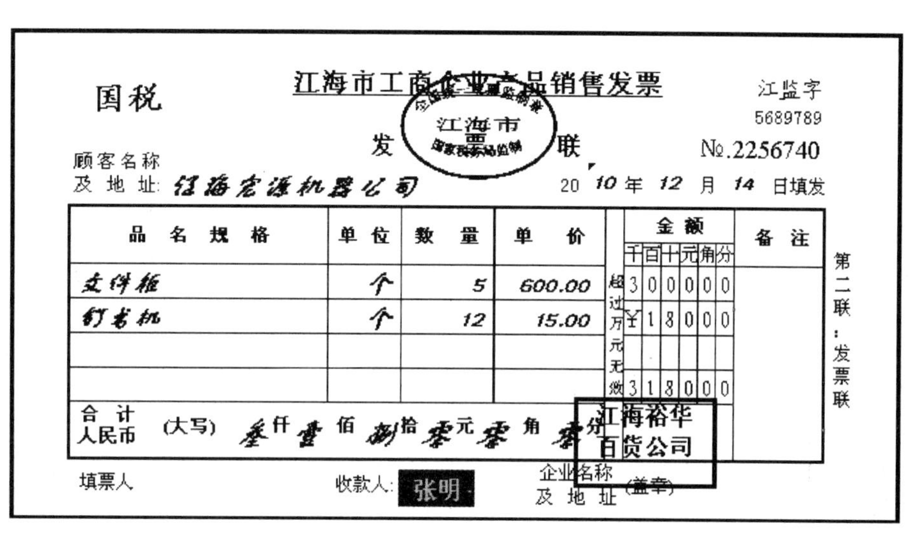

国税　　江海市工商企业产品销售发票　　江监字 5689789

发票联　　№.2256740

顾客名称及地址：江海宏源机器公司　　2010年12月14日填发

品名规格	单位	数量	单价	金额	备注
文件柜	个	5	600.00	300000	
订书机	个	12	15.00	¥18000	
				318000	
合计人民币（大写）叁仟壹佰捌拾零元零角零分					

超过万元无效

填票人　　收款人：张明　　企业名称及地址（盖章）江海裕华百货公司

第二联：发票联

中国工商银行支票存根（粤）
VI II 20011667
科目：
对方科目：
出票日期　年　月　日
收款人：
金额：
用途：
单位主管　会计

中国工商银行 支票（粤）　江海 VI II 20011667
出票日期（大写）：　年　月　日　付款行名称：
收款人：　出票人账号：
人民币（大写）　千百十万千百十元角分
用途
上列款项请从我账户内支付
出票人签章
科目（借）
对方科目（贷）
复核　记账
本支票付款期限十天

10. 12月17日，销售给中华机器公司甲产品1 200件，单价80元，开出发票，货款尚未收到。

产品出库单

发票号码：5662913　　编号：1202

购货单位：中华机器公司　　2010年12月17日

产品名称	等级	计量单位	出库数	单位售价	总金额	备注
甲产品	一级	件	1200	80.00	96000.00	
合计					¥96,000.00	

仓库主管：史浩　　发货人：王建国　　审核人：

第二联财务部

江海市增值税专用发票

880002158　　NO.03943214

此联不作报销、扣税凭证使用　　开票日期：　年　月　日

购货单位	名　　称：		密码区	
	纳税人识别号：			
	电话、地址：			
	开户账号：			

货物应税劳务名称	规格型号	单位	数　量	单　价	金　额	税率	税　额
合　　计							
价税合计（大写）					（小写）		

销货单位	名　　称：		备注	
	纳税人识别号：			
	电话、地址：			
	开户账号：			

收款人：　　复核：　　开票人：　　销货单位：（章）

国税函[1999]号海南华森印务有限公司

第一联 存根联 销货方留存备查

江海市增值税专用发票

880002158　　NO.03943214

开票日期：　年　月　日

购货单位	名　　称：		密码区	
	纳税人识别号：			
	电话、地址：			
	开户账号：			

货物应税劳务名称	规格型号	单位	数　量	单　价	金　额	税率	税　额
合　　计							
价税合计（大写）					（小写）		

销货单位	名　　称：		备注	
	纳税人识别号：			
	电话、地址：			
	开户账号：			

收款人：　　复核：　　开票人：　　销货单位：（章）

国税函[1999]号海南华森印务有限公司

第二联 发票联 购货方记账凭证

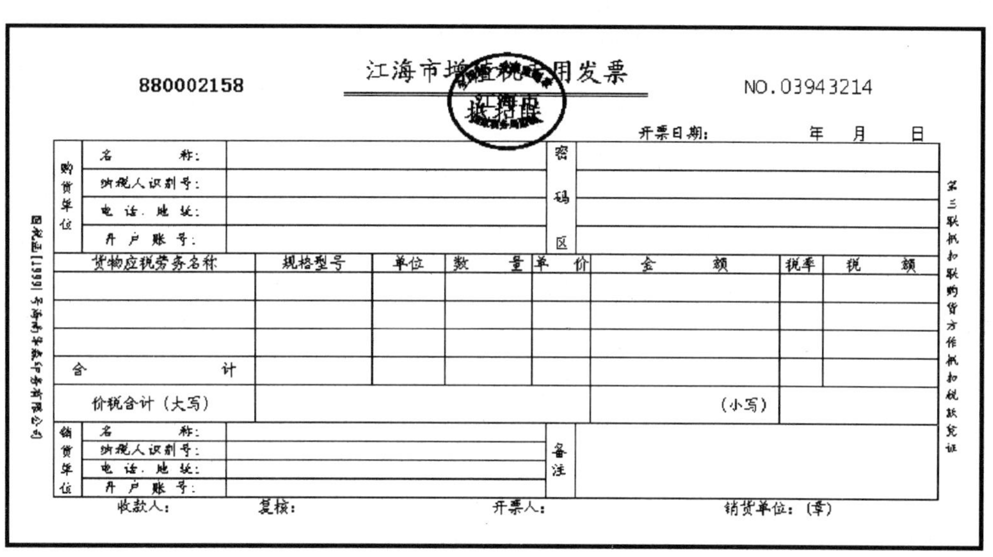

880002158　　江海市增值税专用发票　　NO.03943214

开票日期：　　年　月　日

购货单位	名　　称：		密码区	
	纳税人识别号：			
	电话、地址：			
	开户账号：			

货物应税劳务名称	规格型号	单位	数　量	单　价	金　额	税率	税　额
合　　计							
价税合计（大写）					（小写）		

销货单位	名　　称：		备注	
	纳税人识别号：			
	电话、地址：			
	开户账号：			

收款人：　　复核：　　开票人：　　销货单位：（章）

国税函[1999]号海南华森印务有限公司

第三联 抵扣联 购货方作抵扣税款凭证

880002158　　江海市增值税专用发票　　NO.03943214

此联不作报销、扣税凭证使用

开票日期：　　年　月　日

购货单位	名　　称：		密码区	
	纳税人识别号：			
	电话、地址：			
	开户账号：			

货物应税劳务名称	规格型号	单位	数　量	单　价	金　额	税率	税　额
合　　计							
价税合计（大写）					（小写）		

销货单位	名　　称：		备注	
	纳税人识别号：			
	电话、地址：			
	开户账号：			

收款人：　　复核：　　开票人：　　销货单位：（章）

国税函[1999]号海南华森印务有限公司

第四联 记账联 销货方记账凭证

11. 12月21日，现金2 000元，缴存银行。同日，向北京甲球队捐款现金1 425元。

中国工商银行现金缴款单(传票联)

缴款日期：20　　年　月　日　①

缴款单位全称		账号								
款项来源		现金出纳计划项目								
人民币（大写）			十	万	千	百	十	元	角	分

票面	张数	十	万	千	百	十	元	种类	十	万	千	百	十	元	收款银行（盖章）	
十元								票								
五元								分币							复核	出纳
二元								其他								
一元															记账	收款

中国工商银行现金缴款单(回单联)

缴款日期：20　　年　月　日　②

缴款单位全称		账号								
款项来源		现金出纳计划项目								
人民币（大写）			十	万	千	百	十	元	角	分

票面	张数	十	万	千	百	十	元	种类	十	万	千	百	十	元	收款银行（盖章）	
十元								票								
五元								分币							复核	出纳
二元								其他								
一元															记账	收款

中国工商银行现金缴款单(存查联)

缴款日期：20　　年　月　日　③

缴款单位全称		账号								
款项来源		现金出纳计划项目								
人民币（大写）			十	万	千	百	十	元	角	分

票面	张数	十	万	千	百	十	元	种类	十	万	千	百	十	元	收款银行（盖章）	
十元								票								
五元								分币							复核	出纳
二元								其他								
一元															记账	收款

12. 12 月 24 日，销售给江海大明机器公司甲产品 3 000 件，单价 80 元，开出发票，收到对方签发的期限为 60 天的商业承兑汇票一张（注：本月完工产品陆续完工，陆续验收入库，有一定的库存不影响销售）。

商业承兑汇票

2　　ⅢX68659999

出票日期（大写）贰零壹零年壹拾贰月贰拾肆日　　第 398 号

付款人			收款人		
全称	江海大明机器公司		全称	江海宏远机器有限公司	
账号	13521539797		账号	11084722545	
开户银行	工行北京分行营业部	行号 111111	开户银行	工行江海分行营业部	行号 888888
汇票金额	人民币（大写）贰拾捌万零捌佰元整				¥280800.00
汇票到期日	贰零壹壹年贰月贰拾肆日		交易合同	55258	

本汇票已经承兑，到期无条件支付票款。承兑人签章（江海大明机器公司财务专用章）（何树云）

承兑日期 2010 12 25

出票人签章（江海大明机器公司财务专用章）（何树云）

此联持票人开户行随委托收款凭证寄付款人开户行作借方凭证附件。

产品出库单

发票号码：798286　　编号：1203

购货单位：江海大明机器公司　　2010 年 12 月 24 日

产品名称	等级	计量单位	出库数	单位售价	总金额	备注
甲产品	一级	件	3000	80.00	240000.00	
合计					¥240,000.00	

仓库主管：史洁　　发货人：王建国　　审核人：

第二联财务部

江海市增值税专用发票

880002158　　　　　　　　　　　　NO.03943215

江海市

此联不作报销、扣税凭证使用　　　　开票日期：　　　年　月　日

购货单位	名　　称：			密码区			
	纳税人识别号：						
	电话、地址：						
	开户账号：						
货物应税劳务名称		规格型号	单位	数　量	单　价	金　额	税率	税　额
合　　计								
价税合计（大写）						（小写）		
销货单位	名　　称：			备注			
	纳税人识别号：						
	电话、地址：						
	开户账号：						

收款人：　　复核：　　开票人：　　销货单位：（章）

国税函[1999]号海南华森印务有限公司

第一联　存根联　销货方留存备查

江海市增值税专用发票

880002158　　　　　　　　　　　　NO.03943215

江海市

开票日期：　　　年　月　日

购货单位	名　　称：			密码区			
	纳税人识别号：						
	电话、地址：						
	开户账号：						
货物应税劳务名称		规格型号	单位	数　量	单　价	金　额	税率	税　额
合　　计								
价税合计（大写）						（小写）		
销货单位	名　　称：			备注			
	纳税人识别号：						
	电话、地址：						
	开户账号：						

收款人：　　复核：　　开票人：　　销货单位：（章）

国税函[1999]号海南华森印务有限公司

第二联　发票联　购货方记账凭证

江海市增值税专用发票

880002158　　　　　　　　　　　　NO.03943215

江海市 抵扣联

开票日期：　　年　　月　　日

购货单位	名　　称：		密码区	
	纳税人识别号：			
	电话、地址：			
	开户账号：			

货物应税劳务名称	规格型号	单位	数量	单价	金额	税率	税额
合　计							
价税合计（大写）					（小写）		

销货单位	名　　称：		备注	
	纳税人识别号：			
	电话、地址：			
	开户账号：			

收款人：　　复核：　　开票人：　　销货单位：（章）

国税函[1999]号海南华森印务有限公司

第三联 抵扣联 购货方作抵扣税款凭证

江海市增值税专用发票

880002158　　　　　　　　　　　　NO.03943215

江海市

此联不作报销、扣税凭证使用

开票日期：　　年　　月　　日

购货单位	名　　称：		密码区	
	纳税人识别号：			
	电话、地址：			
	开户账号：			

货物应税劳务名称	规格型号	单位	数量	单价	金额	税率	税额
合　计							
价税合计（大写）					（小写）		

销货单位	名　　称：		备注	
	纳税人识别号：			
	电话、地址：			
	开户账号：			

收款人：　　复核：　　开票人：　　销货单位：（章）

国税函[1999]号海南华森印务有限公司

第四联 记账联 销货方记账凭证

13. 12月27日，应收江海华凌公司1 280.00元的款项已超过3年，确认无法收回，经批准予以注销。

关于核销因债务人破产造成坏账损失的请示

公司领导：

江海华凌公司于2008年12月1日从我厂购买甲产品共16件，货款共计1 280元，我公司于销售当月开具增值税专用发票，并列入应收账款管理，我厂近年内屡次派人与其对账并催缴货款，但该公司以濒临破产无力偿还货款为由而拒付。今年11月，我们接到江海市中级法院通知，该公司因亏损严重不能清偿到期债务，已宣告破产。根据《企业破产法》规定的清偿顺序，该公司财产仅够支付职工工资欠款、欠交税金，对其他债权人的一般债务已无力偿付。根据《企业会计准则》和公司财务制度的规定，我部认为对该公司的欠款应列为坏账损失进行账务处理。

妥否，请批示。

同意作为坏账处理。

赵新

2010年12月24日

公司财务部

2010年12月10日

14. 12月28日，从武钢贸易公司购买30mm圆钢25 000千克，单价3.80元，材料验收入库，货款未付。

材料入库单

发票号码：3332080　　　　编号：1201

供货单位：武汉武钢贸易公司　　　　2010年12月28日

材料名称	规格	等级	计量单位	实收数量	单位成本	总成本
圆钢	30mm		千克	25000	3.80	95000
合　计						95000

仓库主管：史洁　　验收人：张大卫　　审核人：

15. 12月31日，根据工资汇总表发放本月工资130 000元。分配本月工资费用，并按比例计提医疗保险、养老保险、失业保险和住房公积金。个人所得税略。

江海宏源机器有限公司

工资汇总表

2010年12月

工资号		部门	固定工资	计件工资	奖金津贴	误餐费	应付工资	工资扣款	所得税	扣款合计	实付工资
1001	赵斯冲	车间员工	1000	610	300	100	2010	0	0	0	2010
1002	胡彬	车间员工	1200	530	500	100	2330	0	0	0	2330
1003	唐尧	车间员工	1200	600	400	100	2300	0	0	0	2300
1004	刘思瑶	车间员工	1500	570	200	100	2370	0	0	0	2370
1005	王婧玮	车间员工	1500	400	100	100	2100	0	0	0	2100
1006	杨萌	车间员工	1500	480	200	100	2280	0	0	0	2280
1007	赵晶	车间员工	1500	400	300	100	2300	0	0	0	2300
	省略										
	小计		33500	5800	3600	700	43600				43600
1043	李雪男	车间管理人员	3000	0	1000	100	4100	0	0	0	4100
1044	邓雯娟	车间管理人员	3800	0	1200	100	5100	0	0	0	5100
1045	周帕	车间管理人员	5000	0	1500	100	6600	0	0	0	6600
	省略						0	0	0	0	0
	小计		18200		4910	600	23710	0	0	0	23710
1046	史文渊	公司管理人员	3800		2000	100	5900	0	0	0	5900
1047	袁冬芊	公司管理人员	7500		3000	100	10600	0	0	0	10600
1048	何静怡	公司管理人员	7900		3500	100	11500	0	0	0	11500
1049	姚如凤	公司管理人员	8000		4000	100	12100	0	0	0	12100
1050	李中夏	公司管理人员	5000		2000	100	7100	0	0	0	7100
1051	徐帆	公司管理人员	2000		1000	100	3100	0	0	0	3100
	省略										
	小计		46890	0	14900	900	62690	0	0	0	62690
合计			98590	5800	23410	2200	130000	0	0	0	130000

江海宏源机器有限公司

工资费用分配表

	年份：	2010	月份：	12		
项目	生产人员	车间管理人员	公司管理人员	销售机构人员	合计	
工资费用	100 000	15 000	10 000	5 000	130 000	
项目	医疗保险	养老保险	失业保险	住房公积金		
比例	10%	12%	2%	10.50%	34.50%	
项目	职工薪酬	医疗保险	养老保险	失业保险	住房公积金	合计
生产人员	100 000	10 000	12 000	2 000	10 500	134 500
车间管理人员	15 000	1 500	1 800	300	1 575	20 175
公司管理人员	10 000	1 000	1 200	200	1 050	13 450
销售机构人员	5 000	500	600	100	525	6 725
合计	130 000	13 000	15 600	2 600	13 650	174 850

16. 12月31日，计提固定资产折旧。

江海宏源机器有限公司

折旧费用计算分配表

年份：	2010	月份：	12			
固定资产类别	房屋及建筑物	通用设备	办公设备			
使用寿命（年）	50	16	5			
预计净残值率	10.00%	4.00%	1.00%			
年折旧率	1.80%	6.00%	19.80%			
月折旧率	0.15%	0.50%	1.65%			
使用部门	固定资产项目	年初数	上月增加	上月减少	期末数	本月折旧额
基本生产车间	房屋及建筑物	600 000.00			600 000.00	900.00
	通用设备	300 000.00			300 000.00	1 500.00
	小计	900 000.00			900 000.00	2 400.00
管理部门	房屋及建筑物	200 000.00			200 000.00	300.00
	办公设备	50 000.00			50 000.00	825.00
	小计	250 000.00			250 000.00	1 125.00
专设销售机构	通用设备	40 000.00			40 000.00	200.00
	办公设备	10 000.00			10 000.00	165.00
	小计	50 000.00			50 000.00	365.00
合计		1 200 000.00	0.00	0.00	1 200 000.00	3 890.00

17. 12月31日，结转制造费用。

江海宏源机器有限公司

制造费用结转单

项目	工资费用	提取的医疗保险等	折旧费	合计
分配本月工资费用	15 000.00			15 000.00
提取本月的医疗保险等		5 175.00		5 175.00
提取本月的固定资产折旧			2 400.00	2 400.00
合计				22 575.00
月末转出				—22 575.00

18. 12月31日，本月投产甲产品3 438件，全部完工并已验收入库，根据产品成本结算单结转本月完工产品成本。

江海宏源机器有限公司

产品成本计算单

年份：	2010		月份：	12

产品名称：甲产品　　投产：　5 000　　完工：　5 000

项目	原材料	工资费用	制造费用	合计
期初在产品成本	0.00	0.00	0.00	0.00
分配材料费用	118 000.00			118 000.00
分配工资费用		134 500.00		134 500.00
分配制造费用			22 575.00	22 575.00
生产费用合计	118 000.00	134 500.00	22 575.00	275 075.00
完工产品数量	5 000	5 000	5 000	
单位产品成本	23.60	26.90	4.52	55.02
完工产品成本	118 000.00	134 500.00	22 575.00	275 075.00
在产品成本	0.00	0.00	0.00	0.00
合计	118 000.00	134 500.00	22 575.00	275 075.00

19. 12月31日，结转本月产品销售成本。

江海宏源机器有限公司

甲产品销售成本计算单

年份：	2010	月份：	12
项目	数量	单价	金额
第1批销售	1 200	60.00	72 000.00
第2批销售	522	60.00	31 320.00
第2批销售	1 278	55.02	70 315.56
合计	3 000		173 635.56

注：月初结存甲产品1 722件，单位成本为60元，当月生产完25 000件，单位成本为55.02元，第2批销售甲产品共1 800件。

调整前试算平衡表如下：

试算平衡表

年　　月　　日　　　　　　　　　　第　　页

序号	账户名称	借方余额											贷方余额											核对	备注
		亿	千	百	十	万	千	百	十	元	角	分	亿	千	百	十	万	千	百	十	元	角	分		

江海宏源机器有限公司 2010 年 12 月的期末账项调整业务及原始凭证如下：

20. 12 月 31 日，按规定计提坏账准备。

江海宏源机器有限公司

计提坏账准备金额计算单

2010 年 12 月

项目	金额	计提比例	计提金额
应收账款期末数	265 680.00	0.05	13 284.00
坏账准备期末余额			6 220.00
应计提的坏账准备金额			7 064.00

注：本月发生一笔金额为 1 280 元的坏账。

21. 12 月 31 日，计提属于本月短期借款的利息费用。

江海宏源机器有限公司

借款利息计算单

2010 年 12 月

项目	金额	借款利率	利息费用
6 个月短期借款期末数	100 000.00	0.048 6	2 430.00
本月应计提利息费用			405.00

22. 12 月 31 日，计算并摊销属于本月的广告费用。

江海宏源机器有限公司

广告费用摊销计算单

2010 年 12 月

项目	金额	分摊比例	广告费用
预付三个月广告费	900.00	0.333 3	300.00
本月应摊销的利息费用			300.00

23. 12 月 31 日，计算并结转属于本月的固定资产租赁费收入。

江海宏源机器有限公司

固定资产租赁收入分配计算单

2010 年 12 月

项目	金额	归属比例	租赁费收入
预收全年固定资产租赁费	12 000.00	0.083 3	1 000.00
本月的固定资产租赁费			1 000.00

调整后试算平衡表如下：

试算平衡表

年 月 日 第 页

序号	账户名称	借方余额											贷方余额											核对	备注
		亿	千	百	十	万	千	百	十	元	角	分	亿	千	百	十	万	千	百	十	元	角	分		

江海宏源机器有限公司 2010 年 12 月进行利润分配的业务和原始凭证如下：

24. 12 月 31 日，结转收入和费用账户余额至本年利润账户。

25. 12 月 31 日，计算应纳所得税费用，假定没有发生纳税调整事项，结平所得税费用账户。

江海宏源机器有限公司

企业所得税费用计算单

2010 年 12 月

项目	应纳税所得额	所得税税率	应纳所得税税额
企业所得税费用	130 738.44	0.250 0	32 684.61
合计			32 684.61

26. 12 月 31 日，计算并缴纳应纳税金，假定只涉及企业所得税。

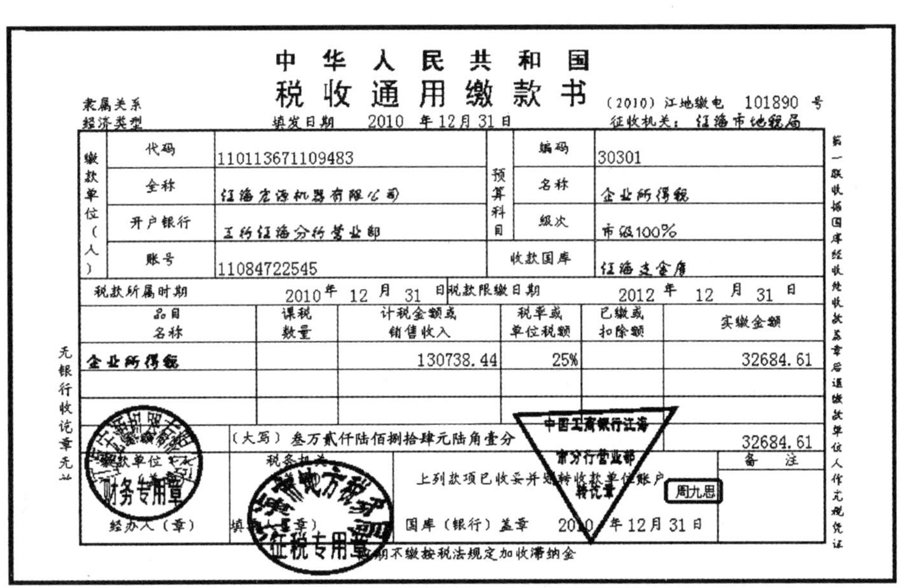

中华人民共和国

税收通用缴款书

隶属关系 经济类型　　填发日期 2010 年 12 月 31 日　　（2010）江地缴电 101890 号　征收机关：江海市地税局

缴款单位（人）			预算科目	
	代码	110113671109483	编码	30301
	全称	江海宏源机器有限公司	名称	企业所得税
	开户银行	工行江海分行营业部	级次	市级100%
	账号	11084722545	收款国库	江海支金库

税款所属时期 2010 年 12 月 31 日　税款限缴日期 2012 年 12 月 31 日

品目名称	课税数量	计税金额或销售收入	税率或单位税额	已缴或扣除额	实缴金额
企业所得税		130738.44	25%		32684.61
金额合计	（大写）叁万贰仟陆佰捌拾肆元陆角壹分				32684.61

缴款单位（人）（盖章） 经办人（章）	税务机关（盖章） 填票人（章）	上列款项已收妥并划转收款单位账户 国库（银行）盖章 2010 年 12 月 31 日	备注

逾期不缴按税法规定加收滞纳金

无银行收讫章无效

第一联（收据）国库（经收处）收款盖章后退缴款单位（人）作完税凭证

27. 12 月 31 日，将税后利润转入利润分配账户。

28. 12 月 31 日，提取法定盈余公积金、公益金和向投资者分配利润。

江海宏源机器有限公司

利润分配计算单

2010 年 12 月

项目	税后利润	提取比例	应提取数额
法定盈余公积金	98 053.83	0.10	9 805.38
任意盈余公积	98 053.83	0.05	4 902.69
向投资者分配利润	98 053.83	0.30	29 416.15
合计			44 124.22
其中：			
立功投资公司应分得利润	29 416.15	0.6	17 649.69
新民地产公司应分得利润	29 416.15	0.4	11 766.46
合计			29 416.15

29. 12 月 31 日，将“利润分配”各明细账户的余额转入“利润分配——未分配利润”明细分类账户。

30. 结账并编制会计报表。

附录 5
Appendix 5

会计业务综合实验（手工版）记账凭证、账页和报表试样

一、记账凭证

1. 通用记账凭证

记　账　凭　证

年　月　日　　　　______字______号

摘　要	会计科目	明细科目	借方金额									贷方金额									记账
			百	十	万	千	百	十	元	角	分	百	十	万	千	百	十	元	角	分	
合计：	（附件　　张）																				

会计主管　　　审核　　　制证　　　记账

2. 专用记账凭证

（1）收款凭证

收　款　凭　证

借方科目：　　　　　　　　　　　　　　　　年　　月　　日　　　　第　　号

摘　要	会计科目	明细科目	金　额											记账
			亿	千	百	十	万	千	百	十	元	角	分	
合　计	（附件　　张）													

制证　　　　　　　　审核　　　　　　　　记账

（2）付款凭证

付 款 凭 证

贷方科目：　　　　　　　　　　　　　　　　年　　月　　日　　　　第　　　号

摘　要	会计科目	明细科目	金　额											记账
			亿	千	百	十	万	千	百	十	元	角	分	
合　计	（附件　　张）													

制证　　　　　　　　审核　　　　　　　　记账

（3）转账凭证

转　账　凭　证

年　　月　　日　　　　　　　　　　　　第　　号

摘　要	会计科目	明细科目	借方金额										贷方金额										记账
			千	百	十	万	千	百	十	元	角	分	千	百	十	万	千	百	十	元	角	分	
合计	（附件　　张）																						

制证　　　　　　审核　　　　　　记账

二、账页

1. 三栏式总账账页

总账

第 1 页

年		凭证		摘要	借方											贷方											借或贷	余额											核对
月	日	种类	号数		亿	千	百	十	万	千	百	十	元	角	分	亿	千	百	十	万	千	百	十	元	角	分		亿	千	百	十	万	千	百	十	元	角	分	

2. 三栏式明细账账页

明细账

账号		总页数
页数		

年		凭证		摘要	借方										贷方										借或贷	余额										核对
月	日	种类	号数		亿	千	百	十	万	千	百	十	元	角	分	亿	千	百	十	万	千	百	十	元	角	分		亿	千	百	十	万	千	百	十	元	角	分	

3. 现金日记账账页

现金日记账

第 页

年		凭证		摘要	借方											贷方											借或贷	余额											核对
月	日	种类	号数		亿	千	百	十	万	千	百	十	元	角	分	亿	千	百	十	万	千	百	十	元	角	分		亿	千	百	十	万	千	百	十	元	角	分	

4. 银行存款日记账账页

银行存款日记账

第　　页

年		凭证		摘要	借方										贷方										借或贷	余额										核对
月	日	种类	号数		亿	千	百	十	万	千	百	十	元	角	分	亿	千	百	十	万	千	百	十	元	角	分		亿	千	百	十	万	千	百	十	元	角	分	

5．数量金额式明细账账页

最高储存量	
最低储存量	

明细账

账号		总页数
页数		

编号：　　　　类别：　　　　规格：　　　　单位：　　　　存放地点：　　　　计划单价：

年		凭证		摘要	收入											发出											借或贷	结存											核对
月	日	种类	号数		数量	单价	百	十	万	千	百	十	元	角	分	数量	单价	百	十	万	千	百	十	元	角	分		数量	单价	百	十	万	千	百	十	元	角	分	

6. 多栏式明细账账页

明细账

账号		总页数	
页数			

年		凭证		摘要								核对
月	日	种类	号数		百十万千百十元角分	百十万千百十元角分	百十万千百十元角分	百十万千百十元角分	百十万千百十元角分	百十万千百十元角分	百十万千百十元角分	

7. 增值税明细账账页

应交税金（增值税）明细账

日期	凭证号	摘要	借方				贷方				借或贷	余额
			合计	进项税额	已交税金	转出未交增值税	合计	销项税额	出口退税	进项税额转出		

8. 账簿启用表

账簿启用表

<table>
<tr><td>单位名称

账簿名称</td><td colspan="5"></td><td rowspan="4">单位盖章</td></tr>
<tr><td>账　簿　页　数</td><td>本　账　簿　共　计</td><td></td><td></td><td></td><td>页</td></tr>
<tr><td>启　用　日　期</td><td></td><td>年</td><td>月</td><td></td><td>日</td></tr>
<tr><td>止　用　日　期</td><td></td><td>年</td><td>月</td><td></td><td>日</td></tr>
</table>

经管本账簿人员一览表

<table>
<tr><td rowspan="2">经管人姓名</td><td colspan="3">接　管</td><td colspan="3">移　交</td><td rowspan="2">经管人盖章</td><td rowspan="2">会计主管人员
盖　　章</td></tr>
<tr><td>年</td><td>月</td><td>日</td><td>年</td><td>月</td><td>日</td></tr>
<tr><td></td><td></td><td></td><td></td><td></td><td></td><td></td><td></td><td></td></tr>
<tr><td></td><td></td><td></td><td></td><td></td><td></td><td></td><td></td><td></td></tr>
<tr><td></td><td></td><td></td><td></td><td></td><td></td><td></td><td></td><td></td></tr>
<tr><td></td><td></td><td></td><td></td><td></td><td></td><td></td><td></td><td></td></tr>
<tr><td></td><td></td><td></td><td></td><td></td><td></td><td></td><td></td><td></td></tr>
</table>

9. 账户目录表

账 户 目 录

序	账号	账户名称	页码	序	账号	账户名称	页码
1				17			
2				18			
3				19			
4				20			
5				21			
6				22			
7				23			
8				24			
9				25			
10				26			
11				27			
12				28			
13				29			
14				30			
15				31			
16				32			

三、表格

1. 试算表

试算平衡表

年　　月　　日　　　　　　　　　　第　　页

序号	账户名称	借方余额											贷方余额											核对	备注
		亿	千	百	十	万	千	百	十	元	角	分	亿	千	百	十	万	千	百	十	元	角	分		

2. 资产负债表

资产负债表

会工 01 表

编制单位：　　　　年　　月　　日　　　　单位：万元

资　产	行次	年初数	期末数	负债及所有者权益	行次	年初数	期末数
流动资产				流动负债			
货币资金				短期借款			
交易性金融资产				交易性金融负债			
应收票据				应付票据			
应收账款				应付账款			
预付账款				预收账款			
应收利息				应付职工薪酬			
应收股利				应付税费			
其他应收款				应付利息			
存货				应付股利			
一年内到期的非流动资产				其他应付款			
其他流动资产				一年内到期的非流动负债			
流动资产合计				其他流动负债			
非流动资产				流动负债合计			
可供出售的金融资产				非流动负债			
持有至到期投资				长期借款			
长期应收款				应付债券			
长期股权投资				长期应付款			
投资性房地产				专项应付款			
固定资产				预计负债			
在建工程				递延所得税负债			
工程物资				其他非流动负债			
固定资产清理				非流动负债合计			
生产性生物资产				负债合计			
油气资产				所有者权益			
无形资产				实收资本			
开发支出				资本公积			
商业				盈余公积			
长期待摊费用				未分配利润			
递延所得税资产				所有者权益合计			
其他非流动资产				负债及所有者权益总计			
非流动资产合计							
资产总计							

3. 利润表

利　润　表

年　月　日　　　　会工02表

编制单位：　　　　单位：元

项　目	行次	本月数	本年累计数
一、营业收入			
减：营业成本			
主营业务税金及附加			
营业费用			
管理费用			
财务费用			
资产减值损失			
加：公允价值变动收益			
投资收益			
二、营业利润			
加：营业外收入			
减：营业外支出			
其中：非流动资产处置损失			
三、利润总额			
减：所得税费用			
四、净利润			
五、每股收益			
（一）基本每股收益			
（二）稀释每股收益			

图书在版编目（CIP）数据

初级会计学模拟实验教程/朱小平，马元驹编著．2 版
北京：中国人民大学出版社，2010
（中国人民大学会计系列教材·第五版）
普通高等教育“十一五”国家级规划教材
ISBN 978-7-300-12204-5

Ⅰ．初…
Ⅱ．①朱…②马…
Ⅲ．会计学-高等学校-教材
Ⅳ．F230

中国版本图书馆 CIP 数据核字（2010）第 099279 号

普通高等教育“十一五”国家级规划教材
中国人民大学会计系列教材·第五版

初级会计学模拟实验教程

朱小平　马元驹　编著

Chuji Kuaijixue Moni Shiyan Jiaocheng

出版发行	中国人民大学出版社		
社　　址	北京中关村大街 31 号	**邮政编码**	100080
电　　话	010-62511242（总编室）		010-62511398（质管部）
	010-82501766（邮购部）		010-62514148（门市部）
	010-62515195（发行公司）		010-62515275（盗版举报）
网　　址	http://www.crup.com.cn		
	http://www.ttnet.com（人大教研网）		
经　　销	新华书店		
印　　刷	北京鑫丰华彩印有限公司		
规　　格	185 mm×260 mm　16 开本	**版　　次**	2003 年 5 月第 1 版
			2010 年 6 月第 2 版
印　　张	15.25 插页 1	**印　　次**	2017 年 8 月第 6 次印刷
字　　数	326 000	**定　　价**	28.00 元（含光盘）

出教材学术精品　育人文社科英才

中国人民大学出版社读者信息反馈表

尊敬的读者：

感谢您购买和使用中国人民大学出版社的____________________一书，我们希望通过这张小小的反馈表来获得您更多的建议和意见，以改进我们的工作，加强我们双方的沟通和联系。我们期待着能为更多的读者提供更多的好书。

请您填妥下表后，寄回或传真回复我们，对您的支持我们不胜感激！

1. 您是从何种途径得知本书的：

   ❑书店　❑网上　❑报刊　❑朋友推荐

2. 您为什么决定购买本书：

   ❑工作需要　❑学习参考　❑对本书主题感兴趣

   ❑随便翻翻

3. 您对本书内容的评价是：

   ❑很好　❑好　❑一般　❑差　❑很差

4. 您在阅读本书的过程中有没有发现明显的专业及编校错误，如果有，它们是：__

   ____

   ____

   ____

5. 您对哪些专业的图书信息比较感兴趣：______________________________

   ____

6. 如果方便，请提供您的个人信息，以便于我们和您联系（您的个人资料我们将严格保密）：

   您供职的单位：____

   您教授的课程（教师填写）：____________________________________

   您的通信地址：____

   您的电子邮箱：____

请联系我们：

电话：62515732　82501704

传真：62514775

E-mail：rdcbsjg@crup. com. cn

通讯地址：北京市海淀区中关村大街甲59号文化大厦15层　100872

中国人民大学出版社工商管理出版分社